*HANAS GWANAS*

D0928233

# CYFRES Y CEWRI

CYFRES Y CEWRI 36

# Hanas Gwanas

## Bethan Gwanas

Gwasg
Gwynedd

*Argraffiad cyntaf — Tachwedd 2012*

© Bethan Gwanas 2012

ISBN 978 0 86074 284 5

Mae'r cyhoeddwyr yn cydnabod cefnogaeth ariannol
Cyngor Llyfrau Cymru.

*Cyhoeddwyd gan
Wasg Gwynedd, Pwllheli*

I
MAM A DAD

DIOLCH – A SORI!

Perhaps what one wants to say is formed in childhood
and the rest of one's life is spent in trying to say it

BARBARA HEPWORTH

**Yn y dechreuad . . .**

Mae Mam yn deud mod i'n edrych fel Winston Churchill pan ges i ngeni. Ro'n i'n glamp o fabi mawr, iach. Wel, tew 'ta. Ond Ionawr 1962 oedd hi ac roedd angen digon o floneg i gadw'n gynnes; dyna fy esgus i, o leia.

Breuddwyd Mam oedd cael plant efo gwallt melyn a choesau hirion, oedd yn mynd i fod yn anodd gan mai coesau reit fyr a gwallt tywyll oedd ganddi hi. Roedd y pedwar ohonom yn felyn fel Dad (am sbel, beth bynnag) ond dim ond y fi etifeddodd goesau Mam.

Fi oedd plentyn cynta Geraint Thomas Huw Evans, ffarm y Gwanas, ger y Brithdir, Dolgellau, ac Elsie Mair Davies, ffarm Frongoch, ger y Bala. Trwy'r Ffermwyr Ifanc y daeth y ddau i nabod ei gilydd. Mae Mam yn cofio bod mewn cynhadledd CFfI yn y Rhyl ar ddiwrnod ei phen-blwydd yn ddwy ar bymtheg, a gweld tri o hogia tal, smart yn cerdded i mewn: Bob Hafod Oer, Glyn Dolfach a rhyw Tom efo mop o wallt melyn. A'r pen melyn dynnodd ei sylw – a'r coesau hirion, synnwn i daten. Aeth yn syth i siop cemist yn y Rhyl i brynu mêc-yp am y tro cynta yn ei byw. 'You don't need it, you know,' meddai'r dyn y tu ôl i'r cownter. 'Oh yes, I do,' meddai Elsie Mair, a phrynu'r *panstick* fu o gwmpas y tŷ am flynyddoedd wedyn. Dechreuodd y ddau ganlyn rhyw fis wedi hynny, pan adawodd Mam (glyfar) ei hambarél yn ei gar o – wel, car Taid.

Bu bron i Mam fy nghael i ar ddiwrnod ei phen-blwydd yn ugain oed, ond bu'r esgor yn un hir a'r diwrnod wedyn y cyrhaeddais i, am hanner awr wedi dau y bore. A dim ond saith wythnos ynghynt roedd ei mam hithau, Margaret Davies, ffarm Frongoch, wedi rhoi genedigaeth i'w degfed plentyn, Rhiannon. Felly, mae gen i fodryb sydd yr un oed â fi.

Y trydydd plentyn o'r deg oedd Mam, a doedd hi'm wedi gweld llawer o'r byd cyn iddi briodi. Yn y Bala Grammar School for Girls roedd hi wedi mwynhau chwaraeon, coginio, gwnïo, arlunio a 'General Science', ond gadawodd yn bymtheg oed ar ôl ffraeo efo'r brifathrawes, Miss Whittington Hughes. Roedd hi a'i ffrind, Enid Jones, wedi penderfynu dojo gwersi i fynd i weld yr hogia'n ymarfer at y mabolgampau. Ond fe gawson nhw'u dal. Y gosb oedd colli eu bathodynnau 'Swyddog' – ond roedd gwaeth i ddod. Rai wythnosau'n ddiweddarach, roedd Mam yn paratoi i fynd ar y trên am Flaenau Ffestiniog i chwarae pêl-rwyd dros yr ysgol pan ddaeth Miss Whittington Hughes draw a chyhoeddi:

'And what are you doing here? If you can't behave in your own school, how can you be expected to behave in another school?'

Wel, dyna ni, mi gollodd Mam bob diddordeb wedyn a gadael efo'i saith Lefel O. Mae'n debyg mod i wedi etifeddu'i styfnigrwydd hi – a dydw innau'm yn maddau'n hawdd chwaith.

Wedi cyfnod byr yng Ngholeg Llysfasi aeth Mam yn ei hôl i Frongoch i weithio adre; roedd 'na hen ddigon o waith yno, gyda llond tŷ o blant a phedwar o weision yn helpu fy nhaid, Emrys Davies. Roedd hi wrth ei bodd yn gwnïo, ac roedd ganddi ddiddordeb mawr mewn dillad (wnes i ddim etifeddu'r rhan honno ohoni).

Yr ail blentyn o bedwar oedd Dad, mab hyna Llewelyn ac Annie Meirion Evans, ac yn wahanol i'r rhan fwya o ffermwyr, roedd o wrth ei fodd yn Dolgellau Grammar School. Ges i dipyn o sioc pan ddeallais i'n ddiweddar mai 'English Lit' oedd ei hoff bwnc. Roedd o'n mwynhau Shakespeare, ac yn credu bod cwestiynau'r arholiad Lefel O ar Julius Caesar yn rhy hawdd! Yn wahanol iawn i'w ferch, roedd o'n mwynhau Mathemateg hefyd, ac yn 'licio Geometry yn ddiawledig'. Roedd o wedi gobeithio bod yn bensaer gan ei fod mor hoff o 'Technical Drawing' ond doedd ganddo fawr o ddewis ond gadael yr ysgol yn bymtheg oed i helpu ar y ffarm.

Roedd Nain a Taid yn gantorion (fel y rhan fwya o'u llinach) ond roedd Dad yn rhyw ddeunaw oed cyn cael blas go iawn ar ganu. Fyddai o byth yn gwrando ar y Beatles 'a rhyw sgrwtsh fel'na' – Mario Lanza a bariton o'r enw Peter Glossop oedd ei arwyr o, a byddai'n recordio'u caneuon oddi ar y weiarles a'u chwarae'n ddi-stop wedyn ar hen chwaraewr tâp. Enwau eraill oedd yn mynd â'i fryd oedd Harvey Allen a John Shirley-Quirk. Ac, o Gymru, Syr Geraint Evans wrth gwrs – a Richard Rees a Trevor Anthony.

Roedd o i ffwrdd yn canu mewn gwahanol steddfodau mawr a bach trwy gydol fy mhlentyndod cynnar, a bron bob bore Sul mi fyddai 'na gwpan arian arall i'w rhoi yn y cwpwrdd gwydr. Roedden ni'n falch drosto fo, ond eto'n gwybod nad y fo fyddai'n gorfod glanhau'r bali pethau.

Wedi dod yn ail ar yr Unawd dan 25 yn yr Urdd, dim ond pan oedd o'n dri deg un oed y cafodd o ddigon o hyder i fentro cystadlu ar yr Unawd Bariton Agored yn y Steddfod Genedlaethol – yn Rhydaman, 1970. Er iddo anghofio pacio'i byjamas a gorfod gwisgo crys nos sbâr Mam er mwyn mynd i'r tŷ bach ar y landing, mi ddoth yn gydradd gynta yno. Doedd 'na'm stop arno fo wedyn.

Mi benderfynwyd y byddai cael un o'i blant i gyfeilio iddo fo'n syniad da, felly ges i wersi piano yn saith neu wyth oed. Ro'n i'n casáu pob munud, ac yn bachu ar unrhyw gyfle i ddiflannu pan fyddai Mam yn gweiddi 'Bethan! Cer i bractisio dy sgêls!' Dim rhyfedd bod fy sgêls i'n anobeithiol; do'n i ddim yn hapus pan fyddai f'athrawes, Mrs AA (am fod ei gŵr yn gweithio i'r AA), yn waldio cefn fy nwylo efo pren mesur. Pharodd y gwersi ddim yn hir. Mi fynnon nhw mod i'n rhoi cynnig arall arni pan o'n i'n hŷn – tua deg, dwi'n meddwl – ond ro'n i'n casáu'r gwersi hyd yn oed yn fwy y tro yma. Pan gyrhaeddodd Mrs AA un diwrnod ro'n i ar ganol chwarae pêl-droed yn erbyn wal y tŷ. 'Bethan! Ty'd! Gwers biano!' Rois i homar o gic i'r bêl ac mi chwalodd ffenest yn ufflon rhacs. Dwi'm yn hollol siŵr ai damwain neu rywbeth bwriadol oedd hynny, ond dyna ddiwedd ar y gwersi piano am byth. Ges i chydig o wersi gitâr efo Edward Morus Jones (oedd yn brifathro yn Ysgol Rhydymain ar y pryd) am blwc, a mwynhau hynny'n well, ond mi symudodd Edward i sir Fôn a dyna ni. Rois i gynnig ar chwarae'r ffidil hefyd yn yr ysgol uwchradd, ond roedd y wers ar bnawn Mercher, yr un diwrnod â 'double games' a choginio, ac mi fyddwn i'n cael trafferth mawr i redeg dros y ddôl i ddal bws Dinas Mawddwy efo satshel, basged llawn stwff coginio, bag dillad chwaraeon a feiolin. A ph'un bynnag, ar ôl tair wythnos mi fynnodd Dad na allai o ddiodde rhagor o'r sŵn sgrechian cath o'r parlwr.

Roedd 'na fwy o fiwsig yng ngwaed Llinos, fy chwaer, ac mi gafodd hi wersi piano hyd at radd 6. Ond mi gafodd hithau lond bol cyn cyfeilio nodyn i Dad druan. Dwi'm yn meddwl iddyn nhw drafferthu i stwffio gwersi piano i lawr corn gyddfau'r ddau arall.

Ond howld on – dydi'r rheiny ddim wedi'u geni eto. 'Nôl â ni at y dechrau.

Mi dreuliais i dair blynedd cynta fy mywyd mewn carafán y tu ôl i'r Gwanas, ac ar ôl dwy flynedd, cyrhaeddodd Llinos. Dwi'm yn cofio llawer amdani'n fabi, ond mae'n debyg ei bod hi dipyn haws ei thrin nag o'n i. Doedd hi'm hanner mor swnllyd ac yn llawer iawn mwy swil. Mae'n syndod ei bod hi wedi cyrraedd o gwbl, gan fod 'na dylluan yn tw-whit-tw-hŵian o'r goeden uwchben y garafán bob nos, oedd yn codi dychryn arna i ac yn rhoi'r esgus perffaith i mi stwffio fy hun i mewn i'r gwely at fy rhieni. Ond gan fod y gwely hwnnw mor fychan, byddai Mam druan, ar ôl rhoi'r gorau i drio fy rhoi'n ôl yn fy ngwely fy hun – doedd waeth iddi heb, ro'n i 'nôl a mlaen fel io-io – yn mynd i ngwely i am y noson.

Ychydig o atgofion sy gen i o'r cyfnod hwnnw, heblaw am wylio Nain yn coginio yn yr hen bantri ac yn hidlo llaeth a gneud menyn yn y bwtri, ond mae gan fy rhieni ddigonedd o atgofion. Ro'n i'n fabi o uffern, oedd yn cysgu dim ac yn gwrthod aros yn llonydd. Doedden nhw ddim yn gwybod lle ro'n i hanner yr amser (fawr o newid yn fanna . . .). Pan o'n i tua dwy oed, daeth Yncl Trebor o hyd i mi'n crwydro ar hyd y ffordd fawr – yr A470 – a ngharic i 'nôl dan ei gesail fel rhyw oen colledig. Dro arall, aeth Mam allan i chwilio amdana i a ngweld i'n sefyll rhwng coesau Polo, ceffyl Taid, yn tynnu ar y blew o dan ei stumog. A rhyw dro arall, ro'n i yn y ffos yn gweiddi mwrdwr – fy nhraed ar y garreg ar dop y pistyll a mhen i ar y dorlan yn methu symud, ac roedd 'na ddigon o ddŵr oddi tana i imi foddi ynddo. Byddai'r efeilliaid Lisa a Mag, chwiorydd iau fy mam, yn fy ngwarchod yn aml, ac yn cael llond bol o geisio fy nghael i gysgu. Yr unig ateb oedd i'r ddwy orwedd ar eu cefnau ar lawr yn cicio'r pram 'nôl a mlaen i'w gilydd, o un pen o'r stafell i'r llall.

Yn 1965, a finnau'n dair oed, fe gawson ni symud i dŷ go iawn: 2 Dolserau Terrace yn y Brithdir – tŷ teras oedd yn arfer bod yn siop. Roedd y lle'n dal i gael ei addasu pan symudon ni yno, a doedd o ddim hyd yn oed wedi'i gysylltu i'r system garthffosiaeth. Doedd 'na ddim toilet call yno am hir iawn, na hyd yn oed dŷ bach yng ngwaelod yr ardd fel oedd gan bawb arall yn Dolserau Terrace. Na, Elsan yn y weraws oedd hi i ni am sbel, a ddylwn i'm deud hyn, 'wrach, ond dwi'n cofio cerdded yn llechwraidd trwy'r coed efo Dad a hwnnw'n bytheirio wrth gario'r pwced Elsan hynod drwm oedd yn colli dros bob man, yn trio dod o hyd i le 'addas' i'w wagio.

'Hogan Dad' o'n i, yn bendant, fel y rhan fwya o ferched cyntaf-anedig, am wn i. Gan ei fod o i ffwrdd yn gweithio yn y Gwanas gymaint, mi fyddwn yn ei ddilyn fel ci bach bob tro y byddai adre. Dwi'n cofio, pan o'n i tua tair a hanner, ei wylio'n gosod ffenest newydd ac yn mynd ati o ddifri i neud joban daclus o osod y pwti. Pan aeth o'n ei ôl am y Gwanas yn y Cortina brown, mi benderfynais y gallwn i roi chydig mwy o steil ar bethe. Mi fues i'n gwthio mysedd i bob darn o bwti y gallwn ei gyrraedd – i neud patrwm del fel y byddai Mam yn ei neud ar ymyl tarten riwbob. Ges i goblyn o row ganddo fo wedyn. Do'n i ddim yn cofio be wnes i yn sgil y row, ond yn ôl Mam, mi wnes i lyncu mul a mynd i fy llofft i grio.

'Ty'd lawr rŵan, Bethan fach,' galwodd ymhen chydig.

'Dwi'm wedi gorffen crio eto!' gwaeddais yn ôl. Erbyn iddi fynd i chwilio amdana i, ro'n i wedi sgwennu dros waliau eu llofft nhw efo lipstic. 'Fydde 'na'm posib ennill y dydd efo ti,' meddai Mam.

Nago'n, do'n i ddim yn angel o bell ffordd. Yn deirblwydd a thri mis, mi dorrais fy ngwallt cyrls melyn i ffwrdd; dwi'n gwybod y dyddiad yn union am fod Mam wedi cadw'r cyrls mewn amlen ac maen nhw'n dal gen i. A nagoes, does gen i'm clem be ddaeth drosta i i'w torri. Ond roedd llawer iawn gwaeth i ddod . . .

Roedd Mrs AA drws nesa wedi fy mhechu mewn rhyw ffordd, dwi'm yn cofio pam – roedd hyn ymhell cyn y gwersi piano, dim ond rhyw bedair oed o'n i, ond mae'n siŵr ei bod hi wedi rhoi row i mi am rywbeth – ac ro'n i isio dial. Yn gynnar un bore mi agorodd ei drws cefn i ngweld i yno efo pot paent yn peintio'r drws. Roedd hi'n meddwl ei fod o'n ddigri iawn, mae'n debyg: 'Chwarae teg iddi, yn trio helpu efo'r peintio.' Ond y gwir amdani oedd mai trio peintio llun mochyn ar ei drws hi ro'n i.

Cafodd Mrs Sali Tomos i fyny'r ffordd ffit biws yn gynnar iawn, iawn un bore. Roedd hi'n cysgu'n sownd yn ei gwely pan gafodd ei deffro gan rywbeth yn ei phrocio, dim ond i weld fy wyneb bach crwn i'n gwenu reit o flaen ei thrwyn hi. Dim ond wedi dod i ddeud 'helô' o'n i, ac wedi dringo trwy ffenest ein tŷ ni er mwyn mynd am yr antur. Finnau mond yn bedair oed ar y mwya.

Mi ges i goblyn o row am ddringo trwy ffenest drws nesa hefyd, pan oedd 'na neb adre yno. Mae'n debyg bod ôl fy nhraed budron drwy'r tŷ i gyd. Wps. Ia – row arall. Pam gwnes i dorri i mewn? Dim syniad, dim ond chwilfrydedd am wn i; doedd yr hen ŵr oedd yn byw yno erioed wedi fy ngwadd i mewn, felly jest isio gweld be oedd ganddo fo i'w guddio o'n i, dwi'n meddwl. Ond ro'n i'n gwybod yn iawn mod i'n 'bod yn ddrwg'.

Mae'n debyg mai fi hefyd gollodd y goriad i'r granar ar ôl diwrnod o chwarae yn adeiladau'r Gwanas, rhywbeth wylltiodd Taid yn arw gan fod ei dŵls o i gyd yno, a dwi'm yn meddwl i'r goriad ddod i'r golwg byth.

Am mod i'n cael 'row' dragwyddol, mi wnes i benderfynu rhedeg i ffwrdd sawl tro, ond do'n i byth yn llwyddo i fynd yn bell iawn. Ro'n i'n cerdded i lawr y rhiw am Bontnewydd un tro efo hen gês bach brown yn llawn o nheganau a siwmper sbâr, pan basiodd Dad yn y car.

'Ble ti'n mynd?' gofynnodd drwy'r ffenest.

'Dwi'n rhedeg i ffwrdd!' Dwi'n cofio'i fod o'n cael trafferth i beidio â chwerthin, ac i hynny fy ngwylltio. Do'n i'm yn meddwl bod y peth yn ddigri o gwbl! Ond mynd adre efo fo wnes i yn y diwedd, a Mam heb weld fy ngholli.

Fel ro'n i'n mynd yn hŷn, ro'n i'n crwydro mhellach. Mi fyddwn wrth fy modd yn treulio oriau yn y coediach y tu ôl i ni, yn gneud dens i mi fy hun, a fy nysgu fy hun i ddringo coed. Yna croesi'r ffordd a chwilota yn y goedwig yn fanno. Dyna pryd gwnes i ddilyn dyn henffasiwn yr olwg yn gyrru gwartheg drwy'r coed, a chyfarfod ei chwaer oedd yn gwisgo brat wedi'i neud allan o sach am ei chanol. Mi ges wahoddiad i'w tŷ nhw am ddiod o laeth enwyn, a chan nad o'n i rioed wedi blasu'r stwff, mi benderfynais dderbyn y gwahoddiad. I mewn â fi i hen ffermdy bach tywyll, lle gwnes i ddarganfod nad o'n i'n hoffi llaeth enwyn o gwbl. Bronwïan oedd enw'r tŷ, ac roedd hi'n amlwg nad oedd y lle wedi newid ers blynyddoedd lawer. Gofynnodd y ddynes a fyswn i'n hoffi cyfarfod ei mam, oedd yn sâl yn y gwely.

Iawn. I mewn â fi i lofft fach dywyll lle roedd dynes efo gwallt hir yn gwisgo cardigan drwchus, binc golau. Dwi'm yn cofio llawer am y sgwrs heblaw ei bod hi wedi deud bod ei braich ar gefn y drws. Mi fynnodd mod i'n sbio, a finnau'n anghyfforddus iawn yn ufuddhau ac yn tynnu'r drws yn ei ôl a chwilio am fraich ynghanol y dilladach ar y bachyn. Doedd 'na'm byd yno wrth gwrs, ond 'Dyna hi, yli, mraich i,' meddai'r hen ddynes. Dyna'r tro cynta i mi gyfarfod rhywun oedd ddim cweit yn ei phethau ac roedd o'n dipyn o sioc, rhaid cyfadde. Es i byth yn ôl yno.

Roedd y rhan fwya o blant eraill y Brithdir yn byw yn nhop y pentre, ond roedd 'na ddwy hogan y drws nesa i ni: Marian ac Eryl James. Dim ond chydig hŷn na fi oedden nhw – ond yn llawer iawn callach. Ro'n i eisoes wedi cael yr enw o fod yn hogan ddrwg wrth gwrs, ond roedd Eryl a Marian yn 'ferched da'. Hy! Byddai'r ddwy'n gneud rhyw goncocshyns o ddiodydd, ac yn gneud i Llinos a finnau eu hyfed: orenj sgwash llawn finag a halen oedd un, dwi'n cofio. Dwi'n cofio hefyd cael coblyn o ffrae o'u herwydd nhw un Dolig; roedd un o'r ddwy wedi deud wrtha i nad oedd Santa Clos yn bod, a finnau'n deud wrth Mam. Aeth honno i ddeud wrth Mrs James, honno wedyn yn holi ei merched – o'n blaenau ni – a'r ddwy'n taeru'n daer nad oedden nhw wedi deud y ffasiwn beth. Dwi'n dal i fedru teimlo llygaid pawb yn sbio arna i'n gyhuddgar. Gwers bwysig arall – dydi bywyd ddim yn deg.

Byddai Christine, wyres Mrs Sali Tomos, yn dod ati i aros weithiau ac yn dod i chwarae efo ni'n tair. Roedd gen i gêm lle ro'n i'n sefyll a 'sgio' ar lori fach blastig – *skateboard* cynnar, am wn i – ac ro'n i'n gallu mynd yn iawn arno fo. Ond pan roth Christine gynnig arni, mi dorrodd ei choes. Fi gafodd y bai am hynna hefyd, am mai fi wthiodd y lori cyn iddi gael ei balans yn iawn.

Erbyn i mi gyrraedd yr ysgol gynradd, ro'n i'n greadures wyllt o'r coed, a deud y lleia. Cyn amser chwarae ar fy niwrnod cynta ro'n i wedi dringo ar ben to'r tai bach. Dwi'n cofio'r braw ar wynebau'r athrawon yn trio nghael i i ddod i lawr. Ond roedden nhw wrth eu boddau efo fi amser bwyd (ar ôl iddyn nhw fy nysgu i beidio â llyfu mhlât fel y byddai Dad yn ei neud adre). Mi fyddwn i, yn wahanol i'r plant bach ffyslyd eraill, yn bwyta pob dim oedd yn cael ei roi o mlaen i. Byddai Mrs Williams Bryn Bras, y cogydd, yn gneud pastai gig oedd wrth fy modd, ac roedd ei phwdin reis hi'n hyfryd. Ac ro'n i'n hoffi tabioca gymaint fel y byddai'r athrawon yn fy ngalw'n ôl i mewn i'r cantîn amser chwarae i grafu'r bowlen. Does 'na'm syndod mod i'n hogan lond ei chroen heddiw. Ond do'n i'm yn dew o bell ffordd yn blentyn – ro'n i'n llawn egni, yn rhedeg i bob man, ac yn gi defaid handi iawn i Dad. Fi gafodd y dasg o drio dal oen oedd wedi mynd â'i ben yn sownd mewn hen degell, ac mi fues i'n rhedeg mewn cylchoedd ar ôl y bali peth am oesoedd, tra oedd Dad yn rhowlio chwerthin wrth y giât. Ges i afael ynddo yn y diwedd!

Roedd gofyn gallu rhedeg yn gyflym gan y byddai gan fechgyn mawr fel Arwel Bryn Bras a Richard Caerynwch gêm greulon o redeg ar ein holau ni'r merched (oedd â sanau byrion) a chwipio'n coesau ni efo dail poethion. Ond mi aethon nhw mlaen i'r ysgol fawr yn o handi, diolch byth.

'Ciwri', 'Plis, Mr Blaidd, gawn ni groesi'r afon' a 'The farmer wants a wife' oedd y chwaraeon cynnar yn yr ysgol gynradd – a *hopscotch*, wrth reswm – yn ogystal â sgipio efo rhaffau a throelli *hula hoops*. Ro'n i'n blentyn ystwyth iawn, yn gallu gneud y sblits a cherdded fel cranc, ac mi fyddwn yn sefyll ar fy nwylo yn erbyn wal yr ysgol am hydoedd. Ro'n i wrth fy modd efo pêl-droed hefyd, unwaith dois i'n ddigon hen i'r bechgyn adael i mi chwarae efo nhw.

Un o fy hoff achlysuron bob blwyddyn oedd diwrnod chwaraeon ysgolion cynradd ardal Dolgellau. Ond roedd 'na ryw hogan fach denau o Ddolgellau oedd yn gallu nghuro i ar y sbrint, damia hi – rhyw Luned Price o Fferm y Glyn. Mwy am honno'n nes ymlaen. Ond ro'n i'n ei churo hi'n rhacs efo'r clwydi a'r cylchoedd a'r ras sach.

Dim ond pedwar plentyn arall oedd yr un oed â fi yn y Brithdir: Gareth James a David Hussey, Sheila Westwood (Saesnes a choblyn o dempar ganddi) ac Edna Price, Tyddyn Garreg – hogan ffarm arall oedd yn ddigon parod (ar y dechrau) i drio gneud yr un pethau hurt â fi. Dach chi'n cofio'r gêm honno o fachu un pen-glin dros un o'r bariau haearn ar y buarth chwarae, a chydio'n sownd efo'ch dwy law, a mynd drosodd a gadael i'r momentwm eich codi 'nôl i fyny a throsodd eto? Wel, ro'n i'n gallu gneud hynna am yn hir iawn. Ond pan driodd Edna neud yr un peth, mi landiodd ar ei phen ar y tarmac. Mae gen i go' o deimlo'n euog iawn o weld yr holl waed. Mi roddodd rheolau iechyd a diogelwch y caibosh ar fariau fel'na flynyddoedd yn ôl.

Dwi'm yn cofio i'r ysgol drio rheoli gormod ar fy natur wyllt i. A deud y gwir, ro'n i'n ddefnyddiol iawn pan lwyddodd Mr Morgan, y prifathro, i gloi'r goriad yn yr ysgol ar ôl rhyw drip neu'i gilydd. Roedd 'na un ffenest fechan, fechan ar agor, ac wedi iddo fy nghodi ati, mi lwyddais i wasgu drwyddi ac achub y dydd.

Tomboi o'n i a dyna fo, yn byw ac yn bod i fyny coed, ar ben waliau, ac yn rhoi harten i Mam bob cyfle. Roedd 'na goeden ffantastig nid nepell o'r tŷ, un hir, hir, weddol ifanc y byddwn i'n gallu dringo reit i'w thop a siglo 'nôl a mlaen yn y gwynt fel metronom. Roedd Mam yn golchi llestri un diwrnod pan welodd fi'n gneud hyn, a sgrechian nerth ei phen. Ges i row nes o'n i'n bownsio. Ond ro'n i 'nôl wedyn yn gneud yr un peth pan o'n i'n gwybod na fyddai hi wrth y sinc am sbel.

## Gweddill y teulu

Roedd gen i chwaer arall a brawd erbyn hynny – Glesni, a gyrhaeddodd yn 1965, a Geraint Rhys yn 1968. Pan ofynnais i Mam pam mai fo oedd yr unig un i gael dau enw, 'Mae dyn angen inishials, ti'n gweld' oedd yr eglurhad. Mae gen i deimlad mai dyna pryd y dechreuodd fy nhueddiadau ffeministaidd gyniwair.

Mi fyddwn yn gorfod mynd â Llinos a Glesni i chwarae efo fi weithiau, wrth gwrs (babi oedd Geraint), a fyddai gan y ddwy ddim dewis ond dysgu dringo coed ac ati. Ond roedden nhw gymaint llai na fi a ddim hanner cyn gryfed. Byddwn yn eu codi a'u gwthio a'u stwffio i ben canghennau a mynnu eu bod yn hen fabis os na fydden nhw'n gallu gneud eu ffordd eu hunain yn ôl i lawr. Mi adewais i Glesni mewn coeden am oriau un tro. Wel, roedd hi'n mynd ar fy nerfau i, doedd? Mae pedair blynedd yn dipyn o wahaniaeth pan ydach chi dan ddeg oed. Roedd y ddwy flynedd rhyngdda i a Llinos jest abowt yn gynaladwy, ac roedd hi'n ddigon hapus i fy nilyn i bob man a chopïo'r rhan fwya o bethau ro'n i'n eu gneud – nes byddwn i'n gneud rhywbeth cwbl hurt a pheryglus.

Wedi iddo ddysgu cerdded, byddai Geraint yn crwydro efo ni weithiau, ac un diwrnod, pan oedd o tua dwy neu dair oed, ro'n i'n cerdded ar dop wal ar ochr y ffordd, a'r lleill ar y tarmac oddi tana i. Yn anffodus, doedd hi ddim yn wal ddiogel iawn, a daeth carreg fawr yn rhydd – a disgyn ar ben Geraint. Wel, nid ar ei ben yn llythrennol, ond mi drawodd ochr ei ben, ac mae'n rhaid ei fod o wedi codi'i fraich i'w arbed ei hun gan fod ei law hefyd yn waed i gyd. Erbyn gweld, roedd top ei fys wedi'i dorri i ffwrdd. Nefi, roedden ni wedi dychryn. Wedi i mi ei gario adre, gwaeddodd Mam arna i i redeg at Gwyneth Garthwnion (oedd yn nyrs) i ddeud be oedd wedi digwydd, a gofyn iddi frysio draw. Rhedais nerth fy nhraed at Garthwnion a cheisio egluro'r sefyllfa wrth Gwyneth. Ro'n i'n crio ac wedi dychryn, a daeth y geiriau allan yn garbwl:

'Mae 'na garreg wedi malu bys Geraint a torri'i ben o i ffwrdd!'

Daeth y creadur ato'i hun ond mae'r bys yn dal yn fyrrach na'r gweddill.

Fi sy'n cael y bai bod un o fodiau traed Llinos yn llai na'r gweddill hefyd. Wrth iddi drio dringo wal ar fy ôl i, daeth llechen fawr drom yn rhydd a disgyn ar ei throed. Thyfodd y bys byth wedyn. Does dim rhyfedd fod Llinos wastad wedi bod yn berson mwy gofalus na fi.

O'n, ro'n i'n beryg bywyd. Mae'n wyrth na wnes i anafu fy hun yn ddrwg yn ystod y cyfnod yma. Ac erbyn meddwl, dwi'n gweld rŵan pam fod Glesni'n blentyn bach mor ofnus oedd yn crio dragwyddol. Ond fe dyfodd Llinos a hithau i fod yn athletaidd iawn – y ddwy'n llawer gwell chwaraewyr pêl-rwyd na fi, am eu bod nhw'n fwy gosgeiddig, mae'n siŵr. Ges i gynnig mynd i wersi bale yn y Bermo, ond gwrthod wnes i am mai isio dawnsio fel y Cossacks ro'n i wedi eu gweld ar y teledu ro'n i.

Mae'n siŵr mai ymgais i ngneud i'n llai o domboi oedd y ddoli Sindy ges i un Dolig. Ro'n i wrth fy modd efo hi, mae hynny'n bendant, ac mi ges i flynyddoedd o bleser yn chwarae 'gêmau cogio' efo hi. Ond mae arna i ofn iddi gael amser caled iawn gan y byddwn yn dringo coed efo hi a'i thaflu oddi arnyn nhw efo darn o hances yn sownd iddi, fel parasiwt. Doedd yr hances yn dda i ddim ac mae'n syndod na falodd Sindy'n rhacs.

Doedd gynnon ni'm llawer o deganau o'i gymharu â phlant eraill. Roedd Mam wastad yn un ofalus efo'i phres, a doedd Taid ddim yn talu llawer o gyflog i Dad, mae'n debyg. Dyna pam na fydden ni byth yn cael ffrwyth cyfa i ni'n hunain. Mater o rannu un oren neu afal rhwng y pedwar ohonom oedd hi bob tro, a phawb am y gorau i weiddi 'First pick!' a'r un oedd yn dewis ola'n cael torri'r ffrwyth, er mwyn gneud yn siŵr y byddai'r pedwar chwarter mor gytbwys â phosib. Er hynny, roedd y broses yn achosi ffraeo a chega. Ond un peth da sydd wedi deillio o hyn ydi'r ffaith ein bod i gyd yn hoff iawn o ffrwythau. Mi fydden ni wastad yn rhythu'n hurt ar bowlenni ffrwythau yn nhai pobl eraill oedd â bananas wedi troi'n ddu ynddyn nhw, a grawnwin wedi crebachu i edrych fel cyrains. Am wastraff! Felly, dyna wers i unrhyw riant sy'n methu cael y plant i fwyta ffrwythau – mae'n rhaid trin pob oren ac afal fel trysor i gega drosto.

Un o fy hoff gêmau am flynyddoedd oedd 'chwarae pobl catalogs'. Doedd Mam byth yn prynu dillad o gatalogs, o na: roedd hi'n un dda am wnïo, felly gneud ein dillad ni fyddai hi gan amlaf. Tair sgert neu ffrog yn union yr un fath i'r tair ohonom, oedd yn ddigon o embaras i mi – ond byddai'r ddwy arall yn gorfod gwisgo'r un dillad wedyn am flynyddoedd. Pan fyddai Glesni'n tyfu'n rhy fawr i'w ffrog hi, roedd 'na ddwy ffrog arall yn disgwyl amdani, y greadures.

Ond yn ôl at y 'pobl catalogs'. Byddai'n cymdogion yn rhoi eu hen gatalogau i ni, ac ro'n i'n cael rhwydd hynt i'w torri efo siswrn er mwyn creu pobl berffaith (efo selotêp): wyneb tlws hon, top hogan arall, trowsus trendi rhyw hogan arall – a dyna ni, roedd gen i'r ferch ddelfrydol fyddai wedyn yn cael ei bedyddio'n 'Penny' neu 'Mandy' (dylanwad y comics fyddwn i'n eu darllen yn gyson). Byddwn yn mynd ati wedyn i greu teulu, ffrindiau a chariad ('Paul', gan amla) perffaith iddi, a'r tŷ delfrydol efo gwely a desg a theledu newydd sbon danlli, ac yn gosod y darnau papur yma ar hyd y soffa neu'r mat neu'r seidbord. Byddwn yn chwarae efo'r rhain am oriau – yn Saesneg, wrth gwrs, gan mai dyna oedd iaith y comics a'r rhaglenni teledu. Doedd gen i ddim syniad be oedd 'Oh no! There's a flood coming! Look at that tidal wave! Quick, run for the trees and watch that whirlpool! Save me, Penny! Save me!' yn Gymraeg.

Y broblem efo'r bobl catalogs oedd eu bod nhw'n gyrru Mam yn benwan pan fyddai angen dystio neu hwfro, a fues i rioed yn un dda am glirio ar fy ôl. Dwi'n cofio dod adre o'r ysgol un diwrnod, yn awchu am chwarae efo nhw – ond doedd dim golwg ohonyn nhw ar y seidbord. Erbyn chwilio, dyna lle roedd Mam yn eu llosgi yn y tân. Rhoddais sgrech, neidiodd Mam o'r neilltu ac mi es ati efo'r peth dal glo i drio'u hachub. Ond ro'n i'n rhy hwyr, dim ond ambell goes neu hanner pen oedd ar ôl. Crio? Does gynnoch chi'm syniad.

Un anrheg Dolig blesiodd fi'n arw oedd set goginio: powlen blastig, llwy, sbatiwla a llyfr ryseitiau. Ro'n i wedi gwirioni cymaint fel mod i wedi mynd i lawr i'r gegin yn syth cyn i neb arall ddeffro, a dechrau gneud *fairy cakes*. Pan ddaeth Mam i lawr, ro'n i'n fenyn i gyd, yn chwilota yn y cypyrddau.

'Be ti'n neud, Bethan?'

'*Fairy cakes*. Ond ma'n deud "cream fat and sugar" a dwi'n methu dod o hyd i'r crîm.'

Mi ddysgais goginio'n iawn yn o handi wedyn, ac mae gneud cacennau wedi bod yn bleser pur byth ers hynny. Mae 'na rywbeth therapiwtig yn y broses, rywsut. A dwi'n cyfadde bod llyfu'r bowlen yn dal yn un o bleserau mawr bywyd; bron nad ydi cacen yn blasu'n well felly, cyn ei choginio.

Roedd y ffaith fod Mam a Dad yn ifanc o gymorth mawr, os nad yn hanfodol, i fedru magu plant bywiog fel ni. Roedd Mam yn gorfod rhedeg ar ein holau'n aml. Hi hefyd ddysgodd ni i neud handstands a cherdded fel cranc – rhywbeth ro'n i'n dal i fedru'i neud am flynyddoedd, ond dwi'n brifo mhen bob tro bydda i'n rhoi cynnig arni bellach.

Dwi'n cofio i ni gael *space hopper* un Nadolig, a byddai'r ddau riant yn bownsio i fyny ac i lawr arno gymaint â ni, nes i Dad gael coblyn o godwm a brifo'i ben-ôl, ac aeth o'm ar ei gyfyl o wedyn. Mi fyddai wrth ei fodd hefyd yn chwarae gêm y brwsh llawr efo ni: eistedd ar y llawr gyferbyn â ni fyddai o, ei goesau ar led a'r brwsh yn ei ddwylo, ninnau'n pedwar yn gwthio'n coesau yn erbyn ei draed a'i goesau o, cydio yn y brwsh – a thynnu. Malwyd sawl brwsh llawr o'r herwydd, a bu raid rhoi'r gorau i'r gêm wedi i Mam gael llond bol.

## Llyfrau

Ro'n i wastad wedi meddwl mai dylanwad Mam barodd i mi fagu blas at ddarllen, ond mwya dwi'n meddwl am y peth, mi chwaraeodd Dad ei rôl hefyd. Er mai Mam roddodd lwyth o'i hen lyfrau Enid Blyton i mi, doedd hi'n darllen fawr ddim fel oedolyn, ond byddai Dad yn darllen rownd y ril – pedwar llyfr cowboi a phedwar *thriller* bob tro y byddai'r fan llyfrgell yn galw. Ond ers i'r fan llyfrgell stopio galw mewn ffermydd, ac i deledu ddod i'r gegin, dydi o'n darllen fawr ddim. Mae'n siŵr fod 'na filoedd yr un fath â fo. Mae dod â llyfrau at y drws yn iawn, ond pryd gwelsoch chi ffarmwr mewn llyfrgell ddwytha? Does gynnyn nhw mo'r amser, siŵr iawn, a dydi o jest ddim y peth i'w neud, rywsut.

Mrs Jill Jones, gwraig y gweinidog, Gareth Morgan Jones (Pontardawe bellach), ddysgodd fecanics darllen i mi – efo llyfrau'r Iâr Fach Goch. Mi fuo Mrs Jones yn ddylanwad mawr arna i, yn fy annog i sgwennu a darllen. Roedd fy 'llun a stori' i'n llenwi llyfrau, nid un dudalen bitw. Ond llyfrau Saesneg fyddwn i'n eu mwynhau fwya, a hynny oherwydd Enid Blyton. Fy hoff lyfr erioed pan o'n i'n ifanc oedd *Brownie Tales*, Enid Blyton, am dri *brownie* (math o dylwyth teg bach drwg) – a dwi'n eitha siŵr bod J. K. Rowling wedi darllen hwnna hefyd. *Shadow, the Sheepdog* oedd un o'r ffefrynnau eraill. O ran y cyfresi, roedd y 'Famous Five' yn iawn, y 'Secret Seven' yn ocê, ond y gyfres 'The [peth-a-peth] of Adventure' oedd y gorau – anturiaethau Philip, Jack, Dinah, Lucy-Ann a pharot o'r enw Kiki. Ges i sioc o ddeall yn ddiweddar mai dim ond wythnos roedd Enid ei hangen i sgwennu un o'r llyfrau hynny. Wythnos?! Mi oedd 'na ôl diffyg ymchwil ar ambell un: do'n i ddim yn rhy hoff o *The Mountain of Adventure* oedd wedi'i leoli yng Nghymru. Roedd y cymeriadau Cymraeg yn deud pethau fel 'look you', ac 'indeed to gootness', a chlywes i rioed neb yn siarad fel'na. Wedi sbio ar y llyfrau hyn yn ddiweddar, dwi'n gweld gwendidau mawr ynddyn nhw, ond dim bwys, roedd ganddi'r ddawn i gydio yn nychymyg plentyn yn ei chyfnod, a dyna fo.

Hi gynnodd y fflam ddarllen yndda i, yn bendant. A gwahanol gomics fel *Bunty, June and School Friend, Jinty, Tammy* ac ati. Ro'n i wedi mopio efo straeon stribed fel 'Wild Girl of the Hills' am ferch oedd yn byw allan efo'r anifeiliaid gwyllt yng ngogledd yr Alban, a 'My Name is Nobody' am ferch oedd wedi colli pob atgof am ei bywyd ar ôl i fom daro'i thŷ yn ystod y Blitz yn Llundain. Chwarae teg i Mam, mi fyddai'n prynu comic i mi bob wythnos, ac mi fyddwn yn cael darllen hen gopïau pobl eraill.

Fedrwn i'm stopio darllen wedyn. Byddai pobl yn galw acw ac yn deud, 'O, felly, ti ydi'r ferch sy'n methu stopio darllen, ia?' Roedd gen i lyfr efo fi yn gyson, ac os nad oedd gen i lyfr neu gomic i'w ddarllen wrth y bwrdd brecwast, mi fyddwn yn darllen y pecyn cornfflêcs. Byddwn hefyd yn mynd â fflashlamp i ngwely i gario mlaen i ddarllen er gwaetha protestiadau Llinos druan oedd yn gorfod rhannu gwely efo fi.

Byddai Rhiannon Frongoch, fy modryb, yn dod acw am wyliau yn aml, a ninnau'n mynd ati hithau i Frongoch, ac mae'n debyg ei bod wedi deud 'Diolch byth am Llinos' sawl tro gan na fyddwn i'n fodlon chwarae efo hi nes byddwn i wedi gorffen darllen – ac mi fyddwn yn darllen am oes. Fydden nhw'n gweiddi a thaflu pethau ata i weithiau, ond doedd dim yn gallu tynnu fy nhrwyn o'r tudalennau.

Gan mai fy swydd i oedd dewis llyfrau i Dad o'r fan llyfrgell, roedd gen i rwydd hynt i bori yn adran yr oedolion, a dyna sut gwnes i ddarganfod llyfrau *Angélique* gan Sergeanne Golon. Wnes i ddallt ymhen blynyddoedd mai gŵr a gwraig, Serge ac Anne, oedd y 'Sergeanne': fo'n gneud y gwaith ymchwil i'r ffeithiau hanesyddol a hithau'n gneud y sgwennu. *Bodice-rippers* go iawn oedd y rhain, wedi'u cyfieithu o'r Ffrangeg, ac er nad ydw i'n cofio faint oedd f'oed i ar y pryd – un ar ddeg neu ddeuddeg, falle? – dwi'n meddwl mai trwy'r rhain (a chomic *Jackie*) y dysgais i am 'ffeithiau bywyd'. Mi fyddwn yn cuddio'r llyfrau neu'r comics yn ofalus, ac yn esgus mai Mam oedd yn eu darllen nhw. Ro'n i wedi anghofio pob dim am *Angélique* tan yn ddiweddar, a dim ond rŵan dwi'n sylweddoli bod yr effaith yn amlwg ar fy nofelau i bellach!

## Y 'dosbarth mawr'

Mr Morgan, y prifathro, oedd yn fy nysgu yn y 'dosbarth mawr' (dim ond dwy stafell ddosbarth oedd yn yr ysgol) – dyn o'r de, oedd yn un da am adael i mi sgwennu storis ac ati, ac roedd o wrth ei fodd efo'r marciau fyddwn i'n eu cael mewn profion sillafu. Ond pan fyddai o'n cyhoeddi ein bod ni'n mynd i gael 'mental test', mi fyddai fy nghalon yn suddo. Syms oedd hynna'n ei olygu, pethau fel ffractions ac 'If John has two eggs and Jane has six, but Jane drops three . . .' ac yn y blaen, a ro'n i jest yn methu gneud syms. Mi fyddwn yn aml un ai yn fy nagrau neu wedi gwylltio'n rhacs efo fi fy hun yn ystod y profion hynny. Diolch byth, pan gawson ni brifathrawes newydd, Miss Hannah Davies o Rydymain, doedd hi'm yn rhoi hanner cymaint o 'mental tests', ac ro'n i'n cael sgwennu llawer mwy o straeon. Roedd hi'n un dda am ganmol hefyd, a dwi'n dal i'w chofio'n gwenu fel giât wrth ddarllen fy stori Saesneg am 'Obed the Obedient'. Erbyn hyn ro'n i'n blentyn oedd isio plesio.

Ond cyn hynny, dwi'n cofio i mi gael fy nylanwadu'n fawr gan Buddug Medi. Pan fyddai Dad yn mynd ar deithiau i America efo Côr Godre'r Aran, byddai Mam yn symud yn ôl i Frongoch am y tair wythnos roedd o i ffwrdd, wedyn roedden ni'n cael mynd efo Rhiannon i Ysgol Frongoch am y cyfnod hwnnw. Yn nosbarth Buddug Medi fyddwn i, a dyna pryd y gwnes i ddysgu am farddoniaeth am y tro cynta'n fy myw, a chael cyfle i sgwennu cerddi. Mi wirionais yn bot.

Nia Roberts (Rowlands, bellach) oedd athrawes y 'dosbarth bach' yn y Brithdir, a hi fyddai'n ein hyfforddi i ganu ar gyfer Steddfod yr Urdd a'r Cyfarfod Bach. Roedd yn gas gen i ganu ar fy mhen fy hun, yn enwedig gan nad o'n i'n gallu cyrraedd nodau uchel, ond ro'n i'n berffaith hapus yn canu alto mewn parti, neu'n morio canu yng nghefn y car ar dripiau teuluol i weld gwahanol fodrybedd. Ond ro'n i, fel pawb arall oedd yn gallu canu mewn tiwn, yn dal i orfod cystadlu ar yr unawd yn Steddfod yr Urdd. Mae'r gân 'Mae gen i ddafad gorniog' yn dal i roi hunllefau i mi. Maen nhw'n deud bod Maths a miwsig yn perthyn i'r un ochr o'r ymennydd, felly mae'n amlwg mai ar yr ochr yna mae ngwendid i.

Tynnu lluniau a chwaraeon oedd fy nau ddiléit arall. Mi ges i wobr mewn cystadleuaeth tynnu llun un tro, ac ennill copi o lyfr hyfryd o'r enw *Children of the World*. Roedd 'na lun mawr o ferch a bachgen o wahanol wledydd ynddo fo, yn cynnwys Lloegr, Iwerddon a'r Alban, ond dim sôn am Gymru. Ond er gwaetha'r annhegwch hwnnw, ro'n i wrth fy modd efo'r llyfr. Y bennod am Samoa oedd y ffefryn o bell ffordd, ac am flynyddoedd mi fues i'n copïo (efo *tracing paper*) y lluniau o'r plant yn eu sgertiau gwair. A hyd heddiw, dyna'r un wlad yn y byd y byddwn i wrth fy modd yn cael mynd yno – ac un o'r ychydig na ches i eu gweld wrth fynd *Ar y Lein*! Mi a' i yno ryw ddydd, garantîd.

Ond ro'n i'n caru chwaraeon hyd yn oed yn fwy na thynnu llun, a chan ein bod ni'n cerdded bob cam i'r ysgol – o waelod y pentre i ddechrau, ac yna o'r Gwanas wedi i ni symud yno pan o'n i'n naw – roedden ni'n pedwar yn blant ffit ac iach iawn, hyd yn oed os oedden ni'n cyrraedd yr ysgol yn hwyr weithiau. Dwi'n cofio fi'n penderfynu y dylen ni hel mafon duon i Mrs Williams gael gneud tarten i bwdin, a dyna lle buon ni'n pedwar wrthi am oes yn llenwi powlen ro'n i wedi'i benthyg gan Mam. Roedd hi bron yn amser chwarae erbyn i ni gyrraedd yr ysgol, a'n bysedd a'n cegau'n biws i gyd. Ond gawson ni chwip o bwdin i ginio.

Datblygodd Geraint i fod yn rhedwr â'r stamina rhyfedda. Doedd o'm yn un o chwaraewyr cyflyma Clwb Rygbi Dolgellau, ond roedd o'n gallu dal i fynd trwy'r dydd. Dydi o'm wedi newid llawer.


## Byw ar ffarm

Roedd symud o'r tŷ teras bychan i'r Gwanas yn brofiad llawn cynnwrf. Roedd 'na ddewis o lofftydd – er mai rhannu efo Llinos a Glesni yn y garat fu raid i mi yn y diwedd, ond roedd 'na ddistiau mawr yn fanno oedd yn berffaith i ddringo arnyn nhw. Roedd y lle'n llawn stafelloedd efo enwau difyr fel y baracs, y briws, y bwtri a'r bwtri pella. Ond y peth cynta wnaeth Mam oedd troi'r hen fwtri yn *fitted kitchen*. Allan â'r hen lechi mawr trwchus, hyfryd (gafodd eu rhoi i bobl – eu *rhoi*, cofiwch, a finnau wedi gorfod talu trwy nhrwyn am lechi i fy nhŷ presennol!), ac i mewn â'r unedau Schreiber. Ond roedd o'n smart, ac roedd Mam wedi cael gwireddu breuddwyd arall: roedd hi wedi bod isio *fitted kitchen* ers blynyddoedd. A doedd hen bantri Nain ddim yn fawr iawn – cawod oedd fanno wedyn.

Tŷ difyr iawn ydi'r Gwanas – un darn 'crand' gafodd ei godi yn 1836, a rhan y briws a'r baracs sy'n llawer iawn hŷn. Yn ôl Huw Edwards, Tyddyndderwen, ein hanesydd lleol, Dolwen oedd enw'r adeilad hwnnw, a phan godwyd y rhan newydd gan Stad Caerynwch, dyna pryd y cafodd o ei alw'n Plas Gwanas. Roedd yr hen Wanas gwreiddiol dros y ffordd, lle mae Gareth Jones, yr arlunydd, yn byw bellach. Ond mae rhai'n credu mai ar safle gwesty'r Cross Foxes yr oedd yr un cynta, sy'n eitha posib o gofio'r llinell yn y gân werin 'Wrth fynd efo Deio i Dywyn': 'bara a chaws a gaed yng Ngwanas'. Beth bynnag, mae sôn am Gwanas yn Englynion y Beddau (o'r nawfed ganrif) yn Llyfr Du Caerfyrddin:

> Bet Gurgi gvychit a Guindodit lev
> *Bedd Gwrgi, arwr a llew Gwyndodaidd [o Wynedd?]*
> a bet Llaur, llu ouit,
> *a bedd Llawr, arweinydd llu o bobl,*
> yg guarthaw Guanas Guyr yssit.
> *Yn rhan uchaf y Gwanas y mae'r gwŷr.*
>
> E beteu hir yg Guanas,–
> *Y beddau hir yng Ngwanas,*
> ny chauas ae dioes
> *wyddai'r sawl a'u hysbeiliodd mo'u hanes*
> pvy vynt vy, pvy eu neges.
> *na phwy oedden nhw, beth oedd eu neges.*

Teulu Oeth ac Anoeth a dyuu ynoeth
*Teulu Oeth ac Anoeth aeth yno,*
y eu gur, y eu guas;
*Eu gwŷr a'u dynion ifanc,*
ae ceisso vy clated Guanas.
*A'u ceisio, fe'u cladded yng Ngwanas.*

Felly, y tro nesa byddwch chi'n mynd dros Fwlch yr
Oerddrws, dychmygwch y brwydrau fu yn y caeau sy'n
ymestyn i lawr am Cross Foxes, a'r holl arwyr sydd wedi'u
claddu yno. Yn ddiweddar darganfuwyd bod 'na wersyll
Rhufeinig wedi bod yno hefyd.

Gyda llaw, mae 'gwanas' yn hen, hen air sy'n golygu
'peg' neu 'fachyn', 'un sy'n rhoi nawdd a chynhaliaeth' neu
'orffwysfa'. Efallai, felly, mai ystyr yr enw ydi ei fod o'n lle da
i orffwys ar daith trwy Fwlch yr Oerddrws. Gyda llaw hefyd,
roedd 'na ddynes o'r enw Gwanas ferch Thomas yn byw yn
Llansteffan, Sir Gaerfyrddin, yn niwedd y drydedd ganrif ar
ddeg!

Roedd y Gwanas yn lle delfrydol i mi, nid yn unig
oherwydd bod yr enw 'Bethan Gwanas' yn cynganeddu (ac
felly'n swnio cymaint gwell i'r glust Gymreig), ond am ei fod
o hefyd yn llawn llefydd newydd i'w darganfod a choed
anferthol i'w dringo. Mae afon Clywedog yn llifo heibio
gwaelod y tŷ, ac roedd y dynfa i chwarae ynddi yn gyson, yn
enwedig o gwmpas y rhaeadr sy'n is i lawr. Fanno oedd fy
man hudol i, lle byddwn i'n mynd i bwdu ar ôl cael ffrae neu
siom o ryw fath, ac yn nes ymlaen i fynd â chariad yno am
dro – ac ati. Fanno fydden ni'n molchi hefyd yn ystod hafau
sych fel 1976. Roedd adfeilion hen bont bren yn croesi'r llif
fymryn islaw'r rhaeadr. Dim ond un polyn hir oedd ar ôl yn

1971, ac mi fyddwn i'n cerdded drosto fel *tight-rope walker*, er ei fod o wedi pydru'n arw. Welodd Mam rioed mohona i'n croesi felly, diolch byth.

Ro'n i wrth fy modd yn cael helpu Dad ar y ffarm, yn rhedeg ar ôl defaid, yn helpu i borthi, yn mynd i fyny'r mynydd yn y transport-bocs ar gefn y tractor, ac mi lyncwn anferth o ful pan fynnai Mam mod i'n aros adre i'w helpu hi. Ond roedd arni angen help efo llond tŷ o bobl B&B a thri plentyn bach arall. Ar y pryd, roedd o'n teimlo fel taswn i'n gorfod hwfro, golchi llestri a pharïo tatws dragwyddol, ac ro'n i'n gweld y sefyllfa mor annheg – taswn i wedi ngeni'n fachgen, allan efo Dad y byddwn i o hyd, yn ddigwestiwn. Doedd bywyd jest ddim yn deg.

Ond eto, mae'n siŵr mod i'n cael hen ddigon o amser hamdden. Dwi'n cofio oriau o feicio a gneud dens – a darllen, wrth gwrs. Rhywbeth arall oedd yn mynd â mryd oedd sgwennu llythyrau. Ro'n i eisoes wedi bod yn sgwennu yn Gymraeg at Rhiannon a ffrindiau wnes i yn Llangrannog, ond pan ddechreuais hel *penfriends* go iawn a llythyru yn Saesneg efo pobl o bedwar ban byd, aeth pethau fymryn yn rhemp. A phan rois i hysbyseb yn un o fy nghomics merched yn bedair ar ddeg oed, ges i naw deg o lythyrau! Fues i'n sgwennu'n ffyddlon am flynyddoedd at o leia hanner dwsin ohonyn nhw.

Atgofion eraill o'r dyddiau cynnar hynny oedd y bwcedi a'r offer hidlo llaeth fyddai Dad yn eu cadw yn y bwtri pella. Ro'n i wrth fy modd yn gwylio'r broses a'i helpu. Byddai'r powlenni llaeth (llaeth Gwartheg Duon, wrth gwrs) yn cael eu cadw wedyn yn yr oergell anferth yn y bwtri, a nefoedd oedd hel yr hufen oddi ar yr wyneb i'w roi ar ein cornfflêcs. Ond bellach, fedra i'm diodde blas llaeth llawn yn fy mhaned.

32

## Ffrindiau

Roedd gen i ffrind newydd erbyn hyn – Kathy Pryer, Saesnes oedd yn mynd i ysgol Dr Williams, Dolgellau, yr ysgol breifat i ferched (ar yr un lleoliad ag mae Coleg Meirion-Dwyfor heddiw). Dwi'n meddwl mai gwleidydd yn Llundain oedd tad Kathy, ond fyddai o'm yn dod i Gymru'n aml: dim ond unwaith gwelais i o, beth bynnag. Rhentu Plas Hen oedden nhw, un o'r tai hardda a hyna i mi fod ynddo fo rioed, ond mae'n debyg fod y perchnogion presennol wedi'i ddifetha fo bellach wrth ei addasu'n dŷ ha' (yn ôl Greg Stevenson, *04 Wal*, o leia). Adeilad o'r bymthegfed ganrif ydi o, ond efo darnau canoloesol, medden nhw. Ro'n i wedi gwirioni efo'r lle, beth bynnag, ac yn ei basio bob dydd ar y ffordd i'r ysgol. A phan fyddwn i'n galw i weld Kathy, byddai ei mam (oedd yn edrych fel balerina) wedi gneud jygiad o lemonêd go iawn – fel rhywbeth allan o un o lyfrau Enid Blyton. Roedd Kathy flwyddyn yn hŷn na fi, ac yn hogan dal, heglog oedd yn gwisgo jîns a siaced denim. Nefi, ro'n i'n genfigennus. Trowsusau crimplîn ail-law oedd gen i. Ches i'r un pâr o jîns nes o'n i yn Ysgol y Gader, a rhai pinc a phiws o'r ffair oedd y rheiny.

Gan na fyddai Kathy wedi cyrraedd adre o Dr Williams erbyn i mi basio'r tŷ, mi fydden ni'n sgwennu llythyrau i'n gilydd a'u gadael mewn twll cyfrinachol yn y wal wrth ymyl y tŷ. Ro'n i'n gwirioni bob tro byddai 'na nodyn i mi, ac yn rhedeg yn ôl yno ar ôl newid er mwyn i ni gael mynd am dro neu i wrando ar recordiau Anthony, ei brawd mawr hirwallt a hynod olygus oedd yn *boarder* mewn ysgol fonedd yng Nghaerwrangon (Worcester). Yr unig recordiau oedd gen i oedd *Puppy Love*, Donny Osmond; *Hell Raiser*, Sweet, a *Dwi isio bod yn Sais*, Huw Jones, ond trwy nabod Kathy

33

mi ges i ddysgu am fandiau llawer mwy cŵl fel Genesis, Led Zeppelin a Roxy Music.

Yn y cyfnod hwnnw byddai athro o Birmingham yn dod â bechgyn o'i ysgol i aros mewn carafán wrth ymyl y granar yn y Gwanas, bechgyn tua 13–14 oed. A'r tro yma, dim ond dau oedd efo fo, dau hollol gorjys efo *tank tops* a *flares* a gwallt fel Woody o'r Bay City Rollers. Mi adewais nodyn yn y twll yn deud hyn wrth Kathy, a dyma hi draw efo'i gwallt hir, hir brown tywyll a'i denims (a finnau yn fy nhrowsus crimplîn piws). Fel roedd Kathy a fi'n 'digwydd' cerdded yn hynod ara heibio'r garafán, daeth yr athro allan a gofyn fyswn i'n dangos lle da iddyn nhw fynd i nofio. Bingo! Es â nhw at y rhaeadr lle bydden ni'n nofio fel arfer – ond doedden ni ddim am wisgo ein gwisgoedd nofio o flaen y rhain, wrth gwrs. Dim ond eistedd ar y graig yn eu gwylio efo'r athro fuon ni. Ond mi fuon nhw'n nofio a chwarae o gwmpas am hir, hir, ac ro'n i, yn fy nghynnwrf, wedi anghofio mynd i'r tŷ bach cyn cychwyn, ac roedd fy mhledren yn sgrechian. Mi allwn fod wedi esgusodi fy hun a mynd i swatio'r tu ôl i goeden, wrth reswm, ond ro'n i'n rhy swil. Roedd gen i ormod o gywilydd hyd yn oed i ddeud mod i isio pi-pî. Doeddwn i'm wedi arfer bod yng nghwmni bechgyn yr oed yna! Mi benderfynais drio dal nes i ni gyrraedd adre. O'r diwedd, penderfynwyd troi'n ôl am y garafán, ond wrth ddringo i fyny'r allt serth o'r ceunant, aeth y cyfan yn ormod i mhledren. Yn sydyn, roedd coesau fy nhrowus lilac wedi troi'n biws tywyll, a phawb yn sbio'n hurt arna i. Ro'n i jest isio i'r ddaear fy llyncu a dwi'm yn cofio'r daith am adre, heblaw mod i'n ddagreuol a neb yn deud gair. A bod Kathy isio fy nghrogi. Rhedeg milltir fyddwn i bob tro y byddai criw o Birmingham yn dod draw wedyn.

Pan ddaeth hi'n amser symud i'r ysgol uwchradd, roedd Kathy isio i mi fynd i Dr Williams yn hytrach nag Ysgol y Gader, ond dim ffiars o beryg. Er mod i'n ffan o lyfrau am Mallory Towers a St Clare's ac wedi breuddwydio am gael 'midnight feasts' efo 'lashings of ginger beer', nid felly roedd pethe yn DWS, mae'n debyg. A ph'un bynnnag, roedden nhw'n gorfod bod yn 'ladylike' a gwisgo dillad fel rhywun o'r oes o'r blaen (yn cynnwys het wellt yn yr haf), ac yn cael row am fwyta afal yn gyhoeddus – ac roedd merched dre'n eu casáu nhw ac yn eu dyrnu nhw bob cyfle. A doedd 'na'm bechgyn yno.

Ro'n i wedi penderfynu mod i angen mwy o ddynion yn fy mywyd. Dwi'n siŵr na wna i bechu hogia'r Brithdir yn deud hyn, ond doedden nhw ddim yn be fyswn i'n ei alw'n *alpha males* – ar y pryd. Ro'n i'n gallu dringo'n well a rhedeg yn gynt na phob un ohonyn nhw – nes i ddau hogyn o Blackpool gyrraedd. Roedd Christopher Faulkner, yr hyna, yr un oed â fi – ac yn rhedeg yn gyflymach na fi, drapia fo, ac yn llawer gwell am chwarae pêl-droed. Roedd o hefyd bron cystal â fi am sillafu ac yn foi tu hwnt o hyderus. Roedd hynna'n dipyn o sioc i'r system, ac ro'n i'n ei ffansïo fo wedyn, wrth reswm. Dwi'n cofio cael fy smŵtsh gynta rioed efo fo yn nisgo'r clwb ieuenctid yn Neuadd y Brithdir, a'r un ohonon ni'n siŵr pwy oedd i fod i roi ei freichiau am wddw pwy. Ond fuo 'na ddim swsian, o na, roedd hynny'n mynd yn llawer rhy bell, ac ro'n i'n dal i hanner credu mai drwy snogio roedd babis yn cael eu creu.

## Ysgol uwchradd

Ro'n i wrth fy modd yn Ysgol y Gader o'r cychwyn cynta. Wedi arfer efo ysgol fach o ryw ddau ddwsin o blant, roedd bod mewn torf o gannoedd yn deimlad cynhyrfus tu hwnt. A'r holl fechgyn mawr, tal, cegog a chryf! Hefyd, gan fod hogyn o Groesor, Gwyn Morgan, newydd ddechrau gweithio acw fel gwas ffarm, roedd merched *Form Five* i gyd yn glên ofnadwy efo fi. Roedd Gwyn yn hogyn del, felly roedd y genod i gyd yn ei ffansïo fo ac wedi darganfod lle roedd o'n gweithio. Diolch am neud fy mywyd yn llawer haws, Gwyn! Oni bai amdano fo, mi fyddai mynd i dŷ bach yr ysgol wedi bod yn brofiad llawer anos. Roedd y lle wastad yn llawn o genod mawr tyff yn smocio fel stemars ac yn pigo ar ferched *Form One*. Ond phigodd neb ffeit efo fi.

Roedd yr holl bynciau newydd yn agoriad llygad hefyd, yn enwedig Ffrangeg. Y brifathrawes, Miss Jones (neu 'Jenny') oedd pennaeth yr adran, dynes fach henffasiwn a strict iawn, ond mi wnes i wirioni efo'r pwnc yn syth. Roedd arlunio efo 'Van Gogh' yn plesio hefyd, a Chymraeg efo 'Moses'; roedd gen i ofn Miss Rees ('Mad Mouse'), yr athrawes Saesneg, ond roedd hi'n gosod sgwennu storis fel gwaith cartref bob wythnos ac roedd hynny'n nefoedd i mi. Byddai'r goreuon yn cael darllen eu straeon o flaen y dosbarth, ac mi fyddwn i wrth fy modd pan fyddwn yn clywed fy enw. Roedd o'n digwydd yn eitha cyson, a deud y gwir, felly pan fyddai hi ddim yn galw f'enw i, fyddwn i'n llyncu mul.

Dwi'n cofio iddi fy nghosbi am gambihafio pan o'n i tua pedair ar ddeg (am lapswchan efo rhyw foi yn y cyntedd amser chwarae, os cofia i'n iawn) a'r gosb oedd cadw'r ddau ohonon ni i mewn dros amser cinio i sgwennu adolygiad o 'The Wild Swans at Coole' gan Yeats. Roedd honno'n gosb go iawn iddo fo, y creadur, ond mi wnes i wirioni efo'r gerdd – a'r dasg. Wrth roi fy mhapur iddi pan ganodd y gloch, sbiodd arna i dros ei sbectol. 'You enjoyed that, didn't you, Bethan?' Wrth fy modd, Miss.

Dwi'n cofio dau 'awdur go iawn' yn dod i'r ysgol ryw dro hefyd: rhyw Roger Garfitt ac Elaine Jones; doedd gen i'm clem pwy oedden nhw ond gawson ni o leia hanner diwrnod efo nhw, yn sgwennu cerddi a meddwl yn greadigol. Nefi, 'nes i fwynhau. Mae gen i go' am sesiwn holi ac ateb efo Jane Edwards hefyd, a mwynhau gwrando arni'n arw. Awdures go iawn? Ro'n i'n *star-struck*.

Ond chwaraeon oedd yr hoff bwnc o ddigon. Roedd 'na raffau yn y gampfa a finnau'n gallu eu dringo fel mwnci, wrth gwrs. Ac roedd cael neidio ar y *trampette* a gneud handstand dros y ceffyl yn rhoi'r wefr ryfedda i mi. Ond es i braidd yn orhyderus, a doedd gen i'm mynedd aros i Gwenan (Miss Jones – oedd yn fath o bopstar gan ei bod yn canu efo'r Pelydrau) ddod i sefyll wrth ymyl y *buck* fel ro'n i i fod i'w neud, felly dyma neidio ar y *trampette* a mynd am y *buck* gerfydd fy nwylo fel ro'n i wedi'i neud droeon. Ond aeth rhywbeth o'i le, ac mi ges i goblyn o godwm. Wnes i'm torri esgyrn na dim byd felly, ond mi wnes i frifo nghefn a theimlo'n ffŵl. Mi gymerodd oes i mi fentro wynebu'r *buck* eto wedyn. Ac roedd yn wers imi ddysgu bod yn amyneddgar. Ond dwi'n berson braidd yn ddifynedd o hyd, mae arna i ofn.

Pleser pur oedd cael dysgu chwarae pêl-rwyd yn iawn, a chydio mewn ffon hoci am y tro cynta. Am mod i'n gyflym a chryf ro'n i'n *centre* a *centre forward* i ddechrau, ond fel yr âi'r misoedd a'r blynyddoedd heibio, daeth yn amlwg nad oedd gen i'r 'llygad teigr' angenrheidiol ac roedd 'na ferched llawer mwy ymosodol na fi isio bod yn *centre*. Am mod i'm isio gneud ffys na gelynion, *wing defence* o'n i gan amla wedyn, ond yn gwirioni'n rhacs bob tro y byddwn i'n cael bod yn y canol neu'n *wing attack*. A *left back* o'n i yn y tîm hoci. Fydd dynion ddim yn dallt arwyddocâd y safloedd hyn, ond mi fydd merched yn cofio. Yn enwedig *wing defences* y byd.

Efallai nad o'n i cweit yn ddigon ymosodol a chystadleuol ar y meysydd chwarae, ond pan fyddai steddfod yr ysgol bob dydd Gŵyl Dewi, roedd y tân yn fflamio. Roedd pawb wedi'u rhannu i dri thŷ: Dyfi, Mawddach ac Wnion. Coch oedd lliw Dyfi, gwyrdd oedd Wnion a melyn oedd fy nhŷ i, Mawddach. Does 'na'm llawer o nghyfoedion i'n cofio'r manylion bychain hyn bellach, ond dwi'n cofio pob dim – hyd yn oed pwy oedd ym mha dŷ. Os oedden nhw ym Mawddach, roedden ni'n ffrindiau gorau dros gyfnod y steddfod, a doedd gen i jest ddim mynedd efo unrhyw un oedd yn y tai eraill. Roedd 'na gythraul cystadlu yndda i go iawn ym myd y sgwennu, llefaru, actio, coginio ac ati. Ond na, nid y canu, er y byddwn i'n bloeddio alto o gefn côr neu barti. Ro'n i mor benboeth, mi wnes i ddillad melyn i fy nhedi ar gyfer diwrnod y steddfod, ond yn anffodus, wnes i'm gofyn caniatâd Mam cyn malu rhyw hen ffrog oedd mewn cist yn y baracs. Erbyn deall, ffrog *vintage* hyfryd Anti Ron, gwraig un o frodyr fy nhaid, oedd hi.

Roedd 'na weithgareddau eraill ar wahân i'r steddfod ddôi â phwyntiau ichi dros eich tŷ. Y diwrnod chwaraeon, er enghraifft, fyddai'n mynd yn ymladd hyd at waed weithiau, hyd yn oed yn y gystadleuaeth pêl-rwyd. A'r diwrnod athletau pan fyddwn i wrth fy modd yn cael rhedeg y trydydd cymal yn y ras gyfnewid. Ond bu raid i mi redeg y pedwerydd cymal un flwyddyn. Do'n i'm isio gneud y cymal hwnnw fwy na chic yn fy nhin: a) am fod Debbie Oliver yn rhedeg i

Dyfi, ac mi fyddai hi'n hedfan heibio i mi, a b) am fod bechgyn hyna'r ysgol yn sefyll mewn rhes wrth y llinell derfyn ac yn mynd i neud hwyl am ben y ffaith fod fy mronnau'n bownsio wrth i mi redeg. Ac ro'n i'n iawn ar y ddau gownt. Artaith, a deud y lleia.

Ro'n i'n hoff iawn o'r naid uchel hefyd, er mai dim ond twll llawn tywod caled oedd i'n harbed. Dyddiau'r naid siswrn oedd hi, ond ro'n i wedi gweld y 'Fosbury Flop' (y naid enillodd y fedal aur i'r Americanwr Dick Fosbury yn 1968) ar y teledu, ac mi rois gynnig arni. Aw. Ges i *greenstick fracture* o'i herwydd. Y clwydi oedd y ffefryn arall, ond gan nad oedd gan yr ysgol glwydi, byddai'n rhaid ymarfer adre drwy neidio dros wrychoedd neu focsys, a jest cyn y ras ar y diwrnod ei hun. Ges i fynd drwodd i fabolgampau Gwynedd unwaith neu ddwy, efo'r naid uchel un tro, ond nid efo campau *glamorous* felly wedyn, yn anffodus. Naci, taflu pwysau oedd fy mhrif gryfder, cofiwch. Roedd record yr ysgol gen i am sbel, ond wnes i'm trio'n rhy galed yn y gamp wedyn am fod bechgyn *Form Five* yn tynnu arna i. Ond ges i anaf drwg i mhen-glin ar drip CFfI i sglefrio yn Queensferry pan o'n i tua pymtheg, a fu fy ngallu athletaidd (na fy mhen-glin) byth yr un fath wedyn.

Fy hoff ddiwrnod i oedd diwrnod yr actio byrfyfyr pan fyddai'r actores leol Beryl Williams yn dod i'r ysgol fel beirniad. Roedd gen i'r parch mwya ati: dynes urddasol, hardd oedd wastad yn deg ac adeiladol ei beirniadaeth. Ac yn actores wych, wrth gwrs. Ro'n i'n dechrau meddwl falle byswn innau'n mwynhau gyrfa fel yna; ro'n i'n cael dipyn o hwyl ar yr actio 'ma, yn enwedig pan fyddwn i'n cydactio efo Meic Horan, hogyn iau o'r Brithdir oedd hefyd yn nhŷ Mawddach. Dyna i chi foi dawnus, bywiog a dyfodol o'i flaen, ond aeth rhywbeth o'i le pan oedd o yn y coleg ym Mangor. Mi laddodd ei hun yno. Roedd hi'n goblyn o sioc i'r teulu ac i bawb oedd yn ei nabod, ac mi adawodd dwll mawr ar ei ôl. Mae'r cerdyn Ffolant (wedi'i neud â llaw) yrrodd o i mi pan oedd o tua naw oed yn dal gen i.

Roedd 'na Saesnes yn nhŷ Dyfi oedd yn cael ei chanmol am actio hefyd, damia hi. Rhyw Claire Winyard o Fairbourne (o ochrau Wolverhampton yn wreiddiol). Doedd hi a fi ddim yn ffrindiau mawr, a deud y lleia. Hi oedd y ferch dal, hardd a hynod hyderus oedd yn mynd efo'r Prif Fachgen a hithau ddim ond yn *Form One*. Hy. Pwy oedd hi'n feddwl oedd hi? Hi oedd arweinydd y criw di-Gymraeg yn y flwyddyn, a fi oedd un o'r rhai mwya swnllyd ymysg y Cymry Cymraeg. Fydden ni byth yn ffrindiau.

Roedd y genod ffarm i gyd wedi hel at ei gilydd yn y dyddiau cynta, fel tase 'na fagned yn ein cysylltu, ac roedd y teips trefol yn cael y pleser rhyfedda o'n galw'n josgins. Do'n i ddim yn licio hynna – o gwbwl. Ond, yn ara bach, daeth pawb i nabod ei gilydd, ac ehangodd fy nghylch ffrindiau i gynnwys genod dre. Wendy Jones, merch y postmon, oedd un, a hi nath fy ngwadd i i ddisgo yn Neuadd Idris ryw nos Wener. Doedd Mam ddim yn hapus ond mi fues i'n swnian a swnian, ac yn y diwedd mi ges ganiatâd – ar yr amod mod i'n barod i ddod adre ar amser call. Ond y broblem wedyn oedd be i'w wisgo. Yr unig ddilledyn 'trendi' oedd gen i oedd y jîns pinc a phiws. Chwarae teg i Mam, mi brynodd ddefnydd a gneud smoc i mi, un wen efo blodau pinc a phiws. Wrth gwrs, pan ges i lifft i'r dre a chyfarfod Wendy y tu allan i Neuadd Idris, roedd honno mewn jîns a gwasgod denim ac ro'n i'n edrych fel josgin go iawn wrth ei hochr.

I mewn â ni i'r tywyllwch, lle roedd y bechgyn i gyd yn sefyllian mewn hanner cylch a'r merched yn dawnsio yn eu sgidiau platfform o gwmpas eu bagiau. Yn 1974 roedd hyn, felly mi fuon ni'n dawnsio i gyfeiliant y Stylistics, Kool and the Gang, a 'Devil Gate Drive' gan fy arwres ar y pryd, Suzi Quatro. Roedd gen i gymaint o feddwl ohoni, mi dorrais fy ngwallt yn debyg iddi. Ffefryn arall oedd 'Tiger Feet' gan Mud, a dim ond honno a 'Kung Fu Fighting', Carl Douglas, fyddai'n gneud i'r bechgyn ddawnsio.

Mi wnes i fwynhau fy hun, bobol bach, a ges i fynd i sawl disgo arall wedyn. Dôi Kathy Pryer efo fi hefyd, yn edrych mor smart yn ei jîns a'i siaced denim a'i chrys-T gwyn. Roedd hogia dre'n glafoerio. Dydi hi ddim yn cofio hynny, mwy nag ydi hi'n cofio mynd i ddisgos yn Neuadd Idris, a dwi'n gwybod hynny am mod i wedi'i chyfarfod hi eto eleni am y tro cynta ers 1975! Roedd y teulu wedi symud i Gaerwrangon ac mi gollon ni bob cysylltiad, nes iddyn nhw ddod i aros i Blas Hen fis Ebrill eleni. Roedd ei gweld hi eto'n brofiad hyfryd. Dydi hi'm wedi newid llawer, a phan ddywedodd ei bod hi'n gyfarwyddwraig cwmni modelu Models 1 – yr un mwya ym Mhrydain – do'n i'n synnu dim. Yn gegrwth, ond ddim yn synnu! Mae ei mam yn dal i edrych fel balerina hefyd.

Roedden nhw i gyd yn rhyfeddu mod i'n cofio cymaint am y cyfnod, ac erbyn meddwl, oes, mae gen i go' byw iawn am fy mhlentyndod – y da a'r drwg! Ac mae un noson benodol yn Neuadd Idris wedi'i serio ar fy ngho' am byth: y noson ces i fy snog go iawn gynta erioed. Ond does neb byth yn anghofio'r un gynta, nagoes?

Roedd Ian, hogyn tal o *Form Three*, wedi dangos diddordeb yndda i yn yr ysgol, ac wedi gofyn i'w frawd ofyn i mi fyddwn i'n fodlon 'mynd allan' efo fo. Ond yn Saesneg gofynnodd o, wrth gwrs – doedd hogia dre byth yn siarad Cymraeg, er eu bod nhw'n gallu'n iawn. Wrth reswm, mi gytunais; roedd mynd allan efo hogyn ddwy flynedd yn hŷn na fi yn dipyn o beth. Ond dros y dyddiau nesa, doedd 'mynd efo' rhywun yn golygu fawr ddim, hyd y gwelwn i, dim ond gwenu ar ein gilydd yn y coridorau wrth fynd i wersi, a fflyrtio o bell amser chwarae. Ond daeth noson y disgo . . . Dim ond nòd a gwên ges i ganddo fo, a bu'n rhaid i mi fodloni ar ddawnsio efo'r genod am hir nes iddo yrru'i frawd draw i ddeud ei fod yn disgwyl amdana i yn y cefn. Roedd o'n eistedd ar gadair lle roedd rhes o gyplau'n cusanu'i gilydd yn wirion. O'r nefi. Eisteddais wrth ei ochr a dechrau siarad yn nerfus, ond roedd o eisoes wedi lapio'i hun amdana i, a'i geg fawr wedi clampio am fy ngwefusau – a finnau'n dal i siarad. Tynnodd yn ôl a chwerthin: 'She talked in my mouth!' Ro'n i isio marw. Ond rywsut, mi wnes i ymlacio a maddau iddo fo a mwynhau fy ngwers snogio gyntaf. Mi fuon ni'n canlyn am hir wedyn – rhyw chwech wythnos, o leia, a ges i sawl anrheg bychan ganddo yn y cyfnod hwnnw (pethau roedd o'n eu dwyn o'r siop anrhegion roedd o'n gweithio ynddi ar Sadyrnau, erbyn dallt) – ond wedyn ges i wybod, drwy ei frawd, ei fod o wedi dympio fi am hogan o Bont-ddu.

Wnes i'm torri nghalon, rhaid cyfadde. Roedd 'na hen ddigon o fechgyn del eraill i dynnu fy sylw; rhai ro'n i'n eu dympio ar ôl ychydig ddyddiau, rhai oedd yn gneud yr un peth i mi. A Dad yn methu dallt pam mod i'n mynnu mynd efo 'sgryffs dre' o hyd, yn lle hogyn ffarm. Ond do'n i'm isio cyffwrdd blaen bys yn un o'r rheiny, diolch yn fawr. Mynd efo josgin?! Fyddai hynny'n gneud dim i fy *street cred* i.

Ond roedd un o nghariadon yn gleniach o lawer na'r lleill

i gyd. Phil, hogyn dre fyddai'n pedlo'r holl ffordd i fyny i'r Gwanas i ngweld i ar ei feic, a bonheddwr go iawn. Ro'n i wedi'i ffansïo ymhell cyn mynd i Ysgol y Gader. Byddai'n helpu yn siop groser Mills, yn mynd â nwyddau o gwmpas y pentrefi mewn fan fach wen, a bob tro byddwn yn agor y drws iddo a'i weld o'n sefyll yno efo llond bocs o fara a blawd a chaws Dairylea, mi fyddwn yn cochi at fy nghlustiau. Dwi'n cofio i'r fan gyrraedd un pnawn Sadwrn ynghanol gêm rygbi ryngwladol. Ro'n i wedi bod yn eistedd o flaen y tân yn ei gwylio efo Dad (roedd Jean-Pierre Rives yn chwarae, dwi'n cofio) ac yn bwyta leicecs nes oedd fy mochau fel tomato. Dwi'n cofio i Phil edrych yn rhyfedd arna i wrth roi'r bocs i mi, a dim ond wedi mynd i sbio yn y drych y gwnes i sylweddoli'r olwg oedd arna i. Wyneb oedd bron yn biws, ac ro'n i wedi anghofio brwsio ngwallt ar ôl codi'r bore hwnnw! Ges i goblyn o sioc pan ofynnodd o i mi fod yn 'girlfriend' iddo fo. Ond ges i nympio gan hwnnw hefyd pan gafodd o swydd mewn gwesty yn Bont-ddu, oedd yn llawer rhy bell i fedru cynnal perthynas, yn ei ôl o. Pentre rhyw bum milltir o Ddolgellau ydi'r Bont-ddu . . . hmff.

Ro'n i wedi dechrau mynd i Glwb Ffermwyr Ifanc Dinas Mawddwy erbyn hyn. Roedd Dad wrth ei fodd – cymysgu efo 'dynion go iawn' o'r diwedd. Ond ges i fraw. Pan fyddai'r gweithgaredd swyddogol drosodd, byddai pawb (wel, y rhan fwya) yn mynd i'r stafell snwcer lawr staer. Gwych; ro'n i wrth fy modd efo snwcer ar y teledu ac yn edrych ymlaen at ddysgu chwarae. Ond roedd gan y bechgyn syniadau eraill – byddai rhywun yn diffodd y golau mwya sydyn, ac wedyn byddai rhyw freichiau'n cydio am y merched ac yn dechrau gneud pethau do'n i'm yn barod i'w gneud o bell ffordd. Ymladd am fy mywyd fyddwn i, a dwi'n meddwl i mi roi ambell swaden go hegar. Ond roedd ambell ferch fwy aeddfed yn swnio – a phan ddaeth y golau 'nôl mlaen, yn edrych – fel tase hi wedi mwynhau'r profiad yn arw. Hm. Doedd hyn ddim yn ffitio fy syniadau rhamantaidd i am ddechrau carwriaeth. Ro'n i wedi bod yn darllen nofelau hanesyddol ac ambell Mills & Boon, lle doedd dynion jest ddim yn ymddwyn fel'na. Wel, ddim yn syth bìn. Do'n i ddim yn hapus chwaith bod cael lifft adre bron yn anorfod yn golygu mwy o reslo a brwydro am fy einioes – wel, f'anrhydedd – a doedd fy mras i ddim yn gwerthfawrogi'r fath driniaeth chwaith. Dwi'n cofio deud hanes un frwydr fore trannoeth yn yr ysgol wrth Claire Winyard, a'i bod hi wedi ffrwydro chwerthin pan ddeudais i'n falch na lwyddodd o i gyffwrdd yr un dde, a bod honno, o leia, yn dal yn bur. Mi symudais i Glwb Ffermwyr Ifanc Dolgellau wedyn, lle roedd y bechgyn yn llawer iawn mwy diniwed a/neu fonheddig, diolch byth.

Ia, Claire Winyard, y Saesnes hyderus o'n i ddim yn ei hoffi gynt. Roedden ni wedi sylweddoli ar ôl blwyddyn neu ddwy fod gynnon ni gryn dipyn yn gyffredin, wedi'r cwbl: yr un hiwmor a'r anian i berfformio yn fwy na dim. Doedden ni ddim yn yr un dosbarth cofrestru, ond roedden ni'n dwy yn y set ucha ar gyfer Saesneg a Ffrangeg a'r ail set ar gyfer Mathemateg, ac roedd 'na gystadleuaeth iach rhyngddan ni i neud yn dda mewn ieithoedd, ac i fod yn anobeithiol efo syms. Ac roedd hi'n fy nghadw mewn ffitiau pan fyddai myfyrwyr druan ar gyfnod T T ('Teacher Training') yn gorfod ceisio cadw trefn arnon ni. Roedd gan Claire y gallu i droi dynion ifanc yn lympiau o blwmonj a byddai'n fflyrtio'n arw efo nhw, nes bydden nhw'n chwys diferol ac yn cochi at eu clustiau. A finna fel rhyw hyena wrth ei hochr, yn fflyrtio hynny fedrwn i. Roedd gan Claire hefyd y gallu i droi athrawon profiadol o gwmpas ei bys bach, ac er ein bod ni'n cael yr un marc echrydus ar ddiwedd tymor mewn Cemeg a Mathemateg, ro'n i'n cael C a hithau'n cael A!

Saesneg fydden ni'n siarad efo'n gilydd, wrth gwrs. Saesneg oedd yr iaith ffasiynol, cŵl.


## Dyddiaduron

Mae'n gywilydd gen i ddeud, ond yn Saesneg y byddwn yn cadw fy nyddiaduron hefyd yn y cyfnod hwn. Cyn mynd i'r ysgol uwchradd, Cymraeg oedd pob gair, e.e. 'Cefais fath. Aethom i Frongoch.' 'Aeth Mam dros gath ddu hefo'r car.' 'Euthum i hel calennig a cawsom focs o orenau a pump swllt.' Ond erbyn 10 Mai 1974: 'Ian sat by me in the cloakie. He leaned his arm on my shoulder . . .!' 'I'm potty on Mungo Jerry's new single "Long legged woman dressed in black".' 'Gymanfa. Skipped it! Saw a fab film on TV instead.' A mwy o'r un peth y mis Mai canlynol: 'Practised hard for sports. Wish I could run faster but I'm too fat. I'm going on a diet. Won 6 marbles!' 'Went up the Pimple [ein henw ar y bryn uwchben y Brithdir] with Geraint. Lovely! Began a Bay City Rollers scrapbook.' Ond erbyn Gorffennaf y flwyddyn honno, ar ôl wythnos yn Llangrannog, lle buon ni'n gneud tipyn efo criw o hogia del, digri a Chymraeg o Lanrwst, roedd y cyfan yn Gymraeg:

4 Gorff – 'Claire yn aros, nofio yn y rhaeadr. Hwyl yno.' Ro'n i'n amlwg yn fwy huawdl yn Saesneg.

Ond erbyn 1976 mae'r Gymraeg yn llifo:

Dydd Sadwrn, 24 Ionawr – Codais am wyth a gwelais fyd gwyn! Eira! Gorfod aros hanner awr am y bws i Aberaeron a cholli 2–0. Chwaraeais yn o lew heddiw,

Lyn Bwlchgwyn oedd y bai i ni golli. Ond cefais wac ar fy mhen-glin ac mae o'n ufflon o boenus rŵan. Gorffen 'Y Blaned Dirion' gan Islwyn Ffowc Elis – llyfr ffantastig. Breuddwydio lot am M. Gormod o ofn deud mod i'n ei ffansïo am fod Janice yn ei licio fo hefyd. Dysgais Llinos sut i gusanu efo'r tedi bêr, gan fod raid iddi wybod sut i gusanu Kevin Williams, ei 'latest'.

Yn '77 a '78 mae gen i dipyn o Almaeneg a Ffrangeg ynddyn nhw, i rwystro llygaid bach busneslyd rhag deall be oedd yn mynd ymlaen. Mi ddaliais Llinos a Gwawr, fy nghnither, yn darllen fy nyddiadur un tro ac es i, yn ôl y dyddiadur, 'yn boncyrs'. Mi redodd Gwawr lawr staer am ei bywyd ond doedd Llinos ddim yn ddigon cyflym. Wnaeth hi byth fentro busnesa eto. Yn anffodus, dwi wedi anghofio'r rhan fwya o f'Almaeneg, felly mae 'na ddarnau o'r dyddiaduron hyn nad ydw i'n eu deall bellach. Hefyd, yn 1974, roedd gen i god cyfrinachol, felly mae'r talpau hynny hefyd yn rwtsh llwyr i mi. Sy'n f'atgoffa o eiriau Alan Clark: 'A diary should be immediate, indiscreet, intimate and indecipherable'.

Ond dwi'n deall digon i weld mod i wedi gwirioni mhen efo Donny Osmond a'r Bay City Rollers. Roedd eu posteri dros wal fy llofft, erbyn cofio. A mod i wedi cael mynd yr holl ffordd i Gaerdydd efo Dad i gymryd rhan yn y cwis plant *Camau Cantamil* pan wnes i smonach ohoni trwy fethu cofio snâm y boi fathodd y ffôn: 'Alexander . . . ym, Alexander . . . ddim Fleming, naci?'

Ges i antur go iawn efo Dad ar y 10fed o Ebrill, 1976. Roedd o wedi gweld ffrwydriad ar y Gorwyr (y darn o dir diffaith ar y dde wrth ddod i lawr o Fwlch yr Oerddrws am y Gwanas), a phan ddois i'n ôl o'r ysgol, gofynnodd Dad o'n i am fynd yno efo fo. Iawn, i ffwrdd â fi yn fy mhlatfforms trwy'r grug, a chael tipyn o sioc. Roedd dwy awyren o'r Llu Awyr wedi taro yn erbyn ei gilydd a ffrwydro'n rhacs. 'Ych! Darnau o gyrff ac awyrennau ar hyd bob man.' Roedd un corff wedi llosgi'n ddu yn crogi o goeden. Ond er mai dyma'r tro cynta i mi weld corff marw, do'n i ddim wedi ypsetio o gwbl. Dwi hyd yn oed wedi sgwennu 'Diddorol iawn!' yn fy nyddiadur, cyn cwyno bod fy nhraed yn brifo ar ôl yr holl gerdded a mod i isio colli stôn o fewn y mis.

Ar 11 Medi 1976, a finnau'n ddim ond pedair ar ddeg, ges i fynd i gyngerdd ola (cynta) Edward H. Dafis ym Mhafiliwn Corwen:

Aros hanner awr am y bws yn Dolserau. Pistyllio bwrw yng Nghorwen a chiwio am awr yn y glaw heb gôt! Boi chwil wrth fy ymyl! Gallu mynd mewn wedyn ond ciwio fanno eto am hanner awr arall! Sneakio mewn heb dalu yn y diwedd ac amser FFANTASTIC! E.H.D yn GRÊT! A dawnsio efo ufflon o lot o fechgyn! [O'n, ro'n i'n un am orddefnyddio ebychnodau, braidd.]

Dwi'n cofio hefyd mod i'n gwisgo hances las fel un Charlie Britton am fy ngwddw – fel bron pawb arall – bod fy nhraed yn methu cyrraedd y llawr pan fyddai'r dorf yn gwasgu am y llwyfan, a naill ai fod y to'n gollwng neu fod chwys pawb wedi hel ar y nenfwd, gan fod dafnau o ddŵr yn disgyn ar fy mhen i. A bod Claire (na fu yng Nghorwen) wedi mhechu i yn yr ysgol drannoeth trwy ddeud mai dim ond copïo Status Quo roedd Edward H. *Like hell*!

Dyddiaduron 1978–80 sydd wedi fy nychryn fwya o'u hailddarllen. Ro'n i wedi dechrau codi allan gyda'r nos o ddifri, rhwng y CFfI a bod yn ffrindiau efo criw dipyn hŷn na fi. Er bod dipyn o sôn am neud gwaith ysgol, cwyno am hwnnw ydw i gan amla, ac mae sgôr pob gêm hoci a phêl-rwyd yn amlwg yn bwysig i mi, ond mae bechgyn – wel, dynion bellach – yn bwysicach o lawer. Dwi'n sôn am ddynion nad oes gen i ddim syniad mwnci pwy ydyn nhw erbyn hyn, a do'n i wir yn cofio dim am be ddigwyddodd ar 25 Chwefror 1978:

> Heddiw'n ffanastig! I dre 8.30 i ddal bws i'r hoci ym Mangor. Trwodd i'r semi-final a curo Glan y Môr 1–0. Ond bw hw! Sob! Colli o un corner i Harlech wedyn. O wel. Bath a golchi ngwallt a cerdded at Top Torrent efo Luned. I'r Lion. Tomos yno [boi o Traws ro'n i'n ei ffansïo'n arw oedd hwn]. A dwi'n mynd efo fo rŵan! Waw! Crwydro dre a mynd i'r ysgol i'r Steddfod YFC efo fo. Ond fuon ni'm yn y Steddfod ei hun ryw lawer . . .! Eek! Peryg! Mae o'n beautiful. Ond 2 love-bite uffernol gennai.

Na, cofio dim am hynna. A do'n i ddim yn 'mynd efo fo' yn y diwedd, chwaith. Ond dwi yn cofio i mi fod mewn cariad llwyr efo fo am fisoedd lawer, ond fy ngweld i bob hyn a hyn fyddai o, yn benna am fod y diawl yn gweld genod eraill yr un pryd. Mi nath ddêt efo fi ryw nos Lun a threfnu i nghyfarfod yn y Cross Keys am wyth. Mi fues i'n fflicio ngwallt yn ôl yn null Farrah Fawcett-Majors yn *Charlie's Angels* am oesoedd ar ôl ysgol, wedyn ges i Mam i roi lifft i mi i'r dre, ac mi fues i'n eistedd ar fy mhen fy hun bach yn y Cross am oriau cyn sylweddoli nad oedd y sgrwb yn mynd i droi fyny. Bethan drist a blin aeth i chwilio am giosc i ofyn i'w mam (flin iawn) ddod i'w nôl hi. Ond er hynny mae 'I luv T' yn bla dros ddyddiadur 1978. Do'n i'n dysgu dim.

Ro'n i'n ffrindiau mawr efo Alun Cae Coch (Elidyr) ar y pryd. Roedd o yn y coleg yn Aber ac yn amyneddgar iawn efo'r holl lythyrau hirfaith fyddwn i'n eu gyrru ato yn mwydro am bob dim dan haul, yn cynnwys fy mywyd carwriaethol. Roedd o fel brawd mawr call oedd yn ceisio fy rhoi ar ben ffordd, chwarae teg iddo fo, ac mae'r dyddiadur yn deud bod ei lythyrau'n wych ac yn gneud i mi deimlo cymaint gwell.

Rhyfedd . . . Ro'n i'n meddwl mod i wedi mwynhau fy arddegau'n arw, ond mae dyddiaduron yr adeg honno yn llawn angst a siom. Yn un peth, ro'n i'n casáu fy ngwallt, yn trio newid ei liw dragwyddol ac yn ei roi drwy artaith y tongs, wedyn un pyrm *shaggy dog* ar ôl y llall a drodd fy ngwallt yn nyth o *split ends*. Mi fyddwn yn pigo'r rheiny wedyn, oedd yn mynd ar nerfau Mam a Jac Parry, yr hen ŵr oedd yn was ffarm i ni ar y pryd. Do'n innau ddim yn gweld pa fusnes oedd ganddo i dynnu arna i fel yna.

'Jac Parry,' gofynnodd Ger wrth y bwrdd swper ryw dro, 'ydach chi'n licio Bethan?'

'Wel,' gwenodd hwnnw, 'ma hi'n hen hogan iawn . . .'

'Achos 'di hi'm yn licio chi.'

Ro'n i hefyd yn poeni mod i'n dew, ond yn gneud cacennau bob nos – llwyth ohonyn nhw, yn sgons a fflapjacs a *pound cake*, fel math o therapi am mod i'n casáu fy ngwaith ysgol, ac yn 'caru' hwn neu'r llall ond naill ai'n methu gadael iddyn nhw wybod hynny neu'n gadael iddyn nhw fy nhrin fel baw. Roedd y coginio hefyd yn therapi am mod i'n poeni mod i'n dew, wrth gwrs – dim ond mod i'n bwyta'r cacennau wedyn. Ond dwi'n eitha siŵr mai tuedd yr arddegau i gwyno am bob dim sydd yn y dyddiadur. Dwi'n gwybod yn iawn mod i wedi mwynhau fy nyddiau ysgol, ac roedd 'na hen ddigon o bethau neis iawn yn digwydd i mi. Roedden ni i gyd yn chwerthin llawer iawn mwy nag roedden ni'n crio, ond wrth ysgrifennu ro'n i'n amlwg yn mwynhau ym-drybaeddu yn yr angst a'r gwae. Ac, yn 1978, yn eitha prim hefyd:

> 12 Gorff.: Consart y Trwynau Coch yn Neuadd Idris. Pawb wedi gwisgo make-up gwirion ac yn pogo-io like crazy. Ges i sweatshirt Levis coch ar y diwedd, pan ddaethon nhw â llwyth o freebies allan. Roedd o'n gonsart reit dda ond do'n i ddim yn rhy hoff o'r geiriau.

Dwi'n dal i gadw dyddiadur yn weddol ffyddlon hyd heddiw. Prynu llyfr mawr clawr caled, heb linellau, a gludo ngholofnau wythnosol yn yr *Herald Cymraeg* ynddo fo. Mae'r rheiny'n ddigon tebyg i ddyddiadur, dim ond eu bod nhw'n gyhoeddus. Wedyn, pan fydd yr awydd yn taro, mi fydda i'n sgwennu pethau mwy personol rhwng y colofnau.

## Popeth yn Gymraeg

Ond sôn am siarad Saesneg efo Claire Winyard o'n i gynnau, yndê? Dwi'm yn siŵr pryd digwyddodd o, ond rywbryd tua'r pedair ar ddeg/pymtheg 'ma, mi ddechreuodd Claire a finnau siarad Cymraeg efo'n gilydd. Mae hi'n deud mai Dad wnaeth y gwahaniaeth. Pan ddoth hi i aros efo ni gynta, roedd o wedi deud wrthi (yn gwrtais iawn): 'Rŵan 'ta, Claire, mae 'na groeso mawr i ti aros yma efo ni, ond cofia mai teulu Cymraeg ydan ni, felly dwi'n disgwyl i titha siarad Cymraeg hefyd. Ti'n gallu'n iawn, dwyt?' Mi oedd hi, wrth gwrs, ac aeth ati i wella'i Chymraeg o ddifri wedyn, a'i phenderfyniad hi oedd y dylen ni'n dwy sgwrsio yn Gymraeg o hynny mlaen.

Dwi wedi pendroni cryn dipyn am hyn wedyn. Tybed ai agwedd fel un fy nhad sydd ei angen arnon ni i gadw'r iaith yn fyw? Ond tynnu ar Claire, braidd, roedd o (fel y bydd o), ac mae'n siŵr y byddai person arall wedi pwdu a gwrthod siarad gair o Gymraeg wedyn, ond roedd Claire isio'i blesio fo – ein plesio ni – ac isio dod i aros efo ni ar y ffarm ar benwythnosau eraill.

Roedd ganddi athrawes Gymraeg dda iawn hefyd – Beryl Davies (oedd â'r ffugenw 'Parsley', am ryw reswm), ac roedd honno wedi llwyddo i'w chael i gyrraedd safon eitha uchel – llawer uwch na phawb arall oedd yn y set ail iaith. Roedd Claire yn gwylio rhaglenni Cymraeg ar y teledu weithiau, ac wedi gwirioni efo Dai Clust – rhyw gymeriad digon od oedd yn cael ei actio gan Mei Jones. Doedd o ddim yn annhebyg i Wali Tomos, a deud y gwir. A dim ond pan ddechreuodd hi ganmol y gwnes i sylweddoli bod y rhaglen yn wirioneddol ddigri. Rhywun o Loegr yn canmol, felly'r Gymraes yn cymryd sylw – digwydd yn aml, tydi?

Ro'n i hefyd wedi dechrau mynd ar gyrsiau penwythnos i Wersyll yr Urdd, Glan-llyn (nid efo Claire – doedd hi ddim digon Cymreig ar gyfer hynny eto, mae'n debyg), ac yn fanno ges i ryw fath o epiffani. Roedd y lle'n llawn o swogs hŷn na fi – merched bywiog, digri a dynion secsi oedd yn Gymry 'go iawn' – a llwyth o bobl ifanc yr un oed â fi o Gymru gyfan, a phob un yn siarad Cymraeg ac yn gwrando ar gerddoriaeth Gymraeg. Iawn, ro'n i'n ffan o Edward H. Dafis (doedd pawb?), ond *Yr Hen Ffordd Gymreig o Fyw* oedd yr unig LP Gymraeg oedd gen i; stwff Saesneg oedd y gweddill.

Roedd 'na chwaraewr recordiau yn un o stafelloedd Glan-llyn, efo uchelseinyddion mewn stafelloedd eraill, a dwi'n cofio cael fy swyno gan 'Y Dref Wen', Tecwyn Ifan. Ro'n i wedi bod yn ei chlywed yn gyson ers ben bore, a gyda'r nos wrth chwarae cardiau'n dawel efo rhai o'r swogs, roedd rhai'n canu mewn harmoni efo'r record – Menna Thomas (Côr Merched y Garth a Pharti'r Efail, bellach) yn un – ac mi ges fy nharo'n fud mwya sydyn. Hon oedd y gân hyfryta a thrista i mi ei chlywed erioed. Ia, sôn am gyflafan yn y seithfed ganrif mae hi, pan gafodd y Cymry eu trechu gan y Saeson (Stafell Gynddylan ac ati), ond roedd y cytgan fel galwad yr utgyrn i mi: 'Awn i ailadfer bro, awn i ailgodi'r to, ailoleuwn y tir, pwy a saif gyda ni?' Es adre i'r Brithdir efo tân yn fy ngwaed. Ro'n i'n Gymraes, yn falch o fod yn Gymraes, ac roedd hi'n siarad-Cymraeg-*all-the-way* wedyn: poster 'Gwnewch bopeth yn Gymraeg' ar wal fy llofft, gwrando ar *Sosban* efo Richard Rees bob dydd Sadwrn, dosbarthu *Sgrech* yn Ysgol y Gader . . . Ro'n i'n rêl 'Welshy' rŵan. Wedyn, doedd gan Claire fawr o ddewis ond siarad Cymraeg, nagoedd?

Mi ddewisodd hi neud Cymraeg ail iaith i'w chwrs Lefel A – a chael gradd A, a'r wobr am y canlyniad gorau yn yr Adran Gymraeg. B ges i. A hi gafodd fynd ar gwrs i Gregynog yn hytrach na fi am fod yr athrawon yn meddwl ei bod hi'n ei haeddu o'n fwy na fi. Dwi'n dal yn flin am hynna, waeth i mi fod yn onest, ddim.

Ond dwi'n fwy blin am y cwrs Outward Bound na ches i fynd arno fo. Roedd 'na wahoddiad i ddwy ferch o'n blwyddyn ni gael wythnos yn Aberdyfi yn dringo a chanŵio ac ati. Ro'n i'n ysu am fynd, isio mynd mwy na dim yn y byd. Ond mi benderfynodd Gwenan, yr athrawes Chwaraeon, fynd am yr un oedd wastad yn dod yn gynta mewn rasys traws-gwlad, sef Anwen Humphreys, a'r un oedd wastad yn ennill y ras can metr, sef Sharon Owen. Gesiwch pwy oedd yn ail yn y ddwy gamp y flwyddyn honno? Ac mae'n debyg nad oedd Sharon wedi mwynhau'r cwrs o gwbl am fod ganddi ofn uchder. AAAAA! Ydw, dwi'n dallt pam fod Gwenan wedi dewis fel'na, ond tristwch y peth ydi na ches i gyfle i ddringo go iawn (efo rhaffau ac ati) nes o'n i'n wyth ar hugain oed, ac er mod i wedi malu mhen-glin erbyn hynny, ro'n i'n blydi da! Taswn i wedi cael blas arni'n bedair ar ddeg . . .

Ond dyna ni. Ddylwn i'm cwyno, mi ges i ddigon o gyfleon eraill trwy'r ysgol, fel y cyrsiau drama fyddai'n cael eu cynnal yn flynyddol yng Ngholeg Harlech. Y diweddar (ac annwyl) Meurwyn Thomas oedd â gofal y cyrsiau, a dwi'm yn siŵr pwy yn union oedd yn eu hariannu – Cyngor y Celfyddydau, o bosib – ond disgyblion o ogledd Cymru oedd yn eu mynychu. Roedd Stifyn Parri ar un cwrs, dwi'n cofio, a Richard Elfyn a Gareth (J. O.) Roberts. Ac roedd 'na ferch o Ben Llŷn; dwi'm yn cofio'i henw hi, ond roedd hi'n un fain, gwallt tywyll, a roddodd berfformiad o hen ddynes unig wnaeth i mi grio fel babi. Ble'r aeth hi? Os oedd rhywun yn haeddu mynd yn ei blaen i berfformio ar lwyfannau Cymru, hi oedd hi.

Beth bynnag, roedd y cyrsiau'n para am wythnos ac yn waith caled ond yn hwyl, bobol bach. Roedd Meurwyn yn wych, fel ei gynorthwywyr Olwen Medi, Nerys o Draws a Ianto Lloyd. A dyna pryd penderfynais i mod i am ddal ati efo byd y ddrama.

Ro'n i wedi ffansïo'r syniad, a bod yn onest, ers i mi weld pantomeims Cwmni Theatr Cymru, fyddai'n dod i Ysgol y Gader bryd hynny. *Mawredd Mawr!*, *Dan y Don*, *Gweld Sêr* a *Dyfi Jyncshyn* oedd y rhai dwi'n eu cofio – a'r hoff gymeriad yn y rhai cynta oedd Fferi Nyff (Wynford Ellis Owen). Roedd o'n wirioneddol wych, ond anghofia i fyth chwaith mo Mei Jones a Cefin Roberts yn gneud deuawd cerdd dant i'r 'Blodyn pi-pî'. A ges i fy swyno'n llwyr gan lais canu Sue Roderick. Ac roedd hi mor *glamorous*! A Mari Gwilym mor hynod o ddigri. Nefi, roedd 'na dalent yng Nghymru.

Mi fyddwn wedi bod wrth fy modd yn cael perfformio mewn cân actol pan o'n i yn yr ysgol gynradd, ond doedd 'na ddim digon o blant yn y Brithdir. Neu ddim digon o blant â digon o dalent. Dwi'n cofio bod yn wyrdd wrth wylio plant Corris yn perfformio yn Steddfod yr Urdd, a'r chwiorydd Nia a Sian Bowen yn serennu bob tro. Ro'n i isio bod fatha nhw, ond do'n i ddim yn gallu canu fel'na beth bynnag.

Wrth lwc, gan fod Ysgol Dr Williams wedi cau pan oedd hi yn y drydedd flwyddyn, roedd Luned Price, yr hogan denau fyddai'n fy nghuro (weithiau) am redeg, wedi dod i Ysgol y Gader, ac er nad oedd hi fawr o athletwraig bellach, roedden ni'n fêts. Roedd hithau'n mwynhau perfformio ac mi wnaethon ni *double act* eitha llwyddiannus i CFfI Dolgellau mewn cystadleuaeth noson lawen. Mei Jones oedd y beirniad, a Chlwb Dolgellau enillodd trwy Feirion. Roedd mynd yr holl ffordd i Felin-fach i gystadlu yn erbyn gweddill Cymru yn brofiad a hanner, ond chawson ni affliw o ddim byd yn fanno. Doedd yr hwntws jest ddim yn deall ein hiwmor ni.

Mi fyddai Luned a finnau'n mynd i Lan-llyn yn weddol aml, a thrwy'r ffrindiau newydd wnaethon ni yno gawson ni wybod am gynyrchiadau drama'r Urdd. Roedd croeso i ni gynnig am le, felly dyma'r ddwy ohonon ni'n llenwi'r ffurflenni a'u gyrru i mewn. Rai wythnosau'n ddiweddarach, derbyniwyd llythyr yn deud bod yn rhaid mynd i Ysgol y Gader ar fore Sadwrn am glyweliad. O mai god! Y peth ydi, roedden ni'n gorfod canu. O, na. Do'n i'm wedi canu ar fy mhen fy hun yn gyhoeddus ers i mi orfod canu 'Bara Angylion Duw' ar lwyfan Neuadd Idris, a chael hunllef yn ceisio cyrraedd y nodau uchel ac anghofio ngeiriau'n rhacs, a Nain a Taid yn y gynulleidfa'n edrych fel tasen nhw isio marw . . .

Ond ro'n i wirioneddol isio bod yn y sioe yma, felly mi wnes i ganu 'Mi a glywais fod yr hedydd' (yn isel iawn ar y sgêl), ac mi ganodd Luned rywbeth, ac adre â ni. Nid yn obeithiol iawn, rhaid cyfadde. Rai dyddiau'n ddiweddarach, ges i lythyr yn deud mod i wedi fy nerbyn i fod yn rhan o gast *Jiwdas*. O MAI GOD! Dyma ffonio Luned yn syth bìn. Ond doedd hi ddim yn bownsio i fyny ac i lawr fel fi. Doedd hi ddim wedi cael lle – a'i syniad hi oedd rhoi cynnig arni yn y lle cynta. Sôn am deimlo'n euog. Ond dyna fo, dydi bywyd ddim yn deg, ac am unwaith fi oedd wedi cael fy newis ar gyfer rhywbeth.

Yn Llangrannog roedden ni'n ymarfer y sioe, ac Emyr Edwards oedd y bòs. Roedd gen i ei ofn o, bobol bach. Ac ro'n i'n nerfus – do'n i'n nabod neb, nago'n? Ond buan iawn y dois i'n ffrindiau efo'r genod yn yr un llofft â fi, a hogan o Lansannan (ia, hogan ffarm) o'r enw Ruth Jones, neu Ruth Penrhwylfa, yn fwy na neb. Dyna i chi be oedd llais canu. Roedd 'na ugeiniau o unawdwyr da yn y cast, yn cynnwys Siân James a Menna Thomas, ond roedd 'na rywbeth am lais

Ruth oedd yn codi blew eich gwar. Ac roedd hi'n ddiawl o gês.

Roedd hi'r un oed â fi, ond yn llawer mwy *streetwise*, a hi aeth â fi ar gyfeiliorn pan gyrhaeddon ni Fangor ar gyfer y perfformiad yn Theatr Gwynedd. Roedden ni'n cael perffaith ryddid i neud be fynnen ni yn ystod y dydd cyn y perfformiad, ac mi benderfynodd Ruth ei bod hi isio dangos rhywle o'r enw Y Glob i mi. Ganol pnawn. A fy nghyflwyno i ryw ddiod nad o'n i wedi clywed amdano fo o'r blaen, Blue Moon. Wel, roedd o'n neis, felly gawson ni un arall – ac un arall. Dwi'm yn siŵr faint gawson ni i gyd, ond gan ei bod hi wedi arfer ag o, chafodd y Blue Moons fawr o effaith ar Ruth. Doedd yr un peth ddim yn wir amdana i. Mi ganodd Ruth ei hunawd yn hyfryd fel arfer, ond ro'n i, yn y corws, yn gweld sêr. Roedd 'na ddawnsio yn rhan o'r canu, dach chi'n gweld – wel, rhyw gamu 'nôl a mlaen ac i'r ochr – ac roedden ni i gyd yn gwybod ein camau'n berffaith. Ond y noson honno roedd 'na un oedd yn mynd y ffordd anghywir bob tro. Pawb yn mynd i'r chwith, Bethan yn mynd i'r dde. Pawb yn camu 'nôl, Bethan yn camu mlaen. Fues i rioed mor falch o weld diwedd perfformiad, a ges i row gan Emyr Edwards wedyn a dyrti lwcs gan aelodau hŷn y cast. Ond mae'n debyg fod y gynulleidfa wedi cael modd i fyw efo'r clown yn y sach brown.

Ches i ddim gwahoddiad i fod yn rhan o sioeau'r Urdd wedyn. Dwi'm ar y record chwaith. O, wel.

Ond mi ges i actio ar lwyfan Ysgol y Gader. *Brad*, Saunders Lewis, oedd y cyfle cynta, a fi gafodd ran yr Iarlles am fod genod y Chweched a'r Pumed i gyd wedi gwrthod. Alun Cae Coch oedd fy nghariad i yn y ddrama, a do'n i'm yn drwglicio'r syniad hwnnw o gwbl. Ond nid y fo ro'n i'n

56

gorfod ei snogio ond y dyn drwg oedd yn cael ei chwarae gan Alwyn Humphreys (Alwyn ap Huw wedyn, a bellach y blogiwr dan yr enw Hen Rech Flin). Rŵan, dwi'n nabod Alwyn yn eitha da, a dwi'n siŵr y gwnaiff o faddau i mi, ond do'n i jest ddim isio'i snogio fo. O gwbl. Ro'n i'n gwrthod yn lân â gneud ym mhob ymarfer. Fuo raid i mi neud yn y diwedd, wrth gwrs – ac roedd y perfformiad cynta o flaen yr ysgol . . . Artaith oedd clywed bechgyn y Pumed yn gweiddi a chwibanu tra oedd ceg Alwyn yn sownd yn 'y ngheg i, a'm dyrnau wedi'u cau yn dynn, dynn.

Ond mi wnes i gytuno i gymryd rhan eto'r flwyddyn wedyn – drama fer henffasiwn ac ysbryd ynddi oedd hon. Dwi'm yn cofio'r enw. Claire gafodd y rhan *glamorous* a fi oedd y forwyn dlawd. A hi sy'n cael y bai gen i am neud i mi gawlio fy llinellau. Roedd gen i linell am fynd 'i ffair a mart', a hi sylwodd mewn ymarfer y gallwn i neud camgymeriad yn hawdd efo'r geiriau yna. A be ddigwyddodd? Ar y llwyfan, o flaen pawb, 'mair a ffart' ddeudais i, yndê. Dwi'n siŵr y gallwn i fod wedi dal ati a fyddai'r gynulleidfa ddim callach, ond ffrwydro wnes i wrth gwrs – chwerthin nes o'n i'n crio, a'r cynhyrchydd Mel (Biol) Williams yn gandryll efo fi. Mae'n siŵr y dylwn fod wedi sylweddoli bryd hynny nad y llwyfan oedd fy nyfodol i.

Ac fel mae'n digwydd, ches i ddim rhan y flwyddyn wedyn. O do, un fach. Ond ar fy mlwyddyn ola un, y fi gafodd Y Rhan. Y brif ran yn y sioe gerdd gynta rioed i Ysgol y Gader fentro'i llwyfannu – *Broga Plas Brog*. Ia, cyfieithiad o *Toad of Toad Hole*. A fi oedd y Broga. Am mod i'r siâp iawn, meddai Emyr Puw, yr athro Cymraeg. Hy. Yn sicr, ches i moni oherwydd fy llais canu, ac roedd y llyffant yn gorfod canu, doedd? Mi wnaeth Eirian Owen, yr athrawes Gerdd

57

(arweinydd Côr Godre'r Aran, bellach) fy rhoi drwy uffern o flaen y blydi piano 'na. A hi gyhoeddodd mod i'n canu drwy fy nhin – oedd yn berffaith wir, achos do'n i'm isio fflipin canu, nac actio (h.y. gneud prat ohonof fi fy hun), ac ro'n i'n difaru cytuno i neud y rhan. Mi ddylen nhw fod wedi'i roi i'r hogyn newydd o Dinas o'r enw Eilir Jones (ia, Ffarmwr Ffowc, neb llai), ond rhan y Barnwr gafodd o a chwip o berfformiad oedd o hefyd. Janice Horan oedd y Llygoden Fawr, Elin James oedd y Mochyn Daear, a hogyn bach o Rydymain, Dylan Edwards, gafodd ran Twrch am fod ganddo lais soprano hyfryd. Fo oedd y seren, ond yn anffodus iddo fo, 'Dylan Twrch' fuodd o am weddill ei gyfnod yn yr ysgol – a thu hwnt. Lwcus mod i ar fin gadael; mi fyswn i 'di crio taswn i wedi gorfod bod yn Bethan Broga.

Fel mae'n digwydd, er gwaetha'r ffaith fod yr athrawon i gyd (a finnau, a bod yn onest) yn poeni y byswn i'n fflop o lyffant, mi 'nes i sioe go lew ohoni yn y diwedd. Ges i lond bol o drio canu efo fy llais arferol, a jest cyn y perfformiad cyhoeddus cynta, mi benderfynais neud prat go iawn ohona i'n hun drwy ganu mewn llais operatig gwirion – oedd yn siwtio cymeriad hurt a dros-ben-llestri y Broga, wrth gwrs. Bu bron i'r wencïod druan wlychu eu hunain efo'r sioc, a dwi'n dal i gofio gweld Rhys Llwyd (Maths) yn crio chwerthin yn y wings. Ond mi weithiodd. Mi nath rhywun fideo o'r sioe ond mae'r tâp ar goll, diolch byth.

Ro'n i'n dal yn brysur efo'r Clwb Ffermwyr Ifanc, hefyd, ac fel sawl un arall sydd wedi glanio ym myd y cyfryngau, mi ddysgais i gryn dipyn trwy'r cystadlaethau Siarad Cyhoeddus. R. Emyr Jones, Trefnydd y Sir ar y pryd, oedd y tiwtor – dyn hyfryd, adawodd fwlch mawr ar ei ôl. Credwch neu beidio, mi fues i'n modelu unwaith hefyd. Ia, fi. Ond y gwir amdani oedd mai rhywun arall wnaeth y ffrog. Wedi'i gneud ar gyfer ei ffrind oedd hi, er mai'r rheol oedd mai'r gwneuthurwr oedd i fod i fodelu, ond roedd honno wedi pesgi a magu pen-ôl. Gofynnwyd i mi ei thrio – a wei-hei, roedd hi'n ffitio'n berffaith. A myn coblyn, yn Rali'r Sir yn y Bala, fi ddaeth yn gynta! Wp a deis. Golygai hyn mod i drwodd i'r Sioe yn Llanelwedd, lle roedd y beirniaid dipyn yn fwy trylwyr ac yn eich holi'n dwll sut a pham gwnaethoch chi'r peth hyn a'r peth arall. Wel, doedd gen i'm syniad mwnci, nagoedd – ffedog gingham oedd yr unig ddilledyn wnes i i mi fy hun erioed – ac mi welodd y beirniaid drwydda i'n syth. Ddois i'n ola. Ond ro'n i'n ôl y flwyddyn wedyn – yn gneud y sylwebu. Roedd hynny'n fy siwtio'n llawer gwell.

Ond ro'n i wedi mwynhau'r modelu(!), a beryg mai dyna pam gwnes i benderfynu wedyn trio bod yn Forwyn Laeth. Ond ges i ail. Bu raid i mi wynebu panel o feirniaid oedd yn gofyn rhip o gwestiynau am warthe a llaeth – pethau fel 'Faint o alwyni o laeth mae buwch Friesian yn eu cynhyrchu mewn blwyddyn?' 'Be'n union ydi *pasteurized milk*?' Doedd gen i'm clem, a dwi'n cofio mynd yn gochach ac yn gochach wrth i mi gael dwsinau o gwestiynau'n gwbl anghywir. O'r diwedd, daeth cwestiwn gododd fy nghalon – ro'n i'n gwbod hwn!

'Allwch chi ddeud wrthon ni be ydi "Border Leicester"?'

'Gallaf!' meddwn gyda gwên. 'Caws!' (Os nad ydych chi o gefndir amaethyddol, 'dafad' oedd yr ateb cywir.)

Na, dydi bod yn ferch ffarm ac yn aelod o'r CFfI ddim yn golygu bod deunydd ffarmwr ynoch chi. A ph'un bynnag, roedd Mam wedi rhoi stop ar fy ffarmio er mwyn ei helpu efo'r gwaith tŷ, yn doedd? O hynny mlaen, Geraint oedd yn cael cwmni Dad drwy'r dydd. Wnes i'm dal dig ato fo – fo oedd yr unig fab, dyna oedd y drefn, a do'n i'm yn nabod 'run hogan na dynes oedd wedi dewis gyrfa fel ffarmwr. Ro'n i'n gwybod bod y drefn yn annheg, ond nid bai Geraint oedd o mod i'n ferch ac yntau'n fachgen – ac, fel mae'n digwydd, yn fachgen oedd yn dangos potensial ffarmwr o'r cychwyn cyntaf. Ond pan ddaeth o i'r gegin ryw dro pan oedd o tua pump oed, a ngorchymyn i i neud paned iddo fo, mi gafodd lond pen a deud y lleia. Wnaeth o byth drio hynna wedyn.

Wrth lwc, ro'n i'n gneud yn dda yn academaidd, felly siawns nad oedd gen i ddyfodol y tu allan i fyd ffarmio. Cymraeg, Ffrangeg a Saesneg oedd fy mhynciau Lefel A. Mi wnes i ddechrau ar gwrs Lefel A Almaeneg drwy'r post hefyd, ond roedd hi'n amhosib canolbwyntio heb athro. Doedd y pwnc ddim ar gael yn yr ysgol. Ro'n i wedi cael Lefel O yn y pwnc ar ôl mynd am wersi preifat ar ôl ysgol bob dydd Gwener at Mrs Hughes, dynes o'r Iseldiroedd oedd wedi priodi Cymro lleol. Ond byddai gneud cwrs Lefel A yn rhy ddrud – ac yn ormod o waith, a do'n i'm yn un am weithio mwy nag oedd raid.

Ro'n i'n meddwl mod i'n gneud digon o adolygu, ond do'n i ddim. Dyna'r broblem mewn ysgol fechan, mae'n anodd gweithio allan pa safon ydach chi mewn gwirionedd. Ro'n i'n cael marciau gwell na Claire yn Ffrangeg, felly ro'n i'n meddwl mod i'n wych. Ha! A dim ond dau neu dri ohonon ni oedd yn gneud Cymraeg a Saesneg hefyd, ond, yn ôl dyddiadur 1979, fi oedd yr unig un fyddai yn y wers yn aml iawn. Problem ychwanegol – sy'n dal i fod gen i heddiw – oedd mod i'n methu canolbwyntio ar lais un person yn hir iawn. Ro'n i wastad yn cwympo i gysgu ar ganol 'double English', felly, chwarae teg i Miss Rees (Mrs Allen erbyn hynny), byddai'n fy ngyrru i gerdded rownd yr ysgol am bum munud rhwng y ddwy wers.

Pan es i i Aber i sefyll arholiadau ysgoloriaeth Evan Morgan, ges i 'Unclassified' yn Ffrangeg. Roedd hynny'n dipyn o sioc i fy athro, Walter King; roedd o'n meddwl mod i'n well na hynna, hefyd. Ond y gwir amdani oedd mod i wedi mynd ar gyfeiliorn yn y Cŵps y noson cynt. Mi fues i'n yfed yn wirion efo hogan o Fangor (aeth yn nyrs wedyn), ac mi lwyddon ni'n dwy i fachu dynion tal, hardd. Doctor gafodd hi, boi o WAC (coleg y ffarmwrs) ges i. Pan lwyddais i ddod o hyd i stafell yr arholiad erbyn naw bore trannoeth, ro'n i'n gweld sêr. Mi atebais bob dim yn yr un llyfr sgwennu heb sylwi bod angen ateb pob cwestiwn mewn llyfr ar wahân. Sori, Mr King, ond dyna ddigwyddodd – wir yr!

Fel mae'n digwydd, mi ges i hunllef o arholiad Lefel A hefyd: blanc llwyr yn un papur. Mae disgyblion heddiw mor lwcus eu bod yn cael gneud cymaint o waith cwrs ymlaen llaw. Yn ein dyddiau ni, roedd un bore o banig yn gallu chwalu dwy flynedd o waith caled. Ond diffyg gwaith oedd y prif reswm dros fy mhanig i, dwi'n meddwl. Mae fy nyddiadur yn dangos mod i'n treulio mwy o amser yn mynd allan (bron bob noson o'r wythnos) a hel dynion a gwrando ar Inner Circle, Supertramp a Pink Floyd nag yn canolbwyntio ar fy ngwaith.

Roedd Mrs Allen wedi gweld drwydda i ers tro. 'Very good,' ysgrifennodd yn fy adroddiad ar ddiwedd y flwyddyn gynta yn y Chweched. 'But Bethan must learn not to rely on her facility of expression and start doing some work.'

Y gwir amdani oedd fod lolfa'r Chweched yn gymaint o hwyl. Doedd fawr neb yn gweithio yno. Roedd bechgyn 6II wedi'n dysgu sut i chwarae *three card brag*, a dyna fydden ni'n ei neud yn ystod pob gwers rydd – efo'n pres cinio. Mi gollodd Luned a finnau gryn dipyn o geiniogau cyn i ni ddod i ddeall y gêm a thriciau Dylan Jones a Phil Hughes, ond roedd y wefr o fedru gwagio'u pocedi nhw fel cyffur. Roedd Luned ar fin ennill tomen o bres un tro pan gerddodd Mr Hywel Evans (neu 'Bouncer'), y prifathro, i mewn, dal ochr ei glogyn wrth ochr y bwrdd, sgubo'r pres i gyd i mewn iddo, ac i ffwrdd â fo 'nôl i'w swyddfa. Ar ôl munudau o dawelwch llethol, chwerthin wnaethon ni i gyd – heblaw Luned. Roedd hi jest isio crio. 'Roedd gen i dair Cwîn!'

## Genod drwg

Roedd Luned a fi wedi bod yn rhai drwg ers sbel. Weithiau, mi fydden ni'n mynd i gofrestru yn y bore ond, yn hytrach na mynd i'r gwasanaeth fel pawb arall, yn brysio i lawr y llwybr i'r dre, yn newid o'n dillad ysgol ac yn bodio i Gaernarfon – am fod Luned yn ffansïo un o hogia Crysbas. Gawson ni lifft gan Dafydd Wigley un tro! Weithiau, mi fydden ni'n cyrraedd ein Mecca ac yn cael diwrnod braf yn crwydro'r siopau a'r caffis ac ati; dro arall, fydden ni ddim, ac yn gorfod rhoi'r ffidil yn y to. Dwi'n cofio cerdded ar hyd y ffordd hir, wag rhwng Porthmadog a Bryncir mewn gwynt a glaw erchyll, ein dillad yn wlyb domen, neb yn rhoi lifft i ni, a'r ddwy ohonom yn beio'n gilydd am fod yn y fath gawl.

Roedd genod Dolgellau wedi bod yn mynd i Dol-brod (gwesty Dolbrawdmaeth yn Ninas Mawddwy) bob nos Sadwrn ers tro. Fanno oedd y lle i fynd bryd hynny; byddai pobl yn dod yno o bell, o'r Blaenau, Traws, Bala a Thywyn, hyd yn oed o bellafion Powys, ac roedd bachu dyn cyn diwedd nos yn hawdd. Ond ro'n i hefyd yn mynd allan i

Ddolgellau ganol yr wythnos, ac wedi i rai ohonon ni ddechrau bocha efo bechgyn Traws a'r Blaenau, mi fydden ni'n mynd i fanno hefyd a chael partis tan yr oriau mân. Ew, dyddie da.

Ond dwi'n cofio Luned a fi'n methu cyrraedd adre un nos Wener, a gorfod cysgu mewn hen sied wair nid nepell o Faentwrog. Roedden ni newydd ddringo allan ohoni fore trannoeth ac yn cerdded ar hyd y ffordd (efo Keith a Gareth, y ddau foi o'r Blaenau oedd efo ni) pan edrychais i fyny i weld traffig yr A470. Roedd 'na fws yn pasio. Bws yn llawn o dîm hoci Ysgol y Gader – ac ro'n i i fod yn un ohonyn nhw. Dwi'n cofio rhes o wynebau'n sbio'n hurt arnon ni, yn cynnwys wyneb Gwenan, yr athrawes Chwaraeon. Wps.

Hefyd, pan losgwyd un o'r tai ha' cynta yn ardal y Blaenau gan Feibion Glyndŵr, mi soniodd rhywun wrth yr heddlu fod Luned a fi yn y cyffiniau'r noson honno. A chan ein bod ni'n perthyn i Gymdeithas yr Iaith (wel, do'n i ddim ond ro'n i'n gwisgo'r bathodyn) aeth rhyw dditectif i'r ysgol i ngweld i – ond do'n i'm yno. Aeth o i'r Gwanas wedyn, ond do'n i'm yn fanno chwaith, felly mi gafodd air efo Dad. Dwi'n meddwl i hwnnw roi llond pen iddo fo; roedd o'n fy nabod i'n ddigon da i wybod na fyswn i byth yn llosgi tŷ, ac roedd o'n digwydd bod yn genedlaetholwr hefyd. Felly, aeth y boi i chwilio am Luned . . . Roedd hi erbyn hynny wedi gadael y Chweched ac yn y coleg technegol, ac mi gafodd ffit biws pan gyrhaeddodd ditectif isio gair efo hi. Nid poeni am gael ei chyhuddo o losgi tŷ roedd hi, ond am y mwg drwg ac ati oedd yn y parti fuon ni ynddo yn y Blaenau'r noson honno.

Dim rhyfedd na ches i mhenodi'n Brif Ferch. Claire gafodd yr anrhydedd hwnnw – roedd hi'n llwyddo i gadw'i mistimanars hi i ochra Fairbourne a Llwyngwril. Hogan gall.

Ond mi ges fy ngneud yn Ddirprwy, ac fel mae pob dirprwy'n ei wybod, y rheiny sy'n cael y gwaith caled i gyd!

Wedi i mi basio mhrawf gyrru, ro'n i'n benthyg car Dad bob cyfle gawn i ac yn mynd allan hyd yn oed yn amlach. Un o'r nosweithiau mwya hurt ges i oedd efo dau hogyn o'r Traws pan oedd Luned a fi'n dathlu'n pen-blwydd yn 17. Roedd gan un ohonyn nhw, y diweddar Adrian 'Bach' gafodd ei ladd ar rig olew Piper Alpha, Simca Rallye oren oedd yn gar oriog iawn. Er mwyn gneud iddo fynd, roedd Adrian yn gorfod eistedd yn y bŵt (fanno roedd yr injan) yn dal rhyw weiars wrth ei gilydd. Anghofia i byth fynd tua chan milltir yr awr ar hyd stretsh Traws, ac Adrian yn diawlio Huw y gyrrwr i'r cymylau. Wedyn, wedi iddi dywyllu, aethon nhw i faes parcio Atomfa Traws a dwyn ffog-lamps o'r ceir oedd yno, eu gwerthu ym Mhorthmadog a'n meddwi ni'n dwy efo'r elw.

Roedd y dynfa i Drawsfynydd mor gryf, mi aeth Llinos, Gwawr fy nghnither a finnau i drwbl go iawn yn trio mynd yno un nos Wener. Roedd Gwawr yn cael gwers ar ôl ysgol yn Llanuwchllyn, ac am ryw reswm, ges i fenthyg Alfa Romeo Yncl Trebor i fynd i'w nôl hi efo Llinos. Roedden ni wedi cael caniatâd i fynd allan i'r Bala wedyn (lle diogel . . .), ond doedden ni DDIM yn cael mynd i'r Traws! Ond roedd 'na ddisgo yn Rhiw Goch a fanno roedden ni am fynd – dros y top o Lanuwchllyn. Oedd, roedd hi'n bwrw eira rhyw fymryn, ond dim byd mawr, ac i ffwrdd â ni. Wrth i ni ddringo'n uwch ac yn uwch i fyny'r ffordd gul, droellog, roedd yr eira'n disgyn o ddifri. Tybed ddylen ni droi'n ôl? Ond na, roedd olion aradr eira o'n blaenau; mi fydden ni'n iawn. Nes i ni gyrraedd yr aradr – oedd wedi mynd yn sownd, a neb ynddi. O diar. Do'n i ddim yn ffansïo'r syniad o fagio'r holl ffordd yn ôl, ac roedden ni'n eitha siŵr ein bod ni bellach yn nes at Rhiw Goch na Llanuwchllyn, felly dyma fentro allan i'r eira a chychwyn cerdded – mewn dillad a sgidiau cwbl anaddas. Mi fuon ni'n cerdded am oriau, nes oedden ni'n crio, roedden ni mor oer. Roedd y ddwy arall yn llawer mwy heglog na fi ac yn brasgamu ar wib – ro'n i'n gorfod trotian i gadw i fyny, oedd yn fy lladd. Dwi'n cofio gweld bod dwy belen eira fawr gen i ar bob troed, lle roedd yr eira wedi hel o gwmpas fy ngharrai. Erbyn deall, bu farw dyn lleol aeth ar goll i fyny fanna'r noson honno. Ond yn wyrthiol, a dyn a ŵyr sut, fe gyrhaeddon ni Rhiw Goch – yn yr oriau mân, fel roedd pawb arall yn gadael. Wedi cael cynhesu o flaen y tân a diferu dros y lle, bu'n rhaid ffonio'n rhieni i ddod i'n nôl ni, a doedd Yncl Trebor ddim yn hapus. Mi gymerodd ddyddiau iddo gael yr Alfa Romeo allan o'r eira. Sori, Yncl Trebor . . .

Be oedd y dynfa at hogia Traws a'r Blaenau? Wel, roedden nhw'n gymeriadau, ac yn gymaint mwy ecsotig na bechgyn 'boring' Dolgellau. Ac, yn fwy na dim, roedden nhw'n Gymry go iawn – hogia caib a rhaw, nid rhyw *chafs* dre oedd yn mynnu siarad Saesneg dragwyddol.

Roedd Mam wedi cael llond bol ac yn poeni o ddifri mod i ddim yn canolbwyntio ar fy ngwaith ysgol. Roedd rhywun o'r Blaenau wedi deud wrthi, hefyd, am ofalu mod i'n cadw draw oddi wrth hogia'r dre honno.

'Bethan! Dwyt ti ddim yn mynd allan heno!' meddai hi ryw nos Iau pan o'n i yn y Chweched Isaf. Ond sleifio allan wnes i, neidio i mewn i Ford Cortina Mark II melyn a du fy nhad, a mynd i'r dre i bigo Luned i fyny a gyrru i Flaenau Ffestiniog. Pan ddois i'n ôl rywbryd yn yr oriau mân, ges i sioc. Roedd Mam wedi cloi'r drws. Nid dim ond y drws arferol, ond pob bali drws i mewn i'r tŷ – ac roedd 'na bedwar ohonyn nhw! O, trio dysgu gwers i mi, ai e? Roedd ffenest y landing ar agor, ac roedd 'na ysgol rownd y cefn. Es i i nôl yr ysgol, dringo trwy'r ffenest a theimlo'n smyg iawn. Wedyn, dyma fi'n meddwl falle y dylwn fynd yn ôl allan i symud yr ysgol ('remove the evidence'), ond fel ro'n i'n cydio ynddi, pwy ymddangosodd ar y landing yn ei phyjamas ond Mam – ac roedd hi'n cloi'r ffenest! Brysiais yn ôl at y drws, ond roedd hi wedi cyrraedd o mlaen; roedd hwnnw ar glo eto. Wel, ro'n i wedi gwylltio rŵan, ond do'n i'm yn mynd i grio a deud sori o dan ffenest ei llofft, ddim diawl o beryg. Neidiais yn ôl i mewn i'r car a gyrru i'r Glyn, cartref Luned. Doedd 'na'm un golau ymlaen yno. Roedd honno wedi cael mynd i'w gwely'n gwbl ddidrafferth, yn amlwg! Doedd gen i mo'r wyneb i waldio'r drws, felly 'nôl â fi at y ffordd fawr – a'i throi hi am Fwlch yr Oerddrws. Roedd y Ford Cortina Mark II yn goblyn o gar cyflym, a chan mod i wedi gwylltio'n rhacs, rois i nhroed i lawr o ddifri. Tase 'na heddlu o gwmpas, mi fyswn mewn trwbwl. Beth bynnag, ro'n i ar ben y Bwlch o fewn dim, a fanno gysgais i, yn rhynnu dan fy nghôt hir streipiog.

Es i'n ôl adre tua saith, a chuddio nes bod Dad wedi gadael y tŷ, yna martsio heibio Mam heb ddeud gair. Dwi'm yn cofio wnes i ymddiheuro iddi – go brin, nabod fi – ond roedd hi wedi gneud ei phwynt. Dwi'n meddwl i mi aros adre'r noson honno. Wel, ro'n i'n cysgu ar fy nhraed gan mai chydig iawn o gwsg ges i ar y Bwlch.

Mam druan oedd yr un oedd wastad yn gorfod trio fy nisgyblu. Ges i goblyn o chwip din ganddi efo cansen unwaith, pan o'n i tua wyth neu naw oed. Bob noson Dolig mi fyddai pawb o dylwyth ffarm Frongoch yn heidio yno i fod efo Taid.

Roedd o wedi colli'i wraig pan o'n i tua pedair oed; daeth o hyd iddi wedi boddi yn y llyn corddi. Flynyddoedd yn ddiweddarach y ces i wybod mai gneud amdani'i hun wnaeth hi, oherwydd iselder affwysol, mae'n debyg. Dwi'n cofio fawr ddim amdani heblaw ei bod hi'n ddynes dawel, addfwyn iawn oedd wastad yn dod â theganau Rhiannon i ni'n anrhegion, a Rhiannon yn mynd â nhw adre efo hi wedyn. Chwarae teg, pam dylai hi orfod gneud heb ei theganau? Beth bynnag, byth ers hynny byddai ei ddeg plentyn, eu partneriaid a'u plant yn dod i weld Taid yn ddeddfol bob noson Dolig. Roedd hi'n noson ddigon hwyliog, gydag un o'r ewythrod yn gwisgo fel Siôn Corn i roi anrhegion i ni'r plant. Fi oedd yr hyna, wrth gwrs, ac ro'n i'n mynd yn fwyfwy anghyfforddus ynghanol yr holl blantos bach. Ac roedden ni wastad yn gorfod cychwyn yno pan fyddai 'na bantomeim ar y teledu – panto efo'r sêr mawr i gyd ynddo fo. Do'n i rioed wedi cael gweld y panto yn ei gyfanrwydd, a'r flwyddyn hon mi ges i'r myll a gwrthod mynd. Doedd 'na'm symud arna i, ac yn y diwedd mi wylltiodd Mam yn rhacs a nôl ffon. Bethan dawel a dagreuol iawn aeth i Frongoch y noson honno.

Mae Taid wedi marw ers sawl blwyddyn bellach, a'r teulu wedi tyfu'n rhy fawr i ffitio i mewn i unrhyw dŷ, felly mi fyddwn yn cyfarfod rŵan mewn rhyw westy neu'i gilydd o gwmpas y Flwyddyn Newydd. Mae 'na wastad ryw blentyn sy'n edrych fel tase fo wedi cael ei lusgo yno, a fedra i'm peidio â gwenu. Dallt yn iawn, mêt!

Pam nad oedd Dad yn ein disgyblu ni, 'ta? Wel, mi oedd o, yn ei ffordd ei hun. Roedd dim ond un fflach o'r llygaid glas 'na'n ddigon i neud i chi rewi. Dim ond gorfod sbio'n oeraidd oedd o ac roedden ni'n crynu yn ein sgidiau.

Anghofia i fyth ei gyfarfod ar 'y dreif' (y ffordd gudd i gyrraedd y tŷ) un tro, tua chwech y bore, a finnau newydd ddod yn ôl o noson wyllt yn Padarn Roc. Ddywedodd o 'run gair, dim ond sbio arna i fel taswn i'n lwmp o faw a cherdded yn ei flaen. Ro'n i isio cropian dan garreg.

Roedd o ac Yncl Trebor wedi cael eu disgyblu'n o galed gan Taid, mae'n debyg, ac roedd o wedi addo iddo'i hun na fyddai o byth yn taro'i blant. Roedd hi'n haws o lawer iddo fo gan mai Mam druan oedd yn gorfod bod efo ni drwy'r dydd. Ond mi gollodd Dad ei fynedd yn rhacs un tro – efo Geraint, o bawb, pan oedd o wedi taflu llwy ar lawr mewn stremp ac yn gwrthod ei chodi. 'Coda hi,' chwyrnodd Dad. Ger yn ysgwyd ei ben. 'Coda hi . . .' Ger yn gwrthod. 'Coda hi!' Pawb yn gweddïo ar i Ger jest rhoi i mewn a chodi'r blwmin llwy – plis. Ond nath o ddim, er iddo gael sawl cyfle eto, a dyna'r tro cynta i Dad gydio yn un o'i blant. Nefi, roedden ni wedi dychryn – a Dad yn fwy na neb. Beryg fod 'na wastad fwy o densiwn rhwng tad a mab.

Roedden ni'r genod yn gallu trin Dad yn iawn. Ond, erbyn meddwl, byddai Glesni a finnau'n ffraeo'n aml o'i herwydd. 'Fi 'di hogan Dad!' 'Naci, fi!' Ro'n i'n ddigon hen i wybod yn well ond ro'n i jest isio tynnu arni am ei bod hitha'n cael y fath fwynhad o dynnu arna innau. Yn dilyn rhyw ffrae neu'i gilydd, mi sgwennodd Glesni dros wal y llofft efo ffelt pen mai hi oedd Dad yn ei licio orau. Dwi'm yn cofio'n iawn be ddigwyddodd wedyn ond mae'n rhaid mod i wedi deud neu neud rhywbeth, achos aeth Glesni ati i rwygo mhosteri i i gyd yn rhacs. Wel, ro'n i wedi gwylltio go iawn wedyn. Aeth hi'n ffeit. O'n, ro'n i'n dipyn mwy a thipyn cryfach na hi, ond roedden ni'n dwy yn yr ysgol uwchradd, felly doedd hi ddim mor fach â hynny . . . Mae sens yn deud mai hi ddaeth allan ohoni waetha; roedd golwg y diawl arni yn yr ysgol drannoeth, efo llygad ddu a gwefus wedi chwyddo – ac roedd hi'n mynnu deud wrth bawb mai fi nath! Ro'n i isio rhoi llygad ddu arall iddi.

Mae hyn yn swnio fel taswn i'n rêl bwli, ond yn fy hanner canrif ar y ddaear 'ma, dim ond dau berson sydd wedi llwyddo i ngwylltio i hyd at ddyrnu: Glesni, a rhyw foi fues i'n ei ganlyn am flynyddoedd (mwy am hwnnw'n nes ymlaen). Doedd Glesni a fi jest ddim yn dallt ein gilydd, dwi'm yn siŵr pam. Jest un o'r *personality clashes* 'ma, am wn i. Roedd hi'n poeni sut roedd hi'n edrych, yn gwisgo'n ofalus a thaclus bob amser, yn plesio Mam efo'i diddordeb mewn dillad a ffasiwn, a finnau â dim mynedd o gwbl efo pethau felly. Roedd Llinos hefyd yn hoffi dillad, ond yn fwy o rebel. Doedd Llinos a finnau ddim yn ffraeo llawer, a do'n i byth yn ffraeo efo Geraint – dim ond Glesni. Ond wedi i mi fynd i'r coleg, mi wellodd pethau, a phan fydden ni'n mynd allan, roedd yr un bobl yn union yn mynd ar ein nerfau ni. Doedd dim ond angen rhoi edrychiad ar ein gilydd ac roedd y neges yn ddealladwy'n syth: 'Awê . . .' Roedd hi'n hogan dlws iawn, ond byth yn lwcus iawn efo cariadon. Efallai ei bod hi'n rhy dlws ac yn eu dychryn. Gawson ni'n dwy gystadleuaeth yn Steddfod Llanrwst, dwi'n cofio. Roedd 'na foi go ewn wedi dechrau fflyrtio efo'r ddwy ohonon ni, a denu'n diddordeb. Reit, cynta i'w fachu – a fi enillodd. Nefi, ro'n i'n *chuffed*.

Ond roedd y pwysau roedd Glesni'n ei roi arni ei hun i edrych yn dda wedi cael effaith anffodus arni. Roedd hi'n bwlimig am flynyddoedd – sef yn taflu i fyny bob dim roedd hi'n ei fwyta. Aeth yn broblem enfawr iddi, a dim ond ar ôl mynd at seicolegydd y llwyddodd i ddod drosto. Fuo Llinos hefyd yn bwlimig, ond am gyfnod byr yn unig. Fues i rioed. Gwastraffu bwyd da? – dim peryg.

Mae'n anodd credu heddiw, a hithau mor hynod slim a heini, ond mi fuo Llinos hefyd yn hogan fawr ar un adeg, ac am ei bod hi'n dal, mae'n siŵr fod golwg go beryg arni. Chafodd hi ddim cystal amser â fi yn yr ysgol, mae hynny'n sicr. Mae 'na fwy yn ei phen hi nag yn f'un i ac roedd hithau wrth ei bodd yn sgwennu straeon, ond doedd ei ffrindiau ddim yn ei gwthio hi'n academaidd, a deud y lleia. Ei gwthio i fod yn rebel oedden nhw'n fwy na dim. Mae rhai'n deud bod hynny'n digwydd i'r ail blentyn, yn enwedig pan mae hwnnw neu honno'n gorfod dilyn cyntafanedig fel y fi, oedd yn gneud yn iawn (er gwaetha'r Maths). Chafodd Llinos ddim chwarae teg gan bob athro, mae hynny'n sicr. Mi gafodd wyth Lefel O, er hynny, ond chafodd hi mo'i derbyn ar y cwrs roedd hi isio'i neud yng Ngholeg Llandrillo, er i ddwy arall oedd â dim ond pedair Lefel O gael eu derbyn yn syth. Rhywbeth yn drewi yn fanna . . .

Dwi wastad wedi bod yn un sydd isio plesio, a dwi'n osgoi unrhyw sefyllfaoedd annifyr fel y pla. Mae'n gas gen i ffraeo, ac mae'n gas gen i gael row. Ond mi aeth Llinos trwy gyfnod o falio dim. Dwi'n cofio mynd â hi efo fi i'r Blaenau ryw nos Sadwrn. Roedd y tafarndai'n llawn a bywiog bryd hynny, ac yn berwi o ddynion difyr oedd yn dipyn o bishyns. Roedd angen bod yn ofalus efo ambell hogan oedd yn llygadu'r 'genod diarth' 'ma'n ddrwgdybus. Roedd 'na un hogan (wel, dynes, roedd hi gryn dipyn yn hŷn na ni) yn beryg bywyd – nytar go iawn – ac ro'n i wedi hen ddysgu cadw'n glir oddi wrthi. Weles i hi'n rhoi coblyn o swaden i foi caled ond annwyl o'r enw Popeye dros ei ben efo mẁg peint unwaith – a doedd o'm wedi gneud dim i'w haeddu.

Y noson yma, mi gerddodd hon heibio i Llinos a fi mewn cyntedd eitha cul. Roedd Llinos yn smocio ar y pryd, a rywsut mi aeth gwallt hir, tywyll y ddynes 'ma'n rhy agos at ei sigarét. Wel, ro'n i isio i'r ddaear ein llyncu; ro'n i'n gallu gweld gyts a gwaed ac ambiwlans. Trodd y ddynes at Llinos a rhythu arni. 'You burned my fucking hair . . .' chwyrnodd. A be nath Llinos? Nid cecian 'Sorry-sorry-sorry, it was an accident' fel byswn i wedi gneud, ond rhythu'n ôl i fyw ei llygaid yn gwbl ddiedifar, a deud: 'So?' O na, plis na. Er syndod i bawb, y cwbl nath y ddynes beryg oedd cerdded i ffwrdd heb ddeud gair. Oedd, roedd Llinos yn gallu edrych ar ei hôl ei hun, diolch yn fawr.

Ond mi aeth y ddwy ohonom i drwbl go iawn yn o fuan wedyn. Roedd Mam a Dad wedi mynd i'r Almaen efo Côr Caernarfon am ryw bythefnos, a'n gadael ni yng ngofal y tŷ a'r busnes Gwely a Brecwast. Mi fuon ni'n dwy yn brysur yn ffrio wyau a newid gwelyau i lond tŷ bron bob nos, i hel pres ar gyfer mynd ar wyliau efo'n gilydd. Ond y penwythnos ola, penderfynwyd cadw'r tŷ'n wag ar gyfer parti. Roedd 'na orymdaith CND wedi'i threfnu ym Machynlleth ar y dydd Sadwrn, felly byddai cynnal y parti ar y nos Wener yn amseru perffaith. Dyma ffonio hogia Traws, Penrhyn a'r Blaenau (Popeye a'r criw . . .), a gofyn iddyn nhw ledaenu'r neges y byddai croeso iddyn nhw acw ar y ffordd i Fachynlleth. Byddai criw o Ddolgellau ac o ochrau'r Bala'n dod hefyd. Dim ond ein ffrindiau, wrth gwrs.

Ond pan gerddodd Llinos a finnau i mewn i'r Cross Keys yn gynnar y noson honno, gawson ni ffit. Roedd y lle'n orlawn, a mynydd o sachau cysgu yn y gornel. Roedd hi'r un fath yn y Torrent, yr Unicorn a'r Stag. Dyma siarad efo rhyw hogiau hollol ddiarth a holi pam roedd 'na gymaint wedi dod i'r dre. 'O, mae 'na barti ar ryw ffarm wrth ymyl Cross Foxes.' O na . . .

Pan gyrhaeddon ni'r tŷ, roedd y lle fel ffair. Roedd Geraint a Glesni druan yn cuddio yn y llofft yn y baracs uwchben y gegin, yn methu dallt pwy oedd y bobl 'ma i gyd. Roedd yr *hi-fi* yn blastio caneuon *reggae* Bob Marley a 'Mary Mary' Inner Circle, bocseidiau o ganiau cwrw a photeli lu ar hyd y lle, Popeye a'i griw yn bwyta pob dim oedd yn yr oergell, a phobl yn dawnsio a snogio ym mhob man – roedd o'n ffantastig o barti! Ond wedyn cafodd rhywun y syniad o roi ei grys-T dros y lamp yn y stafell fyw er mwyn i'r golau fod yn llai cras; sylwodd rhywun jest mewn pryd (diolch byth) fod y crys yn llosgi. Wedyn, mi lwyddodd rhyw idiot i dywallt cwrw i lawr cefn yr *hi-fi* ac mi chwythodd hwnnw. Ac roedd rhywun wedi ffiwsio'r teclyn gneud tost, a rhyw hogan o Gaerdydd (sy'n athrawes barchus bellach) wedi chwydu rhywbeth piws dros garped y parlwr, ac ar hyd carped y staer. Ar y pwynt yna, dwi'n cofio mynd allan i'r portsh i grio.

Dwi'n meddwl i ni lwyddo i berswadio criw i adael ryw ben, ond pan dries i fynd i ngwely, roedd 'na rywun ynddo fo ac yn gwrthod symud. Felly, dyma fynd i chwilio am wely arall ond roedd pob llofft yn llawn o gyrff. A rhywun wedi agor drws y cwpwrdd eirio yn lle drws y llofft, a waldio'i ben nes bod ei drwyn yn gwaedu. Mi ffindies i rywle yn y diwedd, a chysgu nes i anferth o gur pen fy neffro. Roedd crwydro trwy'r tŷ wedyn fel hunllef – llanast, bobol bach; coesau a chyrff ym mhob twll a chornel, a dwsinau mewn ceir y tu allan.

Aeth Llinos na finnau ddim i'r peth CND efo pawb arall – roedd gynnon ni ormod o waith clirio cyn i'n rhieni gyrraedd adre nos Sul. Aeth llwyth ar ôl llwyth o ganiau a photeli i gefn y car i gael gwared ohonyn nhw'n ddigon pell o'r tŷ, ond roedd y Geraint un ar ddeg oed yn ein gwylio o'r ffenest, felly dyma roi peth o'n pres B&B iddo ar yr amod ei fod yn cau ei geg. Gyda help Rhiannon Frongoch, dyma fynd ati o ddifri i sgubo, sgwrio'r lloriau efo disinffectant, mynd i siop Nurse i ofyn a oedd modd trwsio'r *hi-fi* cyn i Mam a Dad ddod yn ôl (nag oedd); sgwrio carped y parlwr a'r staer efo pob dim dan haul, taflu dillad gwely i'r peiriant a'u sychu ar y lein, ac ail-lenwi'r oergell. Y diwrnod wedyn roedden ni'n dal i ddod o hyd i ganiau gwag mewn potiau blodau, ac ar ôl tunnell o ddisinffectant roedd y lle'n dal i ddrewi fel tafarn.

Roedden ni'n crynu yn ein sgidiau pan aethon ni i Gorwen i nôl ein rhieni yn hwyr ar y nos Sul. Roedden nhw mewn hwyliau da, a Dad yn hapus iawn i roi lifft i ni i'r orsaf drenau yn Amwythig yn gynnar y bore wedyn (ro'n i wedi bwcio taith drosodd i Ffrainc ar *hovercraft* i ni'n dwy, a thrên i Lundain). Mi wnaethon ni ddeud ein bod ni wedi cael parti bach, a falle fod chydig o oglau cwrw o hyd – roedden ni wedi gadael un bag o ganiau ar ôl gan y byddai'n hurt ceisio celu'r cyfan. Ac i ffwrdd â ni cyn iddyn nhw weld be'n union oedd maint y parti a'r difrod. Ia, ofnadwy, dwi'n gwybod.

Wrth gwrs, mi ddywedodd Geraint y cyfan wrthyn nhw, y snichyn! Ac yn ara bach, mi sylweddolodd Dad fod ei gyllell Swiss Army wedi diflannu, a'r botel win oedd yn anrheg o Batagonia – a llond gwlad o gig o'r rhewgell. Wnes i'm dallt am flynyddoedd mai Popeye oedd wedi dwyn hanner y cig – wedi'i lapio yn un o drowsusau oel Dad! Roedden nhw'n flin, bobol bach, felly mi gymeron ni'n hamser cyn dod adre er mwyn i bethau dawelu ychydig.

## Gwyliau cynnar

Trwy fy mhlentyndod, mynd am wyliau at wahanol fodrybedd fyddwn i, weithiau efo Llinos ond gan amla efo Rhiannon Frongoch. Cyfnither i Mam – Anti Margaret, Clegyrnant, Llanbryn-mair – oedd y ffefryn; doedd hi ddim yn strict o gwbl efo ni, bob amser yn gwenu a chwerthin ac yn ein hannog i gredu mewn tylwyth teg. Roedd hi wrth ei bodd efo dychymyg plant a wastad yn fy annog i ddarllen a sgwennu. Gan mai ar ffermydd fydden ni'n aros, byddai'r oedolion i gyd yn brysur y rhan fwya o'r amser ac yn hapus i roi rhyddid i ni grwydro – o fewn rheswm. Roedden ni'n meddwl ein bod ni'n mynd yn bell, wrth gwrs, ond mewn gwirionedd mae'n siŵr nad oedden ni byth fwy na chanllath o'r tŷ. Ond pan mae plentyn mewn coedwig neu wrych, mae'n hawdd iawn anghofio am y byd tu allan a chredu o ddifri eich bod chi mewn byd arall. Wrth gwrs, ro'n i wastad isio dringo rhywbeth; dwi'n cofio dringo ar ben to sinc rhyw hen gwt unwaith, ond mi sglefriodd y to sinc i ffwrdd – a finnau'n dal arno fo – i ganol patshyn mawr o ddail poethion tal. Roedd dod allan ohono'n brofiad poenus tu hwnt.

O'r diwedd, fis Awst 1971, gawson ni fynd i ffwrdd am wyliau fel teulu, i aros efo teulu Anti Jane ar ffarm Aberogwen, nid nepell o Fangor. Pam i fanno? Wel, roedd y Steddfod Genedlaethol ym Mangor, a dyna'r unig wyliau fyddai Dad yn gallu'i gymryd. Cystadlu ar yr unawd bariton fyddai o yn mhob Steddfod, felly roedden ni i gyd yn gorfod eistedd drwy'r prilíms mewn rhyw gapel neu'i gilydd yn gwrando ar yr un caneuon yn cael eu canu gan rip o faritoniaid. Beryg fod angen stoc go dda o Mint Imperials i'n cadw rhag dringo i fyny'r waliau. Ac wedyn, byddai'n rhaid mynd i brilíms y tenoriaid hefyd, a'r baswyr, a'r sopranos – bob blwmin llais dan haul. Dyna'r drefn am flynyddoedd, os oedden ni'n aros yn lleol neu ddim ond yn mynd am y diwrnod. Ond byddai Mam yn mynd â ni i lan y môr neu i siopa ambell ddiwrnod, chwarae teg – heblaw am y diwrnod ym Mangor pan aeth Dad i'r Steddfod efo Yncl Gerallt. Roedd o wedi gadael y car i ni ond roedd y goriad yn dal yn ei boced.

Mynd ei hun wnaeth o wedyn tan 1975 – Steddfod Cricieth. Roedden nhw wedi penderfynu sblasio allan yn fanno, a gawson ni aros mewn lle gwely a brecwast, ond pawb yn yr un llofft. Yn anffodus, doedden ni ddim yn blant oedd yn cysgu'n llonydd a thawel, a fedrodd Dad druan ddim cysgu winc. Pan aeth o drwodd i gystadleuaeth y Rhuban Glas, mi benderfynodd fynd adre i drio cael noson iawn o gwsg. Ond wnaeth hynny fawr o wahaniaeth; colli wnaeth o – eto.

Yr un nesa, Steddfod Aberteifi, oedd yr orau – B&B mewn tŷ o'r enw Gwelfor nid nepell o draeth Mwnt, a fanno ar lan y môr y buon ni'r rhan fwya o'r amser. Ond mi aethon ni i weld Dad yn canu ar yr unawd bariton. Yn ôl fy nyddiadur: 'Cafodd Dad gam. WE yn 1af, Cullen yn 2il a Dad yn 3ydd. O wel, mae flwyddyn nesaf eto!'

Llogi campafán wnaethon ni yn Wrecsam, ond erbyn hynny ro'n i'n cael mynd i weld ambell fand efo fy ffrindiau, a dyna ddechrau'r Steddfod ymylol i mi. Ew, roedd steddfota'n hwyl rŵan. Yng Nghaerdydd yn 1978, aethon ni i fyny yn y byd – llogi tŷ i gyd i ni'n hunain ym Mhen-twyn, reit wrth ymyl y Maes, lle clywodd y plant lleol ni'n siarad efo'n gilydd: 'Hey, Mam, they're speaking Welsh!' Ro'n i wedi cael dod â Claire efo fi i'r Steddfod honno, ac mi wirionodd yn lân. Ond ar y nos Fercher, wedi noson wyllt yn y Top Rank a choblyn o strach cael tacsi, wnaethon ni'm cyrraedd adre tan bump y bore. Roedd Mam a Dad yn wallgo, heb gael winc o gwsg ers pedwar, a ni gafodd y bai na chafodd Dad lwyfan, hyd yn oed, y tro yma. Wps. Chawson ni'm mynd allan y noson honno.

Do'n i'm isio bod efo fy rhieni yn y Steddfod ar ôl hynna (fwy nag oedden nhw isio bod yno efo fi), a phabell neu gefn car fuo hi wedyn am flynyddoedd, gan alw i weld fy rhieni yn eu gwesty crand tua'r dydd Mercher er mwyn cael cawod gall.

Ond arhoswch chi, dwi'n cofio gwyliau teuluol arall tua 1970. Byddai Dad yn canu efo cwmni opera'r Bermo bob haf am sbel. Gneud stwff Gilbert & Sullivan fydden nhw, *The Pirates of Penzance* ac ati. I sbario gyrru 'nôl a mlaen y flwyddyn honno, mi benderfynodd Mam logi carafán yn Llanbedr, ger Harlech, am ychydig ddyddiau. Digwydd bod, roedd y tywydd yn fendigedig, felly ar y traeth roedden ni bob dydd, nes i Mam benderfynu bod yn rhaid rhoi *olive oil* droston ni. Rŵan, rhywbeth roeddech chi'n ei brynu yn y siop cemist oedd *olive oil* ar y pryd – doeddech chi'n sicr ddim yn coginio efo fo – ac roedd Mam wedi clywed neu ddarllen yn rhywle ei fod yn dda i'r croen, neu'n gneud i chi frownio'n well. Hmm. Do, mi wnaethon ni ffrio. Dwi erioed wedi llosgi fel'na yn fy myw, ac roedden ni i gyd mewn poen garw y noson honno yn y garafán, i gyd yn crio ac yn udo drwy'r nos, a Llinos mewn mwy o boen na neb ar ôl iddi ddisgyn allan o'r bync ucha.

Ro'n i'n bedair ar ddeg pan es i dramor am y tro cynta rioed, ar daith ysgol i Guérande, gefeilldref Dolgellau yn Llydaw. Roedd 'Jenny', yr athrawes Ffrangeg, wedi trefnu *penfriends* i bawb yn y flwyddyn, a Nathalie Quillec oedd f'un i. Wedi sgwennu ambell lythyr i ddod i nabod ein gilydd, aeth pawb i aros efo'u cyfaill newydd am un diwrnod ar ddeg. Profodd hynny'n rhy hir i ambell fabi mam ('The food's horrible!' . . . 'Dwi isio mynd adre'), ond ro'n i wrth fy modd ac wedi glanio ar fy nhraed. Roedd tad Nathalie yn ddyn pwysig, eitha cefnog, yn gofalu am gyflenwad dŵr yr ardal ac wedi codi tŷ mawr hyfryd, llachar o wyn, mewn pentre bychan y tu allan i Guérande. Roedd ei wraig yn fydwraig ac wedi penderfynu cymryd gwyliau tra o'n i'n aros efo nhw, a nefi, am ddynes fywiog, yn llawn egni. Bob dydd, ar ôl gêm o ping-pong tu allan, roedd 'na ryw weithgaredd ar fy nghyfer i, Nathalie, a'i chwaer fach, Sophie: trip i ddraeth hyfryd La Baule fwy nag unwaith, Fest Noz, gweld y llefydd halen, nosweithiau hyfryd mewn *crêperies* bach cyfeillgar lle ces i flasu seidr mewn powlenni pridd. Ro'n i wrth fy modd.

Roedd fy Ffrangeg yn anobeithiol ar y dechrau, gan mai cael ein dysgu i sgwennu a darllen oedden ni fwy na siarad bryd hynny, ond roedd Mme Quillec yn wych am fy nghywiro a'm helpu. Erbyn diwedd y cyfnod ro'n i'n gallu cynnal sgwrs yn rhyfeddol. Braidd yn dawel a swil oedd Nathalie, felly ro'n i'n dod ymlaen yn well efo'i mam. Hi ddysgodd fi i werthfawrogi stecen *bleu*, gan gynnig darn bychan i mi i ddechrau a gofyn i mi gymharu blas hwnnw efo darn oedd yn *bien cuit* (wedi'i goginio'n llwyr). Wel, doedd 'na'm cymhariaeth. Hogan *bleu* dwi wedi bod ers hynny, er mawr sioc a siom i fy mam, oedd wedi'i magu i goginio pob darn o gig yn sych grimp. Yno y darganfyddais *fromage frais* – efo llond llwy de o jam i frecwast; *langoustines* a chregyn gleision yn syth o'r môr, a salad oedd yn wyrddni yn unig, heb botel salad crîm yn agos ato. Mi newidiodd Mme Quillec fy agwedd at fwyd yn llwyr, a dwi'n *foodie* byth ers hynny.

Dyna ni, ro'n i mewn cariad efo Ffrainc a phopeth Ffrengig, ac ro'n i jest â drysu isio mynd yn ôl. Ond y flwyddyn ganlynol (1977), gweithio'n galed yn siop cemist Mr Williams yn dre fues i er mwyn gallu fforddio mynd i Wersyll Glan-llyn ddiwedd Awst. Mi wnes i fwynhau pob eiliad yno yn Bing-bongio a 'Nefol Dad, mae eto'n Nosi' efo cyd-wersyllwyr fel Menna Thomas (does neb yn gallu canu 'Beth yw'r haf i mi?' fel honna), Sian Wheway a chriw Ysgol Morgan Llwyd (os oedden nhw yn yr un 'tŷ' â chi, roeddech chi'n ennill y noson lawen), a gwirioni efo'r swogs. Huw Bob Dim a Dafydd Miaw oedd y sêr; doedd y ddau ddim yn gall, a dwi'n cofio i Dafydd Miaw fynd â fi i hwylio mewn cwch oedd yn gollwng fel peth gwirion. Doedd iechyd a diogelwch ddim yn bod yn y dyddiau hynny, felly roedd 'na lot mwy o hwyl i'w gael.

Yn un deg chwech oed, ges i fynd i'r Almaen efo Clwb CFfI Cwmtirmynach (roedd eu hanner nhw'n perthyn i mi) a chael hwyl garw yn fanno hefyd, yn enwedig gan mod i'n gallu siarad rhywfaint o Almaeneg. Yn fanno ces i fy nghanlyniadau Lefel O hefyd. Ffonio Mam yn nerfus tu hwnt a gwirioni'n bot pan ges i wybod mod i wedi cael deg arall at y ddau oedd gen i ers y bedwaredd flwyddyn (ond wedi methu Mathemateg . . .). Yn ôl fy nyddiadur, roedd gen i goblyn o gur pen y diwrnod canlynol. Dim clem pam, wrth gwrs.

Dwi'n cofio coblyn o bishyn, Peter Michael Schneider, yn mynd â fi allan, er nad oedd y teulu ro'n i'n aros efo nhw'n hapus o gwbl, ac yn mynnu mai dyn drwg oedd o. Wel, ro'n i'n benderfynol o'i weld o wedyn. Daeth i fy nôl yn ei BMW, ac ar ôl ennill Schlumpf (smyrff) mawr blewog i mi yn y ffair, aeth â fi i ryw dafarn lle'r archebodd beint ar ôl peint o Bitburger Pils i mi, a *schnapps*, ond wnes i'm yfed chwarter cymaint â fo. Ond pan gafodd o y bil ar y diwedd, doedd ganddo ddim digon o bres. Rois i hynny o bres oedd yn fy mhwrs iddo (oedd ddim yn llawer) ond roedd o'n dal yn bell o fod yn ddigon. Bu'n rhaid iddo aros i olchi llestri a gwydrau yn y dafarn, ac mi fynnodd y perchennog mod i'n mynd adre. Ond am chwarter wedi dau y bore, roedd Peter yn waldio'r drws isio ngweld i! Roedd y teulu fymryn yn flin.

Y flwyddyn ganlynol, ar ôl Steddfod wyllt wallgo yng Nghaernarfon (nad ydw i am ymhelaethu llawer amdani) a slafio am bres yn y Cross Foxes, es draw i Lydaw eto efo Luned. Dwi'n meddwl i ni gael bws neu drên i Baris, ond dyna ni wedyn, roedd y pres yn dynn a doedden ni ddim yn gallu fforddio aros mewn gwesty yno. Cysgu ar y stryd ynghanol y ciaridýms fuon ni, oedd yn beth cwbl hurt i'w neud o sbio'n ôl, ond ar y pryd do'n i'n poeni dim – yn wahanol i Luned, oedd yn dallt yr un gair o Ffrangeg. Ro'n i wedi penderfynu mai'r peth calla oedd ei chadw yn y niwl ynglŷn â be roedd pobl yn ei ddeud neu mi fyddai wedi dychryn go iawn! Bodio i Chartres a Tours wedyn, gan aros mewn hostelau ieuenctid cyn cyrraedd Guérande ac aros dwy noson efo'r teulu Quillec. Wedyn, bodio tua'r gogledd yn yr haul braf, yn hapus ein byd er bod y pres yn diflannu.

Mi fu raid i ni gysgu dan wrych ar ochr y ffordd rywle rhwng Brest a St Brieuc, cysgu mewn cwt glan môr ar noson oer a gwyntog yn Dinard, a hyd yn oed mewn hen feudy gwair. Dwi'n cofio mai chydig iawn o fwyd oedd gynnon ni yn fanno, ond roedd 'na bleser rhyfedd i'w gael o fwyta rafioli allan o dun ynghanol y gwellt melyn. Cafwyd ambell antur wrth fodio, wrth reswm, fel y lifft gawson ni gan foi oedd isio ffidlan efo fy mronnau i. Am mod i'n siarad

Ffrangeg, fi oedd wastad yn eistedd yn y blaen, a Luned yn holi o'r cefn, 'Be mae o'n ddeud?' 'Be mae o isio?' 'Beeee?!' – ac, yn yr achos yma, rowlio chwerthin, oedd yn ddim help o gwbl i mi! Rywsut neu'i gilydd, mi ddois allan ohoni'n ddianaf a heb golli fy urddas. Ond cael a chael oedd hi efo rhyw hogia syrcas yn Sables Blancs. A ges i drafferth efo'r doctor roddodd lifft i ni o Dover hefyd, erbyn cofio. Tase'n rhieni'n gwybod faint o risgs roedden ni'n eu cymryd, mi fysen nhw wedi cael ffit. Ond doedden nhw ddim callach (ddim tan iddyn nhw ddarllen hwn, o leia), ac mi ddaethon ni'n dwy drwyddi'n gwbl ddiogel, a nefi, gawson ni hwyl.

Y flwyddyn ganlynol, ar ôl fy nghanlyniadau Lefel A, es i i Ffrainc eto, ond efo Llinos fy chwaer y tro yma, a hithau'n ddim ond un deg chwech. Roedd hyn yn syth ar ôl y parti gwyllt yn y Gwanas, os cofiwch chi. Ac ia, bodio eto. Roedd pawb yn bodio bryd hynny – ro'n i'n bodio i Sioe Llanelwedd ac i Gaerdydd ar gyfer gêmau rhyngwladol ers blynyddoedd. Ond efo ffrind bob tro, yndê; dim ond yn lleol fyddwn i'n mentro bodio ar fy mhen fy hun. Felly, erbyn 1980, ro'n i'n hen law arni ac yn teimlo'n gwbl hyderus yn llusgo Llinos efo mi. Roedd gen i hefyd babell fechan yn fy rycsac y tro yma.

Ro'n i wedi dod o hyd i lety rhesymol ym Mharis ac mi fuon ni'n crwydro'r ddinas am ryw ddeuddydd. A'r tu allan i'r Sacré Coeur, sylwais ar ddau hogyn del ofnadwy – ac roedden nhw'n ein llygadu ni hefyd. O fewn dim, roedden ni'n sgwrsio (wel, nodio a gwenu oedd Llinos), a dyma Mario a Hassan yn cynnig mynd â ni o gwmpas eu dinas. Golygai hynny ddefnyddio'r Metro heb dalu – a'r ddwy ohonom yn cachu brics rhag ofn i ni gael ein dal. Mynnodd y ddau roi eu dwylo dros ein llygaid ar un pwynt, a'n harwain yn ddall i fyny grisiau. Wedi tynnu eu dwylo, be oedd o'n blaenau ond Tŵr Eiffel, yn sgleinio yn yr haul. Doedd gynnyn nhw, na ni, ddim digon o bres i fynd i'r top. Dim problem, roedden ni'n hapus braf yng nghwmni'n gilydd trwy'r pnawn. Pan ddaeth hi'n amser mynd adre, dangosodd y ddau pa fetro fydden ni ei angen a mynd efo ni at y platffform. Ond mi gydiodd Mario yndda i, a Hassan yn Llinos, a dyna lle buon ni'n swsian am hir, hir, wrth i un trên ar ôl y llall adael hebddon ni. Nefoedd. Ro'n i'n reit emosiynol yn codi llaw arnyn nhw o'r trên ola, gan ein bod yn gwybod yn iawn na fydden ni byth yn gweld ein gilydd eto.

Fore trannoeth, pan ddringon ni allan o'r Metro ar gyfer y briffordd am y de, roedd 'na res hirfaith o bobl yn bodio, a'r *etiquette* oedd ein bod yn gorfod cerdded i ben draw'r rhes. Ond hanner ffordd i lawr, a ninnau'n dechrau nogio dan bwysau ein rycsacs, mi stopiodd car mawr gwyn, hynod smart. Rhedodd nifer o bobl oedd yn aros ers meitin ato, ond na, isio rhoi lifft i ni'n dwy oedd o, a neb arall. Wedi chydig o gega, fe gawson ni lithro i mewn i'r seddi lledr, a dyna ddechrau antur go iawn o fodio cwbl ddidrafferth yr holl ffordd drwy Ffrainc. Y lifft ora a hira gawson ni oedd gan ddau frawd golygus o'r Eidal yn eu lori anferth – y ni heb air o Eidaleg a hwythau â fawr ddim Saesneg, ond roedden ni'n dallt ein gilydd yn iawn. Rywle yn yr Alpau, dwi'n cofio i ni stopio mewn caffi ar gyfer gyrwyr loris a gwirioni efo'r cwrs cynta – radish efo menyn a halen. Roedd y blas yn fendigedig ac mae'r ddwy ohonom yn dal i fwyta radish fel yna hyd heddiw.

Wedi gweld mymryn o'r Eidal a chael trafferthion efo'r iaith a digwyddiad efo rhyw fochyn o ddyn mewn ofyrôls (mi wylltiais i gymaint efo fo, mi ddiflannodd am ei fywyd), penderfynwyd mynd yn ôl am Ffrainc ar hyd yr arfordir. Hostel ieuenctid hyfryd yn Nice, yna ymlaen am St Tropez er mwyn gallu deud ein bod 'wedi bod ene'. Gosod y babell y tu ôl i goed wrth ymyl y traeth wnaethon ni yn fanno a thorheulo ynghanol y bobl ariannog, hurt o frown, nes i *prickly heat* fynd yn drech na ni.

Ym Marseilles gawson ni lifft gan ddyn clên iawn fynnodd fynd â ni am bryd o fwyd y noson honno. Wedi cwrs ar ôl cwrs (a chryn dipyn o win coch), roedden ni'n methu symud. Roedd gen i (a Llinos) deimlad ei fod o a'i gyfaill yn disgwyl rhyw fath o dâl am y pryd, ond mi benderfynais weithio ar ei gydwybod ac esgus cysgu'n sownd yng nghefn y car. Roedd Llinos wedi panicio'n lân, ond fi oedd yn iawn – ro'n i'n gallu clywed y sgwrs rhyngddo fo a'i gyfaill, ac roedden nhw'n cytuno eu bod nhw'n ormod o fonheddwyr i gymryd mantais o ddwy ferch ifanc oedd yn methu dal eu diod. Aeth â ni'n ôl at yr hostel a dyma ffarwelio'n llawen efo nhw a diolch o galon am neud ein noson ym Marseilles mor fythgofiadwy. Doedd o'm yn gwenu llawer yn ôl arna i, ond wnes i esgus peidio â sylwi a'i heglu hi trwy ddrws yr hostel ar ôl Llinos. Ffiw . . .

Ar y ffordd yn ôl am Baris, roedd Llinos isio fy nghrogi i: ro'n i wedi colli'r tocynnau ar gyfer y bws i Calais. Os bydden ni'n prynu dau docyn arall, fyddai gynnon ni ddim byd ond ceiniogau ar gyfer bwyd am ddeuddydd. Ond roedden ni wedi laru bodio a doedd dim sicrwydd y bydden ni'n cyrraedd y porthladd mewn pryd. Penderfynwyd rhoi cynnig ar fyscio . . . ia, y ddwy Gymraes 'ma'n trio canu 'Marwnad yr Ehedydd' mewn stryd brysur ym Mharis. Dwi'm yn cofio i ni bara'n hir iawn a dwi'm yn siŵr os gawson ni *centime* am ein trafferth, chwaith. Bu'n rhaid rhannu brechdan rad, afiach i swper, a byw ar un fanana rhyngddon ni nes cyrraedd y llong drannoeth.

## Coleg

Bron yn syth ar ôl dod yn ôl o Ffrainc, ro'n i'n pacio ar gyfer Neuadd Pantycelyn. Prifysgol Exeter oedd fy newis cynta, ond roedd fanno'n mynnu Lefel O Mathemateg. Ro'n i wedi methu hwnnw eto ar yr ail gynnig, ac wedi llyncu mul efo'r bali pwnc. Ond ro'n i'n berffaith fodlon mod i'n mynd i Aber ar ôl cael ambell benwythnos hyfryd yno ynghynt, yn aros efo Gwerfyl, chwaer Luned, yn 'Panty'; roedd o'n ddigon agos imi fedru mynd â nillad budron adre at Mam, boed trwy fodio neu ar fws Crosville, a hefyd ro'n i wedi dechrau canlyn efo Dylan, hogyn o Ddolgellau oedd yn chwarae i dîm pêl-droed Aber.

Ro'n i wedi gobeithio astudio Ffrangeg, Sbaeneg a Drama yn y flwyddyn gynta, ond roedd Sbaeneg yn clashio efo Drama. Drapia. A dyna neud penderfyniad dwi'n ei ddifaru hyd heddiw: es i am Ddrama, a gneud Almaeneg fel trydydd pwnc – ac Almaeneg ar gyfer dechreuwyr, gan nad o'n i wedi'i astudio ers Lefel O. Ond roedd y cwrs Almaeneg yn rhy hawdd o beth coblyn i mi, a wnes i rioed gymryd at yr iaith ryw lawer p'un bynnag. Dwi'n cicio fy hun am beidio â gneud Sbaeneg. Mae'r iaith honno'n hyfryd, ac mor ddefnyddiol. Ac fel mae'n digwydd, mi wnes i ollwng Drama ar ôl blwyddyn.

Emily Davies oedd pennaeth yr adran, rhywun mae sawl actor fu dan ei hadain â pharch aruthrol ati. Ond wnaeth hi ddim cymryd ata i, a do'n i ddim yn gallu cymryd ati hithau chwaith. Falle mod i'n cymryd y pwnc braidd yn ysgafn, a hithau mor ofnadwy o ddifri am bob dim. Roedd y lleill oedd yn yr un flwyddyn â fi'n sicr o ddifri am y pwnc – Rhys Powys, Nic Ros, Mari Rhian Owen, Rhian Cadwaladr ac yn y blaen, fel roedd Nia Caron, Rhian Morgan, Sioned Wiliam a Gwyn Elfyn o'r ail a'r drydedd flwyddyn. Mi sylweddolais i'n o handi mod i wedi gneud camgymeriad.

Dydi Rhian Cadwaladr byth wedi maddau i mi am yr 'ymarfer dall'. Y dasg oedd arwain eich partner o gwmpas y stiwdio efo'ch llais tra oedden nhw'n gwisgo mwgwd neu â'u llygaid ar gau. Ro'n i'n cael hwyl arni ac wedi mynd braidd yn *cocky*, yn gneud i Rhian rasio rownd y lle. Roedd hi'n dibynnu arna i yn llwyr, ond yn sydyn, wrth i mi droi rownd i weld be oedd y tu ôl i mi, mi anghofiais fod Rhian yn mynd fel taran am y llwyfan. Wps. Doedd 'na'm gwaed, a nath hi'm torri unrhyw beth, ond roedd hi mewn cryn dipyn o boen. Cofio llygaid Emily yn treiddio i mewn i mi ydw i.

Ond mi ges i ran actio ganddi yn y diwedd. Wel, rhannu un o'r rhannau lleia yn *Juno a'r Paun* efo Ann Fôn. Ro'n i wedi cynhyrfu'n rhacs, ond mi benderfynodd Emily nad oedd hi am neud y ddrama wedi'r cwbl! Pff. Ro'n i'n flin, yn enwedig gan ei bod hi wedi mynnu na fyddai Mari Rhian Owen a finnau'n cael bod yn rhan o Theatr Ieuenctid Maldwyn. Cwmni newydd sbon oedd o ar y pryd, ac yn chwilio am gast i berfformio *Y Mab Darogan* yn Steddfod Machynlleth. A do, mi ges i glyweliad – a fy nerbyn. Ond doedd y llwyfan a fi'n amlwg ddim i fod, a dyna fo.

Penderfynu gneud gradd sengl mewn Ffrangeg wnes i yn y diwedd, er nad o'n i'n cael marciau da iawn. Y gwir amdani oedd nad o'n i'n gweithio'n ddigon caled. Ro'n i'n cael modd i fyw yn cymdeithasu – wel, ocê 'ta, meddwi, neu bicio i'r pictiwrs neu'r theatr, cael siocled poeth a rholyn ham yn y Caban yn y pnawniau, a hel yn griw mawr yn stafell un o'r 'gens' i rannu paned a sgandals yn y boreua, a bodio adre bron bob penwythnos i weld fy nghariad a golchi nillad.

Ro'n i hefyd wedi darganfod peiriannau Space Invaders a Pac-Man. Mae arna i ofn i mi dreulio oriau lawer ar y rheiny, ac anghofio mynd i ddarlithoedd am mod i mor gaeth iddyn nhw yn y flwyddyn gynta. Dwi'n eitha siŵr mai'r peiriannau hynny oedd yn rhannol gyfrifol mod i ac un o fois Pantycelyn wedi gorfod mynd i weld y Deon ar ddiwedd y flwyddyn. Wel, doedd y ffaith mod i wedi mynd ar sesh efo bechgyn y drydedd yn hytrach na mynd i arholiad ddim yn help. Yn ffodus, roedd fy marciau Almaeneg yn dda, a'r llythyr sgwennodd Elan Closs Stephens (darlithydd yn yr Adran Ddrama bryd hynny) i nghefnogi i mor effeithiol, fel y ces ddal ati i neud yr ail flwyddyn. Ffiw. Taswn i wedi methu'r flwyddyn gynta mi fysa fy rhieni wedi fy mlingo. Nid eu bod nhw'n gorfod talu llawer i nghadw i yn y coleg; y dyddiau hynny, os oeddech chi'n blentyn i ffarmwr, roeddech chi'n cael grant llawn. Ond ro'n i'n dal yn y coch ar ddiwedd bob tymor, wrth gwrs. Diolch byth am y bobl B&B yn y Gwanas oedd yn fy nghadw i fynd drwy'r gwyliau.

## B&B

Roedd y B&B yn fendith ac yn felltith am flynyddoedd, a bydd unrhyw un fu'n cadw fisitors yn y saithdegau a'r wythdegau'n dallt yn iawn be dwi'n ei feddwl. Oedd, roedd y pres yn fendith. Ond roedd 'na waith efo nhw, bobol bach, ac roedden nhw'n amharu arnon ni'r plant yn arw. Dim ond un tŷ bach oedd yn y Gwanas am hir (ar wahân i'r tŷ bach tu allan – oedd yn bell), felly dychmygwch y cybôl: teulu o chwech a deg neu fwy o bobl ddiarth i gyd yn trio mynd i bi-pî yr un pryd. Mynnodd Mam ein bod ni'n cadw po dan y gwely, ac roedd hynny, wrth gwrs, yn embaras pur i ni. Yn y diwedd, mi gafodd yr hen bantri ei droi'n dŷ bach a chawod ychwanegol, ond y bali fisitors oedd yn cael defnyddio hwnnw gynta hefyd! Es i allan fwy nag unwaith i bi-pî yn y gwynt a'r glaw.

Yn nes ymlaen, er mwyn gneud lle i fwy o bobl ddiarth, byddai Llinos a finnau'n cael ein hel allan o'n llofft i gysgu yn yr hen garafán, oedd yn dal i sefyll – jest abowt. Roedden ni'n reit hapus ar y dechrau am ein bod yn cael addurno'r lle fel licien ni, yn peintio miwrals ar y waliau ac ati. Ond pan ddechreuon ni ddod o hyd i falwod yn dringo i fyny'n dillad gwely neilon (mae pwy bynnag benderfynodd y byddai neilon yn ddefnydd da i gysgu arno angen ei saethu), doedden ni ddim cweit mor hapus ein byd.

Er mwyn cael ein talu, byddai raid i ni helpu i stripio a gneud y gwelyau, hwfro, dystio, golchi a sychu'r dillad gwely ac ati. Roedden ni'n cwyno digon am hynny, ond gweini'r brecwast oedd yr orchwyl waetha. Doedd o ddim yn rhy ddrwg os oedd 'na fechgyn del o'n hoed ni yno, ac mi fuon ni'n ffrindiau mawr efo rhai o'r merched (fues i'n *penfriend* i fwy nag un am flynyddoedd, a ges i fynd am wyliau i Dursley at un ohonyn nhw), ond gneud ein gorau i osgoi gweini fyddai Llinos a finnau. Ges i dro trwstan unwaith wrth gario hambwrdd efo llond tebot o de poeth a dau blatiad o facwn ac wy. Mi faglais ar y carped ac aeth yr wyau a'r te dros y bwrdd a gliniau o leia ddau o'r cwsmeriaid. Ges i'r sac o neud y job honno ar ôl hynna, diolch byth.

Dro arall, roedd Mam newydd fynd â thebot drwodd (heb

faglu), ond roedd Llinos wedi tywallt paned iddi hi ei hun o'r un tecell. Roedd hi wrthi'n ei sipian pan ddaeth sŵn rhyfedd o'i cheg. Roedd 'na hanner pry genwair yn nofio yn ei choffi. Mi fydden ni'n cael pethau od yn dod drwy'r tap weithiau, fel pob ffarm efo dŵr ffynnon yr adeg honno, am wn i. Ond y cwestiwn mawr y tro yma oedd: ble roedd hanner arall y pry genwair?! Mi roddodd Mam sgrech a rhedeg yn ôl i'r parlwr a dwyn y tebot o dan drwynau'r fisitors. Doedd 'na'm byd ynddo fo, diolch i'r nefoedd. Prynwyd ffilter dŵr ar ôl hynna.

Digwyddiad anffodus arall oedd i ddyn farw o drawiad ar y galon yn llofft Nymbyr Tŵ. Roedd ei wraig yn crio bwcedi, wrth reswm, ac yn mwydro rhywbeth wrth y doctor ei bod hi'n siŵr ei fod o wedi llyncu'i ddannedd gosod. Roedd o'n ei sicrhau na fyddai hynny wedi gallu digwydd, ond doedd 'na'm golwg o'r dannedd. Rai dyddiau'n ddiweddarach, daeth Mam o hyd iddyn nhw a'u taflu i'r bin. Ond cyn pen dim, tra oedd Mam yn rhoi dillad i sychu ar y lein, dyma Nel yr ast ddefaid yn dod ati – a gwenu fel giât arni efo'r dannedd gosod yn ei cheg. Wp a deis.

Mi wnes i sylwi ar ôl sbel bod fy nillad yn diflannu – roedd y cwpwrdd eirio yn un o llofftydd y bobl ddiarth ac roedd y diawlied yn eu dwyn nhw! Aeth llwyau arian ar goll hefyd, felly pethau rhad gawson nhw o hynny ymlaen. Ond mi nath eu pres dalu am wres canolog i'r tŷ. Roedd y lle fel ffrij bob gaea tan hynny; roedden ni'n gorfod bod yn wirioneddol despret cyn mentro i'r tŷ bach y peth cynta yn bore.

Rhoddodd Mam y gorau i gadw fistors yn y nawdegau, a maes carafannau sydd ganddi rŵan. Gewch chi wybod mwy am hwnnw'n nes ymlaen; dwi'm wedi gorffen yn y coleg eto.

## Ffrainc

Yn fy nhrydedd flwyddyn ges i fynd i Ffrainc fel *assistante* mewn ysgol uwchradd. Ro'n i wedi breuddwydio am fod mewn tŷ bach del wrth ymyl caeau o rawnwin, yn cael torheulo yn yr haul tanbaid ar ôl ysgol. Ond ges i ngyrru i Fameck. Naddo, dach chitha rioed wedi clywed am fanno. Tref blaen – naci, hyll, yn Lorraine yn y gogledd-ddwyrain ydi hi, nid nepell o Thionville a Metz.

*Ville dortoir* oedd Fameck, sef tref yn llawn blociau o fflatiau ar gyfer y miloedd o weithwyr oedd yn gweithio yn y ffatrïoedd dur cyfagos. A rhannu fflat pennaeth yr Adran Saesneg fues i am yr wythnosau cynta, dyn canol oed o'r enw Patrice Sommerer, oedd wastad yn gwisgo beret. Erbyn dallt, roedd o'n hoyw ond heb 'ddod allan', ond roedd pawb yn gwybod pam roedd o'n mynd i Moroco ac Algeria bob gwyliau.

Roedd o'n ddyn hyfryd ac annwyl, ac mi ges i goblyn o hwyl efo fo. Roedd o'n mwynhau mynd â fi i nosweithiau *culturel* fel dawnsfeydd ymysg y bobl o Cap Verde, a ffilmiau gwleidyddol ynghanol pobl o Dwrci neu Algeria, lle byddai'r merched a'r dynion yn eistedd ar ochrau gwahanol i'r stafell ac yn crio ac udo cryn dipyn. Dwi'n cofio penwythnos o ffilmiau *kung fu* hefyd, a gŵyl ffilmiau erotig fel *Emanuelle*, oedd yn agoriad llygad, a deud y lleia. Byddai Patrice hefyd wrth ei fodd yn fy nysgu sut i fwyta a choginio pethau diarth fel cwscws go iawn, *fennel* ac *artichokes*. A fo gyflwynodd y cawsiau mwya drewllyd yn y byd i mi, a fy ffefryn hyd heddiw ydi Munster, caws melyn efo croen oren sydd, ar ôl rhai dyddiau, ag arogl digon tebyg i ddyn mawr tew, chwyslyd sydd heb gael cawod ers pythefnos. Ond 'mon Dieu', mae o'n flasus.

Bu'n rhaid gadael fflat Patrice; roedd yr ysgol wedi dod o hyd i dŷ rhent i mi a'r *assistante* Almaeneg, a bu raid i mi dreulio gweddill y flwyddyn ysgol efo honno mewn pentre bach od o'r enw Serémange-Erzange. Suzanne oedd ei henw hi, blonden o Wolfsburg oedd yn siarad Ffrangeg perffaith – yn wahanol i mi. Roedd ei Saesneg hi'n berffaith hefyd, yn llawer iawn gwell na f'Almaeneg i, ond er mwyn i ni'n dwy wella'n Ffrangeg, yn yr iaith honno fydden ni'n cyfathrebu.

Roedd hi'n hen hogan iawn, ond fymryn yn . . . wel, yn gocwyllt. Roedd ganddi gariad del iawn adre yn Wolfsburg, fyddai'n gyrru'r holl ffordd draw i'w gweld hi bob penwythnos, bron. Ond ganol yr wythnos mi fyddai'n cael hwyl garw (a swnllyd) efo'r hogia lleol yn ei llofft. Mi wnes i sgwennu stori fer amdani yng nghyfrol *Tocyn Tramor* y Lolfa yn 1997, heb drafferthu i newid ei henw gan na fyddai hi byth yn darllen llyfr Cymraeg. Ond ges i ffit rai blynyddoedd yn ddiweddarach pan ges i gopi o lyfr Almaeneg llawn straeon byrion wedi'u cyfieithu – a fy stori i yn eu canol. Waaa! Doedd neb wedi gofyn am ganiatâd; tasen nhw wedi gneud, mi fyswn wedi mynnu eu bod yn newid yr enw, ac ers hynny dwi wedi bod yn disgwyl yn nerfus am achos enllib. Does 'na'm un wedi dod eto; mae'n debyg ei bod hi wedi symud i fyw i Bolivia, felly dwi'n gweddïo y gwnaiff hi aros yno.

Mae'r stori honno'n wir bob gair, fwy neu lai, yn cynnwys yr achlysur pan wnes i ffŵl go iawn ohonof fy hun o flaen criw o ffrindiau'r boi diweddara oedd yn rhoi 'gwers breifat' i Suzanne. Roedden nhw wedi gofyn i mi oedd o'n wir fod Saeson yn bobl oeraidd, oedd byth yn cofleidio'i gilydd. 'Ar y cyfan, ydyn,' meddwn, 'ond rydan ni'r Cymry'n waeth. Er enghraifft, dwi rioed wedi rhoi sws i fy mam.' Ffrwydrodd y bechgyn a chwerthin nes roedden nhw'n crio, yn rhowlio ar y carped mewn sterics llwyr. Wel, do'n i'm yn meddwl ei fod o mor ddigri â hynna. Ond erbyn dallt, ro'n i wedi gneud *faux pas* go iawn. Hen gronc rhad o eiriadur oedd gen i, ac yn ôl hwnnw, *baiser* oedd y gair am gusanu, a hwnnw ddefnyddiais i: 'je na'i jamais baisé ma mère.' Ond mae'n debyg fod y gair wedi newid ei ystyr dros y blynyddoedd, ac ro'n i newydd ddeud nad o'n i rioed wedi ff—io fy mam.

Mi wellodd fy Ffrangeg yn sydyn iawn wedyn. Mi wnes i fwrw ati o ddifri i wella fy iaith ysgrifenedig hefyd, a chyfieithu darnau cymhleth bob wythnos – efo help Patrice. Mi ddysgais gryn dipyn am ddysgu ganddo fo hefyd; roedd ei wersi bob amser yn ddifyr ac yn ysbrydoli'r disgyblion. Roedd o'n defnyddio fideos *M\*A\*S\*H* yn y dosbarth, meddyliwch! Yn 1982 . . . Roedd ein dulliau dysgu ni ym Mhrydain ymhell ar ei hôl hi. O, a fi gyfieithodd bob un o'r rhaglenni yna iddo fo.

Wedi deud hynny, roedd athro Saesneg arall yn hynod o draddodiadol a diflas. Mor ddiflas, nes yr es i gysgu'n sownd yn fy ngwers arsylwi gynta un efo fo. Yn anffodus, roedd o wedi fy rhoi i eistedd yn y blaen, yn wynebu'r disgyblion. O diar. Dwi'n cofio agor fy llygaid a sylweddoli bod fy mhen yn fflat ar y ddesg, yna codi fy llygaid fymryn i weld môr o wynebau plant yn brwydro i beidio â chwerthin.

Ond roedd 'na athrawes Saesneg arall oedd yn wirioneddol wych: Evelyne, oedd yn byw efo Stu (Stuart), postmon barfog o Bath roedd hi wedi'i gyfarfod wrth iddi fodio o gwmpas Lloegr. Byddai'n fy nefnyddio i i actio'n fyrfyfyr efo'r disgyblion yn y dosbarth, a iechyd, roedd hynny'n hwyl. Ges i fynd i aros ati yn Metz sawl tro, a'i thŷ yn llawn masgiau a lluniau rhyfedd o Affrica, a dyna pryd sylwais i fod y Ffrancwyr yn mynd am wyliau i lefydd llawer mwy diddorol na ni. Y Costas yn Sbaen neu Majorca oedd yn denu Prydeinwyr bryd hynny, yndê, ond roedd y rhain yn mynd i ogledd Affrica'n gyson ers blynyddoedd.

Roedd tŷ Patrice yn llawn cerddoriaeth Arabaidd o hyd, hefyd, oedd ddim yn syndod gan mai Pied-Noir, rhywun oedd wedi ei eni a'i fagu yn Algeria, oedd o. Roedd Algeria wedi bod o dan lywodraeth Ffrainc er 1830, ond pan gafwyd hunanlywodraeth yn 1962 ar ôl rhyfel gwaedlyd iawn, cafodd dros filiwn o'r Pieds-Noirs eu hel yn ôl i Ffrainc – Albert Camus ac Yves Saint Laurent yn eu mysg. Bu'n gyfnod anodd iawn i'r rhan fwya ohonyn nhw, gan fod y Ffrancwyr yn tueddu i'w trin un ai fel gormeswyr neu'n israddol, felly chawson nhw fawr o groeso yn ôl i'r henwlad. Roedd hi'n amlwg fod Patrice yn dal i hiraethu am ei blentyndod yn yr haul a'r gwres, a phan dries i sôn am fy nheimladau fel cenedlaetholwraig ryw dro, doedd o'm isio gwybod. Cenedlaetholwyr oedd wedi chwalu'i fywyd o, wedi'r cwbl. Mi benderfynais gadw fy ngwleidyddiaeth i mi fy hun wedyn.

Roedd y rhan fwya o blant Lycée St Exupéry yn dod o ogledd Affrica – wel, eu rhieni o leia – ac efo'r rheiny y byddai Patrice yn treulio'r rhan fwya o'i amser. Teulu mawr o Moroco oedd yn y fflat drws nesa, a byddai aelodau o'r teulu yn byw ac yn bod yn lolfa Patrice. Roedd un cyn-ddisgybl yn galw'n aml hefyd, Chine – un o dras Kabyle, o Algeria (fel y pêl-droediwr Zinedine Zidane). Roedd o'n hogyn hardd tu hwnt, efo cyrls hir, du a llygaid brown siâp almond, ac mi gymrodd ata i am ryw reswm. Ro'n i wrth fy modd yn ei gwmni yntau hefyd, ond roedd 'na broblem. Ro'n i'n canlyn yn selog adre ers dwy flynedd ac ro'n i'n benderfynol o fod yn ffyddlon.

Dylan y pêl-droediwr oedd fy nghariad i, hogyn oedd flwyddyn yn hŷn na fi yn Ysgol y Gader, a'r boi oedd wedi dysgu *three card brag* i mi. Doedden ni ddim yn or-hoff o'n gilydd yn yr ysgol – yn gneud dim byd ond cega, a bod yn onest – ond ro'n i wedi bod yn canlyn yn selog efo fo ers dechrau coleg, wedi iddo fo fy nghyflwyno i ramant rhyfeddol Llynnoedd Cregennan un noson serennog. Do, dwi wedi sgwennu am hynny hefyd, droeon, ac mae'n olygfa reit amlwg yn *Hi yw fy Ffrind*. Roedd o'n beiriannydd sifil 6' 2" athletaidd ac yn dipyn o bishyn, ac mi wnes i fopio.

Oherwydd ein bod ni'n dal i gega cryn dipyn, do'n i ddim wedi bod yn ffyddlon o gwbl iddo fo yn Aber, felly dwi'm yn siŵr pam ro'n i mor daer a finnau dramor, yn ddigon pell. Ond mae gen i go' i'n perthynas ni aeddfedu a dyfnhau yn y misoedd cyn i mi adael am Ffrainc, a beryg mod i wedi sylweddoli mod i mewn cariad llwyr efo fo. Dwi'n meddwl ei fod yntau mewn cariad efo fi hefyd, ar wahân i'r adegau pan fyddwn i'n beirniadu'i berfformiad ar y cae pêl-droed o flaen ei ffrindiau (wps), neu'n deud pethau fel 'Weles i'r erthygl wych 'ma mewn cylchgrawn y diwrnod o'r blaen'. ' "Weles i'r articl briliant 'ma mewn magasîn" fysat ti 'di ddeud cyn mynd i coleg,' fyddai o'n ddeud, yn amlwg ddim yn hapus efo'r ffordd ro'n i'n newid. Ond roedden ni'n llythyru'n gyson – llythyrau hirion, hyfryd oedd yn gneud i mi syrthio fwyfwy mewn cariad efo fo (roedd o'n chwip o foi am sgwennu llythyr caru), ac mi fyddwn yn cerdded drwy'r glaw at giosg i'w ffonio bob dydd Sul.

Felly, doedd fiw i mi sbio gormod i mewn i lygaid almond Chine. Roedd Suzanne yn meddwl mod i'n hurt bost, wrth gwrs, ond mi gafodd honno'i hun mewn dŵr poeth go iawn ymhen sbel. Daeth y cariad i'w gweld yn annisgwyl ganol 'rwythnos, ac roedd 'na grio mawr yn dod o'r llofft, a mwy fyth pan yrrodd o i ffwrdd wedyn mewn stremp. Erbyn dallt, roedd o wedi dal STD – a doedd o'm wedi cysgu efo neb ond y hi. Wp a deis.

Wel, mi ddoth Dylan i ngweld innau. Dwi'n cofio'i gyfarfod yn yr orsaf drenau, yn nerfus tu hwnt am mod i wedi pesgi chydig. Wel, cryn dipyn a deud y gwir. Roedd yr holl gawsiau Ffrengig a'r pwdinau bendigedig fel *îles flottantes* a *tarte aux pommes*, a chael *millefeuille* ar ôl ysgol bob dydd, wedi rhoi cryn dipyn o bwysau arna i. Rhyw ddwy stôn, o leia. Adre, mi fyswn wedi llosgi'r calorïau drwy chwarae pêl-rwyd neu sboncen neu wersi aerobics, ond yn Ffrainc do'n i'n gneud affliw o ddim o ran ymarfer corff heblaw cerdded at y ciosg i ffonio adre. Felly mi gafodd Dylan sioc ar ei din pan welodd o fi. Chwarae teg, ddywedodd o 'run gair am y peth trwy gydol ei arhosiad yn Ffrainc.

Mi gawson ni wyliau hyfryd iawn efo'n gilydd, ond roedd 'na densiynau amlwg. Y flwyddyn 1982 oedd hi, cofiwch, pan oedd 'dynion go iawn' yn yfed lager a byth yn cyffwrdd gwin, a phan oedd garlleg yn wrthun i hogia Cymru. Pan gawson ni'n gwadd i swper yn nhŷ fy ffrindiau, doedd ei stêc o ddim yn plesio. Er i mi eu rhybuddio nhw mai un *bien cuit, très bien cuit* fyddai Dylan ei angen, roedd 'na chydig o waed yn dal i ddiferu ohono ac mi lyncodd ful. Ac roedd 'na garlleg yn y tatws *dauphinoise* a 'blydi bwyd cwningen' oedd y *salade*, nid y salad fyddai ei fam wedi'i neud efo wy 'di ferwi, ham, porc pei, creision, bitrwt ac yn y blaen. Nath o ddim ymddwyn yn dda iawn, ac mi gawson ni homar o ffrae wedyn. Erbyn dallt, nid wedi dod i Ffrainc i weld fy 'ffrindiau' i roedd o, ond y fi. Ia, ond doedd hynny ddim yn esgusodi'r ffordd gnath o fihafio! A phan alwodd Chine draw un noson i ddeud helô . . . ddaru Chine ddim aros yn hir iawn, y creadur.

Ond mi fydden ni'n ffraeo'n aml pan fyddwn i adre hefyd, yn benna am fod cymodi wedyn yn gymaint o hwyl. Byddai fy ffrindiau coleg yn dylyfu gên pan fyddwn yn dod 'nôl i Bantycelyn ar nos Sul, yn torri nghalon am ein bod ni 'wedi gorffen'. Mi fydden wastad yn ôl efo'n gilydd erbyn y nos Fercher. Rhyw berthynas felly oedd hi – *roller coaster* emosiynol, a deud y lleia.

Ar ôl ffarwelio efo fo ar y trên yn Ffrainc, es yn ôl i'r tŷ a beichio crio am oes. Wnes i'm golchi'r plât roedd o wedi bwyta oddi arno ddwytha am ddyddiau chwaith. Sgwennu llythyrau nwydwyllt i'n gilydd fuon ni am y misoedd oedd gen i ar ôl yno, a beryg fod ei lythyrau wedi cael dylanwad reit gryf ar y nofelau fyddwn i'n eu sgwennu ymhen blynyddoedd i ddod. Hen bryd iddo gael y credit, dwi'n meddwl!

Mi gollais bwysau'n syth ar ôl dod adre i fywyd (a bwyd) normal. A dim ond wedyn nath Dylan gyfadde gymaint o fraw gafodd o yn yr orsaf drenau. 'Oeddat ti'n anferthol . . .'

Roedd 1984, y flwyddyn ola yn Aber, yn un ddiddorol iawn; yn un peth, roedd fy Ffrangeg wedi gwella'n aruthrol, ac ro'n i bellach yn gallu siarad yr iaith yn llawer gwell na'r myfyrwyr oedd wedi mynd i Baris, lle roedden nhw'n cymysgu mwy efo Saeson ac Americanwyr. Doedd 'na'm un twrist yn Fameck. Ro'n i hefyd wedi tyfu i fyny a dysgu nad oedd raid meddwi o hyd; roedd agwedd y Ffrancwyr at alcohol gymaint callach – yfed i werthfawrogi'r gwin neu'r cwrw fydden nhw, nid i chwydu eu perfedd ddiwedd nos a deffro a'u pennau dan y sinc. Wedi deud hynny, ro'n i'n dal i gael nosweithiau reit wyllt efo'r criw iau oedd bellach yn y drydedd flwyddyn efo fi – pobl fel Non Sam (chwaer Aled) ac Eirlys Non o Boncath. Dwi'n cofio mai wedi bod ar sesh efo Eirlys Non o'n i pan ges i nhaflu allan o'r Pier am ddawnsio i 'Relax' Frankie Goes to Hollywood yn rhy . . . wel, rhy *lewd* oedd y gair, dwi'n meddwl. Mae'r gân honno'n dal i neud i mi fod eisiau dawnsio – ond dwi'm cweit mor heini'r dyddia yma.

Ro'n i wedi dechrau ymddiddori o ddifri yn fy mhwnc, ac yn meddwl cyn sgwennu fy nhraethodau yn lle jest malu awyr i lenwi papur fel ro'n i wedi bod yn ei neud yn y ddwy flynedd gynta. Mi saethodd fy marciau i fyny. Ond, yn ôl y dyddiadur ar y 23ain o Fai, roedd y gwaith yn deud arna i: 'Gwastraff llwyr o fore yn y Llyfrgell yn trio deall Sartre a'i "être en/a/pour soi". Rwtsh llwyr. Roedd y boi yn paranoid manic-depressive metaphysicizing twrd.'

Ges i 2:1 yn y diwedd, am fy 'nicely written work; if you'd written essays like that in your second year, you would have had a first,' meddai Brian Nelson, un o'r darlithwyr mwya llym. *Ac* mi ges i Ddistinction yn fy arholiad llafar! Do, mi wnes i feddwi'n dwll y noson honno, a deffro â mhen yn y bin sbwriel o dan y sinc.

Ond y peth pwysica wnes i yn y coleg, mae'n siŵr, oedd criw da o ffrindiau. Mae'r rhan fwya o'r 'gens' (sori, iaith myfyrwyr) y dois i'n ffrindiau efo nhw ar y dechrau un yn dal i gyfarfod yn rheolaidd, boed i giniawa neu i gerdded: Beryl Hughes Griffiths, cyfieithydd o Lanuwchllyn sy'n digwydd bod yn gyfnither gynta i Mam; Margiad Roberts, yr awdures enillodd y Fedal Ryddiaith yn 1987; Aurona Jones o Lanefydd, sy'n athrawes gynradd ym Mhrestatyn;

Rhian Clwyd o Ruthun, sy'n athrawes gynradd yng Nghrymych; Rhian Parri ('Muria'), sy'n wraig fusnes ac yn arwain yn y Steddfod Genedlaethol bob blwyddyn; Rhian Cadwaladr o Rosgadfan, sy wedi gneud pob math o swyddi yn cynnwys actio, a Mared Owen, sy'n weithwraig gymdeithasol. Ydan, rydan ni'n griw amrywiol iawn o ran ein natur, ond rydan ni wedi bod yn gefn ac yn gymorth mawr i'n gilydd dros y blynyddoedd, ac wedi cael llond gwlad o hwyl. Mi briododd pob un ohonyn nhw yn fuan ar ôl gadael coleg, ac maen nhw'n dal i ddisgwyl y gwahoddiad i mhriodas i.

Cafodd un digwyddiad yn y coleg effaith mawr arna i: mi fyddwn yn gyrru llythyrau hirfaith at 'y gens' o Ffrainc, ac fe benderfynon nhw gyhoeddi un yng nghylchgrawn y myfyrwyr, *Llais y Lli*, ond heb olygu na chywiro dim arno. Pan biciais 'nôl i Bantycelyn y tymor hwnnw, be oedd ar yr hysbysfwrdd yn y cantîn, fel bod pawb yn ei weld, ond y dudalen honno, ddim ond bod rhyw snichyn wedi bod yn brysur efo ffelt pen goch yn marcio pob gwall gramadegol, pob camsillafiad a phob gair Saesneg (yn cynnwys 'wel') ac wedi sgwennu 'CYMRAEG?' ar y diwedd. Mi nath hynna frifo. Ond Margiad (awdures o fri sydd â Chymraeg perffaith) oedd wrth fy ochr yn y ciw, a 'Paid â chymryd sylw, Gwanas,' medda hi, 'mae gen ti Gymraeg byw, naturiol.' Mae'r geiriau yna wedi aros efo fi byth ers hynny. Ond mae'r marciau coch wedi aros hefyd, fel un groes fawr ar f'ysgwyddau.

Byddai'r ffrindiau coleg yn mynd ar wyliau'n aml fel criw, ond gwrthod ymuno efo nhw wnes i bob tro. Roedd yn well gen i fynd ar fy liwt fy hun, ac un o'r gwyliau gorau ges i erioed oedd pythefnos o wersylla yn ne Ffrainc yn 1982.

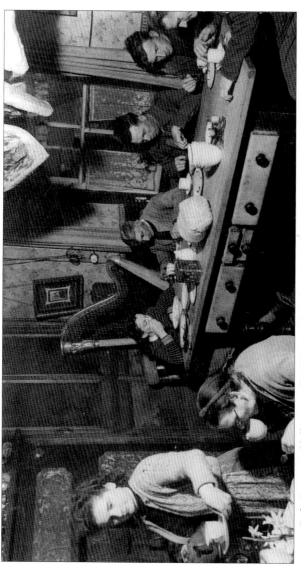

Teulu Pantyneuadd, lle magwyd Taid Frongoch (tad Mam), tua 1947. O'r chwith: Anti Mari, fy hen nain, Anti Meinir, Hywel Wood y sipsi, a thri gwas arall. Sylwch ar y delyn a hob y deri dando (hen air am fochyn ydi 'hob', felly mae'r moch a arferai redeg o gwmpas y coed derw bellach dan do . . .)

Teulu Hafod Oer tua 1899. Annie a
Robert Evans (rhieni fy nhaid ar
ochr Dad) a rhai o'u plant

Nain a Taid Gwanas yng Nghefn-y-
maes, Brithdir, ar ddydd eu priodas
yn 1935

Dad yn edrych tua 16 oed

Emrys Davies, Taid Frongoch, oedd
yn magu'r cŵn defaid ffeindia'n bod

*Teulu Frongoch (cyn i Rhiannon gyrraedd) – Mam efo'i pherlau ar y chwith*

*Priodas Mam a Dad, 1961. O'r chwith: Jane, Gwenan, Dad, Mam,*
*Rhiannon (Gwanas) a Trebor*

*Winston Churchill (fi)*
*ar lin Nain Frongoch*

*Fi a Llinos*

*Fi'n rhoi cwtsh i Rhiannon Frongoch*

*Rhiannon, Gwenan a fi'n cael*
*te parti cacenni mwd*

*Dad yn rhoi row i mi mewn priodas am beidio â bwyta fy nghawl*

*Glesni wedi cyrraedd . . .*

*. . . a Geraint. Bachgen o'r diwedd!*

*Drama Ysgol y Brithdir am siop cigydd: Llinos (ail o'r chwith),*
*Glesni (yr ail sosej o'r dde yn y blaen), fi (yr asgwrn, trydydd o'r dde)*

*Y teulu. Sylwch ar y tair ffrog yr un fath yn union*

*Mewn rhyw Steddfod
Genedlaethol yn rhywle*

*Mam a Llinos mewn* trouser suits,
*ac er sioc fawr i bawb,
Bethan y tomboi mewn ffrog!*

Camau Cantamil – *Huw Jones o mlaen i, ylwch! Mae Eira (chwith)
yn Bennaeth Adran Gymraeg Ysgol Dyffryn Conwy bellach*

*Drama Ysgol y Gader: fi, Merfyn Owen, Bedwyr Roberts, Ian Roberts, Alwyn ap Huw, Claire Winyard*

*Broga Plas Brog: Dylan (y twrch), Janice (y llygoden), fi (y broga), Elin (y mochyn daear)*

*Derbyn fy ngwobr gan ryw foi am dynnu llun 'Cymru yn ei Blodau'. Mi enillais i hefyd werth blwyddyn o gompost i'r ysgol*

*Graddio yn 1984*

*Y ffrindiau coleg efo'u plant swnllyd: Aurona, Beryl, Rhian Crugeran, Rhian Clwyd, Rhian Cadwaladr, Margiad. Finnau ar y dde efo'r ddoli*

*Glesni a Dad*

*Y tair chwaer*

*Luned a fi yn yr wythdegau*

*Dylan pan oedd o'n ifanc*

Ray Gravell a thîm rygbi merched y BBC ar gyfer Plant mewn Angen, 1987

Naomi, Ceri a Leah yn aros efo Anti Bethan yn y bwthyn ym Methesda

*Ymarfer dysgu yn Nyffryn Conwy.*
*Dim trefn ar y rhain!*

*Fy hoff lun o Taid*
*(Llewelyn Evans)*

*Efo Siw Hughes a chriw Radio Cymru pan o'n i'n gadael Caerdydd.*
*Rhian (cefn chwith) sy'n cynhyrchu* Byw yn yr Ardd *bellach*

Parapente *yn Ffrainc*
*– gwireddu breuddwyd*

*Beicio yn un o lefydd hyfrytaf Cymru*
*– Llangrannog*

*Y criw ciniawa yn Iwerddon. O'r chwith: Bethan Anwyl, Caren Povey,*
*Ann Charles, fi, Elen Wyn a Iona Croesor*

*Cadi Fflur, fy ngor-nith (merch Leah), efo'i Yncl Dan*

*Dan a Meg y diwrnod yr aethon ni i'r Sarn i nôl Del*

*Priodas Leah a Gareth, efo'r teulu oll*

*Dwi'n fodryb i bob un o'r rhain: Caio, Daniel, Robin, Ceri, Meg,*
*Naomi, Cadi a Leah*

*Nain yn 96 a'i gororwyr, Caio Gwilym, ddim eto'n flwydd*

*Efo Geraint fy mrawd yn ei ardd yn y Gwanas*

*Cannwyll fy llygad – Del*

Gwyliau ar gyfer myfyrwyr oedd o, a phawb ond y fi mewn grwpiau o ddau neu bedwar. Doedd mynd ar fy mhen fy hun fel yna'n poeni'r un iot arna i; roedd o'n golygu mwy o ryddid, yn doedd, a neb o gwmpas i ddeud 'Bethan – bihafia.' Felly wnes i ddim.

## Ar ôl coleg

Roedd be i'w neud ar ôl graddio wedi bod yn benbleth i mi ers tro. Fel gwyddoch chi bellach, doedd gen i ddim Lefel O Mathemateg, oedd yn angenrheidiol er mwyn gneud cwrs ymarfer dysgu fel cymaint o fy ffrindiau, a do'n i'm isio 'blydi dysgu, beth bynnag – byth bythoedd!' Yn dawel bach, ro'n i ffansi bod yn newyddiadurwraig ar gylchgrawn merched fel *Cosmopolitan* neu *Marie Claire*, ond doedd gen i'm syniad sut i dorri i mewn i'r byd hwnnw. Roedd y profiad yn Ffrainc wedi gneud i mi fod isio teithio, ac roedd Affrica'n apelio'n arw, felly ddiwedd 1983, pan welais i foi'n dangos sleidiau am ei gyfnod efo'r VSO yn Nepal, mi wnes i gais yn syth i neud VSO fel athrawes Saesneg.

Ges i gyfweliadau yn Llundain ar 24 Chwefror 1984. Un 'proffesiynol' o flaen panel i weld sut athrawes fyddwn i, a chyfweliad efo hen ddynes fach annwyl oedd yn gofyn cwestiynau mwy personol, fel faint oedd oed fy rhieni – hynny yw, oedden nhw'n debygol o farw o fewn y ddwy flynedd nesa (nag oedden, dim ond 42 oedd Mam, a Dad yn 45) – ac a oedd gen i gariad. Wel, nagoedd erbyn hyn; ro'n i a Dylan wedi gorffen am nad oedd o'n hapus o gwbl mod i'n pasa diflannu eto am ddwy flynedd. Es i'n ôl efo fo ddyddiau'n ddiweddarach. Ond pan ges i fy nerbyn yn swyddogol gan y VSO, roedd pethau'n llawer mwy pendant ac mi roddodd o'r dewis i mi: 'VSO neu fi.' Ac mae'r dewis wnes i'n amlwg. Ond, yn fy naïfrwydd, ro'n i'n eitha siŵr y byddai'n fy nghroesawu 'nôl efo breichiau agored ymhen dwy flynedd. Roedd o'n nabod ei hun yn well.

Mi fydda i'n aml yn meddwl sut fywyd fyddwn i wedi'i gael taswn i wedi aros adre efo fo. Fydden ni wedi priodi a chael plant? Pwy a ŵyr, ond dwi'n eitha siŵr na fyddai'r briodas wedi para'n hir iawn am na fyddwn i byth wedi gallu maddau iddo fo am neud i mi orfod dewis fel yna. Dim ond 22 o'n i, wedi'r cwbl, a do'n i'm yn barod i setlo o bell ffordd – mwy nag oedd o. Wrth gwrs, rhwng cael fy nerbyn gan y VSO a chychwyn am Nigeria, mi fuon ni'n ôl efo'n gilydd – a ffraeo'n gacwn sawl tro. Mae darllen dyddiadur y cyfnod hwnnw'n ddiflas iawn; do'n i'n gneud dim ond pendilio rhwng cyhoeddi mod i'n ei garu'n angerddol a'i gasáu â chas perffaith. Mi fues i'n ceisio cadw fy hun yn gall trwy neud cryn dipyn o aerobics, nofio a chwarae sboncen – a gweithio ar fy nhraethodau o'r diwedd. A chael yr holl bigiadau roedd eu hangen ar gyfer byw yn Affrica.

Fis Gorffennaf, es draw i Bedford am bythefnos ar gyfer cwrs roedd y VSO yn ei gynnal i bobl oedd heb lawer o brofiad dysgu. A dyna'r tro cynta i mi gyfarfod Katie Sidwell, y ferch fyddai'n gweithio mewn ysgol yn Gbara efo fi. Mewn sesiwn lawn malu cachu ar y testun 'language awareness', ges i ffit pan ddywedodd pawb fod y frawddeg 'Colourless green ideas sleep furiously' yn nonsens llwyr. Y? Ro'n i wedi penderfynu'n syth mai sôn am freuddwyd neu hunlle roedd hi, a'r unig un oedd yn cytuno efo fi oedd Katie. 'Mae Katie a finnau'n deall ein gilydd i'r dim, a dwi'n mynd i fwynhau ei chwmni hi,' meddai'r dyddiadur.

Fe dreulion ni'r boreau cynta'n gwylio dosbarth o blant

gallu cymysg rhwng naw a phedair ar ddeg o Bangladesh, y Punjab a'r Eidal. Y disgrifiad gawson ni oedd eu bod yn 'rowdy but nice kids', ond roedden nhw'n dawel iawn efo'u hathro. Gwrando ar ddarlithoedd am 'free space' a llysieuwyr ac ati yn y pnawniau, yna paratoi deunydd ar gyfer y gwersi fydden ni'n eu rhoi – cardiau fflach, croeseiriau, taflenni gwaith ac ati, rhai fydden ni'n eu cadw ac yn mynd â nhw efo ni gan na fyddai adnoddau o gwbl mewn llefydd fel Gbara.

Agoriad llygad, a deud y lleia, oedd y gwersi hynny yn Bedford. Cyn i mi fedru dysgu fy ngwers gynta roedden ni'n gorfod dod o hyd i stafell ddosbarth newydd; wedyn doedd eu llyfrau ddim ganddyn nhw, na'u pensiliau, felly ro'n i'n gorfod newid fy ngwers yn llwyr ar y funud ola. 'Aeth o'n rhyfeddol, a chysidro, ond ro'n i'n hollol pissed off.' Croeso i fyd addysg, Bethan. Wrth i'r cwrs fynd yn ei flaen, roedd gen i fwy o hyder, 'ond maen nhw'n ddiawledig o swnllyd!' Dridiau'n ddiweddarach, 'Roedden nhw'n uffernol heddiw! A phan ddeudodd Rufa "Mahbub wants to kiss you, Miss", golles i reolaeth yn llwyr.' Dyna fi'n cael fy nhalu'n ôl am neud bywyd mor anodd i fyfyrwyr ymarfer dysgu erstalwm yn Ysgol y Gader . . .

Roedd hwn yn gwrs ro'n i wirioneddol ei angen cyn wynebu unrhyw ddosbarth yn Nigeria. Fu disgyblion Fameck rioed fel hyn! Ond er eu bod nhw'n ddrwg, ro'n i mewn cariad llwyr efo nhw, hyd yn oed Rufa, y diawl bach mwya diawledig ohonyn nhw i gyd. Ar ddiwedd y cwrs, roedd y darpar VSOs i gyd yn perfformio sioe *Snow White* o flaen yr ysgol, a fi oedd y 'Wicked Queen'. 'Nes i fwynhau'n arw, yn enwedig pan o'n i'n pigo ar rai aelodau o'r gynulleidfa – fel

Rufa. Er ei fod o'n gwybod yn iawn mai fi oedd o dan yr holl golur dramatig, roedd ganddo f'ofn i!

Ar ganol y cwrs, es i'n ôl i Aber ar gyfer y seremoni graddio, a mwynhau pob eiliad. Pan welais i fy hoff ddarlithydd, Stuart John, es i'n reit emosiynol, yn enwedig pan ddeudodd o 'You were streets ahead of the others'. Pwy, fi?! Rŵan, mae'n bosib ei fod o'n deud hynna wrth bawb gafodd radd 2:1, ond alla i'm deud wrthach chi gymaint olygodd hynna i mi. Ar ôl dwy flynedd o fod yn agos at waelod y dosbarth, roedd clywed mod i wir wedi llwyddo yn y diwedd yn bleser pur. A naddo, chafodd neb Ddosbarth Cyntaf yn Ffrangeg y flwyddyn honno – dwi'n dal i ddeud ei fod o'n bwnc llawer, llawer anos na Chymraeg a Drama.

Wrth i fis Awst fynd rhagddo, roedd y tensiwn rhwng Dylan a finnau'n cynyddu, felly mi ddiflannais i i Ddulyn i weld Anne-Marie, yr Wyddeles ro'n i wedi dod yn ffrindiau efo hi yn Fameck, a threulio tridiau efo'i theulu hynod ddigri a ffraeth hi, cyn dal y bws i lawr i Cork i gyfarfod Maura Lynch ac Eilish O'Sullivan, dwy oedd eisoes wedi bod yn Gbara am ddwy flynedd. Wedi gweld y lluniau a chlywed yr hanesion, ro'n i ar dân isio mynd yno ac yn edrych ymlaen, bobol bach. Ond ro'n i wedi cael braw o weld y tŷ tlawd roedd Eilish yn byw ynddo. Roedd 'na dipyn o wahaniaeth rhwng safon byw y Gwyddelod a ni bryd hynny.

Yn ôl fy nyddiadur, pan es i adre mi ges gyfres o nosweithiau hynod annifyr efo Dylan, yn gwylio'r teledu ac yn deud fawr ddim wrth ein gilydd. Doedd o'n amlwg ddim yn hapus, a byth isio trafod Nigeria. Wel, doedd o'm isio i mi fynd, nagoedd? Ac ro'n i'n maddau iddo fo . . .

Ro'n i a nheulu wedi trefnu parti mawr adre yn y Gwanas

y nos Sadwrn cyn i mi adael, ac ro'n i wedi cynhyrfu'n rhacs. Llifodd fy ffrindiau lleol a choleg trwy'r drws, ond doedd dim golwg ohono *fo*, a doedd gan neb syniad ble roedd o. Yn y diwedd, mi gyfaddefodd Gwenan Lloyd ei bod wedi'i weld o yn y clwb rygbi. Be?! Neidiais i mewn i Ford Cortina Dad a sgrialu i'r dre drwy'r glaw. Sgrech o frêcs o flaen y clwb, cerdded mewn i dywyllwch y disgo yn y clwb, a gweld Dylan a'i dafod i lawr corn gwddw rhyw hogan oedd wedi bod yn fflyrtio efo fo ers misoedd. Wel, 'Hell hath no fury . . .'

Mae'n debyg i'r bobl oedd yno siarad am yr olygfa am fisoedd wedyn. Bethan mewn *silhouette* yn cerdded i mewn a gweld y ddau; pawb (ond y cwpwl dan sylw) yn rhewi; Bethan yn camu tuag atyn nhw, yn tynnu'i braich dde (braich oedd â record taflu pwysau, cofiwch) yn ôl, a chyda holl nerth hanner ucha'i chorff yn rhoi hymdingar o swaden i ben Dylan. Ac mae'n debyg i'r hogan arall gael rhan o'r swaden, rywsut. Tra oedd o'n dod ato'i hun, mi sgrechiodd hi mod i wedi'i tharo. Deud ei bod hi'n amlwg yn rhy agos ato fo felly wnes i – gan gydio yng ngwallt Dylan a llusgo'i gorff 6′ 2″ allan i'r glaw 'i siarad', heb honna'n sgrechian yn fy nghlust.

Roedd hi'n tresio bwrw erbyn hyn, a'r ddau ohonon ni'n gweiddi a phaffio a chrio – fi, o leia – yng nghanol y glaw, gan ymdawelu yn y diwedd a chofleidio'n gilydd. Mi ddaeth yn ôl i'r Gwanas efo fi, ond doedd hynny ddim yn syniad da. Mi fuodd yn eitha ffiaidd efo fi yn fanno o flaen pawb. Dwi'm yn ei feio fo wedi i mi ei fychanu o flaen yr holl bobol yn y clwb – ond eto! Erbyn heddiw, dwi'n sylweddoli nad oedd o'n teimlo fel dathlu'r ffaith mod i'n ei adael am ddwy flynedd arall, ac na fyddai o byth yn gallu bod yn ffyddlon i mi am gyfnod mor hir, felly be oedd y pwynt? Doedd o'n gneud sens iddo fo droi at ferch fyddai'n fodlon aros adre yn Nolgellau efo fo?

Roedd fy ffrindiau, a Glesni fy chwaer yn enwedig, yn trio gneud i mi weld synnwyr ac anghofio amdano fo. Roedden nhw wedi bod yn trio erstalwm, a bod yn onest, ond roedd y galon yn drech na'r pen bob tro.

Ar fore Sadwrn y 15fed o Fedi 1984, ar ôl ffarwelio â nheulu, Dylan aeth â fi a'r cês mwya yn y byd i ddal y trên yn Amwythig, a 'nes i grio fel babi ar ôl iddo fo frysio adre am gêm bêl-droed.

## Nigeria 1984–86

Dwi wedi sgwennu llyfr cyfan am y profiad hwn yn *Dyddiadur Gbara*, felly darllenwch hwnnw! Ond, yn bendant, dyma ddwy flynedd mwya anhygoel fy mywyd a dwi mor falch i mi fynd yno. Mae'r VSO yn derbyn pobl nes eu bod yn eu saithdegau, felly mae'n eitha posib y gwna i gyfnod arall efo nhw yn y dyfodol. Gawn ni weld.

Ges i fynd adre yn 1985 i briodas Llinos, a lwc mul oedd hi fod hynny mor agos at gyfnod Steddfod yr Urdd yng Nghaerdydd, gan mod i wedi ennill y Goron. Roedd honno'n wefr nad anghofia i fyth, ac, yn sicr, yn gam arall ar yr ysgol i fod yn awdures. Doedd Irma Chilton, y beirniad, ddim yn canmol i'r cymylau: 'Dyw'r stori ddim yn gwbl wreiddiol ac mae ynddi elfen o gyffro rhad y cyfnodolion gorliwgar.' Hm. 'Ond mae hi wedi'i hadrodd yn hynod gelfydd,' meddai hi wedyn. 'Mae yma hiwmor a digrifwch ymadrodd sy'n amheuthun iawn . . . does dim gwastraff ar eiriau.' Tase hi ddim ond yn gwybod y drafferth ges i i sgwennu'r bali peth yn Gbara. Roedd fy mhapur i mor brin, fel mod i'n gorfod gludo darnau bychain dros y camgymeriadau, yn hytrach na sgwennu'r cwbl eto. Sgwennu am Dylan o'n i, gyda llaw, rhywbeth oedd yn gwbl amlwg i bawb oedd yn ein nabod. Felly, heb fynd trwy brofiad y garwriaeth efo fo mae'n eitha posib na fyddwn i wedi ennill fy unig Goron, chwaith. Diolch, Dyl.

Y cofnod ola yn *Dyddiadur Gbara* ydi'r un am 14 Mawrth 1986 – y diwrnod ro'n i'n gadael Gbara ar gefn moto-beic, ar fy ffordd i Lagos. Ond es i ddim yno'n syth. Ro'n i wedi syrthio mewn cariad efo Geordie o'r enw John oedd yn gweithio efo cwmni drilio yn Pategi, ac wedi i'r moto-beic fy ngollwng ar lan afon Niger, ges i ganŵ drosodd i'r ochr arall lle roedd Suleman, gyrrwr John, yn aros amdana i yn ei landrofyr. Ar ôl noson hyfryd yn fanno, mi dreuliais i dridiau efo John yn y 'camp' yn Ilorin, yn partïo a chael fy nhaflu i'r pwll nofio ac ati, wrth imi ddisgwyl am lifft i Lagos. Mi wnaethon ni addo sgwennu at ein gilydd ac ro'n i wir yn gobeithio'i weld o eto – ond dyna'r tro ola i mi daro llygad arno fo. Hmff. Ro'n i wedi dechrau amau bod ganddo fo wraig adre yn Newcastle, beth bynnag.

Ar ôl mwy o bartïon efo *ex-pats* Lagos, ges i hedfan i Lundain efo'r teulu o Saeson oedd wedi nghyflogi i fel 'nanny' i'w tri plentyn am chwech wythnos, gan gynnwys eu gwyliau i'r Bahamas. A bod yn onest, dwi'm yn cofio imi gael cyflog am y gwaith – dwi'n meddwl mai'r trefniant oedd mod i'n cael y gwyliau am ddim. Ro'n i wedi gobeithio y byddai Dee, y fam, yn gadael i mi bicio adre cyn hedfan i'r Bahamas; ro'n i ar dân isio gweld fy nheulu, wedi'r cwbl, ond na, ro'n i'n gorfod aros yn Llundain i'w helpu hi efo'r holl bacio a pharatoi. A ph'un bynnag, roedd hi wedi trefnu bod Mam yn postio pecyn o sgidiau a dillad cynnes i mi. Yn ôl fy nyddiadur: 'Ew, mae'n braf gwisgo stilettos eto!'

Ges i fy martsio at dorrwr gwallt yn syth bìn, a gadael pedair modfedd o split ends ar y llawr. Yna es i swyddfa'r VSO a derbyn yr arian maen nhw'n ei roi i helpu RVs (returned volunteers) i setlo'n ôl i fywyd ym Mhrydain. Ges i £100 mewn arian parod a siec am £660. Ar 27 Mawrth, wedi prynu sieciau teithio ar gyfer y Bahamas, es draw i John Lewis yn Oxford Circus i gyfarfod ffrind coleg, Liz George. Ond tra oedden ni'n rhoi'r byd yn ei le dros baned, cafodd fy mag ei ddwyn – wel, bag ro'n i wedi cael ei fenthyg gan Dee – yn cynnwys yr holl sieciau yn ogystal â llyfr siec newydd sbon, y £100 o arian parod, a llythyr ro'n i wedi'i sgwennu at John y Geordie. Ar ôl mynd i orsaf yr heddlu, dyma nhw'n dangos bod rhywun wedi rhoi marc efo sialc ar gefn fy nghôt – rhywun oedd yn y banc yr un pryd â mi wedi rhoi arwydd i'w gang fod gen i fag gwerth ei ddwyn. Ac wedi llwyddo hefyd, er bod Liz a finnau'n wynebu'n gilydd dros y bwrdd yn y caffi, a'r bag rhyngon ni! Croeso adre, Bethan.

Roedd o'n arwydd o'r hyn oedd i ddod. Doedd Dee ddim yn ei phethau y bore roedden ni'n cychwyn am y Bahamas, ac erbyn inni gyrraedd maes awyr JFK, roedd hi'n sâl, yn sâl iawn. Roedd Pete wedi talu ffortiwn am helicoptyr i fynd â ni i'r Sheraton yn Newark, ond chafodd ei haelioni mo'i werthfawrogi, y creadur, gan fod Dee bron â llewygu a'r plant i gyd yn beichio crio trwy'r cwbl.

Wedi galw'r paramedics, aed â hi'n syth i'r ysbyty, a bu'n rhaid i ni aros yn Efrog Newydd am wythnos. Roedd ganddi feningitis. Byddai Pete efo hi yn fanno bob dydd, a finnau'n trio cadw'r plant yn ddiddig mewn gwesty oedd â dim oll i blant ei neud, heblaw pwll nofio oedd yn 'closed for maintenance' am ddeuddydd. Ac mi fuon ni yn y World Trade Centre un pnawn.

Pan fydden ni i gyd yn mynd i weld y fam gyda'r nos, cwyno am ddihidrwydd ei gŵr fyddai hi, ond roedd o'n gneud ei orau, y creadur. Yn anffodus, roedd o'n trio boddi'i ofidiau mewn diod ar ôl dychwelyd i'r gwesty, ac wedyn yn dod i'r llofft ata i a'r plant (oedd yn cysgu'n sownd, diolch byth) yn erfyn arna i i'w gysuro. Wel, dyna be oedd sefyllfa annifyr. Ro'n i'n gwrthod, debyg iawn, ac yntau'n mynd yn ôl i'w wely yn teimlo hyd yn oed yn waeth. Anodd oedd ymddwyn yn normal dros frecwast wedyn, ac anos fyth o flaen Dee yn yr ysbyty.

Beth bynnag, roedd hi'n teimlo'n well ac o fewn deuddydd roedden ni yn y Bahamas. Roedd Dee wedi diodde'n enbyd yn ystod y daith, ac wedi plannu'i hewinedd yn ddwfn yn fy nghnawd yr holl ffordd, ac ro'n i wir yn meddwl ei bod hi'n mynd i lewygu. Beryg, wedi'r cwbl, nad oedd ei hymennydd yn barod i fedru delio efo'r newid pwysedd, a bu'n rhaid cael cadair olwyn iddi wedyn. Ar ôl tridiau yn y pwll hyfryd yn y Bahamas (a llwyth o smwddio i mi bob nos) aeth Dee yn wael eto, a bu'n rhaid gadael y Bahamas a symud i motel wrth ymyl ysbyty yn Fort Lauderdale. Mi fuon ni yn fanno am ddeg diwrnod hirfaith, erchyll – y plant yn mynd ar fy nerfau i (heblaw'r fechan – roedd hi'n lyfli), a gorfod byta sgrwtsh fel McDonald's a Mister Donut bob nos.

O'r diwedd, ar 21 Ebrill, gawson ni hedfan yn ôl i Lundain. Wrth gario'r bagiau i mewn i'r tŷ am naw y bore, gofynnodd y tad pryd o'n i am fynd adre. 'As soon as possible,' medda fi. Roedd o'n gwybod yn well na neb pa mor hunllefus fu'r 'dream job' i mi, ac mi ddeudodd y cawn i fynd yn syth bìn os o'n i isio. Ieeee! Felly, dyma ffonio'r

Gwanas – dim ateb. Ffonio Llinos ac mi ddeudodd y gallai hi a'i gŵr Martin ddod i fy nôl i o'r orsaf yn Amwythig y pnawn hwnnw. Bingo! Ar ôl pacio ar goblyn o frys, ges i dacsi at y Tiwb, a chyrraedd Euston efo fy holl fagiau yn chwys boetsh.

Does 'na ddim gair yn y dyddiadur am ffarwelio efo'r teulu, ac ar wahân i un alwad ffôn rai dyddiau'n ddiweddarach, chysyllton ni ddim efo'n gilydd o gwbl wedyn.


## Culture shock

Ro'n i wrth fy modd yn cael bod adre yn fy nghynefin eto, efo nheulu a'n ffrindiau, ond buan y daeth y cynnwrf hwnnw i ben. Dwi'n meddwl bod y rhan fwya o bobl sydd wedi treulio cyfnod hir yn y Trydydd Byd yn mynd trwy ryw fath o bendro wedi rhai wythnosau yn ôl adre. Yn sydyn, doedd gen i'm clem be i'w neud efo fi fy hun. Roedd gan bawb ei drefn ei hun: gwaith, teledu (ges i sioc pa mor gaeth oedd pobl i operâu sebon), a'r un hen sgyrsiau yn yr un hen gaffis/tafarndai. Roedd y rhan fwya o'n ffrindiau i'n briod ac yn famau, neu o leia'n disgwyl; roedd Dylan yn cael trafferth penderfynu pa un o'i edmygwyr roedd o ei heisiau, ac yn fy ngyrru'n hurt. A doedd gen i'm gwaith.

Ges i gyfweliad yn y coleg newyddiadurol yng Nghaerdydd bron yn syth ar ôl dod yn ôl, ond mi wnes i smonach go iawn ohoni. Mi ofynnodd y boi be oedd fy 'itinerary', ond do'n i rioed wedi clywed y gair o'r blaen. Yn lle cyfadde hynny mi wnes i fwydro rhyw fath o ateb i gwestiwn nad o'n i wedi'i ddeall, gan wylio wyneb y dyn yn crebachu a suro o mlaen i. Roedd hwnnw'n brofiad annifyr iawn a do'n i'n synnu dim o glywed nad o'n i wedi cael fy nerbyn.

Doedd 'na'm swyddi o gwmpas, felly es i ar y dôl ac aros adre'n potsian helpu ar y ffarm am rai misoedd, yn teimlo'n fwyfwy siomedig ac ar goll. Yr unig swydd welais i yn *Y Cymro* oedd swydd cynhyrchydd efo Radio Cymru. Doedd gen i'm gobaith mwnci, wrth gwrs, ond mi yrrais fy CV beth bynnag – a chael cyfweliad! Aeth hwnnw'n eitha da, ac er nad oedden nhw'n gallu rhoi swydd cynhyrchydd i rywun mor ddibrofiad, mi ges gynnig tri mis fel ymchwilydd efo *Helo Bobol*.

Felly, ar ôl hymdingar o Steddfod yn Abergwaun, lle'r enillodd Dad y Rhuban Glas o'r diwedd, dyma symud i Gaerdydd at lond tŷ o ffrindiau coleg a dechrau gweithio efo Hywel Gwynfryn, oedd yn annwyl tu hwnt, hyd yn oed pan fyddwn i'n gneud smonach o bethau. Fel y gwnes i efo eitem ar Bryn Terfel . . . Ro'n i wedi trefnu ei fod o'n mynd i weld Placido Domingo mewn rhyw opera neu'i gilydd, ac yna'n adolygu'r perfformiad fore trannoeth. Ond, yn y nodiadau rois i i Hywel, ro'n i wedi deud mai Luciano Pavarotti oedd dan sylw, a record ohono fo oedd yn y bocs a bob dim. Ro'n i'n gwrando yn fy ngwely ar Hywel yn chwarae nodau ola 'Nessun Dorma', ac yna'n gofyn: 'Wel, Bryn, sut oedd yr hen Bavarotti neithiwr?' 'Ym . . .' meddai Bryn, 'ddim Pavarotti oedd o, sti.' Aaaaaa! Yn anffodus, roedd Gari Williams wedi clywed hyn, gan mai ei raglen o oedd yn dilyn *Helo Bobol*, ac mi dynnodd o goes Hywel yn ddidrugaredd ar yr awyr. Ond ddywedodd Hywel y bonheddwr 'run gair mai bai'r ymchwilydd dwl oedd o. Ro'n i'n gwirio ac yn ailwirio pob dim o hynny mlaen.

Lena Pritchard-Jones oedd Uwch Gynhyrchydd y rhaglen, gyda Ceri Wyn Richards a Tomos Morgan yn gynhyrchwyr. Sian Owen – Derwydd Gweinyddol Eisteddfod Môn, bellach

– oedd yr ymchwilydd arall, a rhwng ei chefndir gwyddonol hi a niddordebau 'ysgafnach' i, roedden ni'n gneud tîm reit dda.

Ddois i'n ffrindiau da iawn efo Ceri Wyn ac mae gen i barch mawr ati o hyd – roedd hi'n chwip o gynhyrchydd, ddim yn cymryd unrhyw lol, ond roedd digon o chwerthin i'w gael efo hi hefyd. Hi oedd y brêns tu ôl i gyfresi fel *Dros Ben Llestri* ac ati. Mi wnes i wir fwynhau fy nghyfnod yn Llandaf; roedd 'na griw gwych a difyr yno, gyda Meurwyn Williams (fu'n weinidog arnon ni yn y Brithdir) yn dal i edrych ar fy ôl i, Menna Medi o'r Bala oedd yn gweithio efo Ruth Parry, a Bethan Kilfoil yn ymchwilydd i Beti George. Byddai Beti wastad yn hwylio i lawr y cyntedd o'r Adran Newyddion yn smart ac urddasol; roedd gen i ei hofn hi, a bod yn onest. Ond roedd gen i fwy o ofn Gwilym Owen, ac anaml y byddwn i'n mentro rhoi mhen i mewn i'r Adran Newyddion. Mae gen i go' o drio am swydd ymchwilydd efo nhw ryw dro, ond ches i'm cyfweliad hyd yn oed. Do'n i'm yn synnu. Hogan adloniant ysgafn o'n i a dyna fo.

Ddechrau 1987 ges i estyniad i fy nghyfnod prawf, a f'annog i roi syniadau i mewn i gynhyrchu fy rhaglenni fy hun. Wel, dysgu ieithoedd oedd fy mhrif faes, felly ges i air efo'r actores Siw Hughes mewn rhyw barti neu'i gilydd. Y canlyniad oedd *Sianel 5*, cyfres am Ffrainc, gyda Siw yn cael gwersi Ffrangeg gan yr athro Meirion Davies oedd â llais delfrydol ar gyfer y radio, un dwfn a rhywiol. Roedd Siw wrth ei bodd. Ges i Huw Edwards (sydd â gradd mewn Ffrangeg) i neud eitemau am bobl fel Jeanne d'Arc a Napoleon, Ceri Brugeilles i neud darnau am fyw yn Ffrainc, a ges innau hwyl garw yn dewis recordiau Ffrangeg, o Edith Piaf i stwff mwy cyfredol. I orffen y gyfres, aeth Siw, Cerith

Williams (oedd yn ddyn sain ar y pryd) a fi i Lydaw, er mwyn i Siw gael defnyddio'r Ffrangeg roedd hi wedi'i ddysgu. Wel dyna be oedd hwyl. Roedden ni'n teithio yn fy nghar i, hen Forris Ital, ac mi benderfynodd hwnnw dorri i lawr ynghanol Plymouth. Bu'n rhaid i Siw a fi wthio'r bali peth trwy'r ddinas (dim clem pam mai Cerith oedd wrth y llyw), i garej lle cafodd ei drwsio'n frysiog er mwyn i ni ddal fferi ola'r dydd i Roscoff.

Roedd y Capten yn gwybod bod 'na griw o'r BBC ar ei long, felly mi gawson ni'n sbwylio'n rhacs ganddo, ac mi drefnodd mai ni oedd y car cynta i ddod oddi ar y llong. Felly roedd yr embaras yn gymaint mwy pan gawson ni'n stopio yn Les Douanes gan ddyn mewn gwisg filitaraidd a labrador mawr du. Roedd y ci wedi arogli rhywbeth anghyfreithlon . . . Aeth pob car arall heibio i ni, yn cynnwys un y Capten, ac fe fuon ni yno am oesoedd – y car yn cael ei ddynnu'n rhacs, ein bagiau'n cael eu gwagio, a'r ci'n mynd yn wirion. Ddoth o'm o hyd i ddim, wrth gwrs, ond bu archwiliad manwl iawn o sgidiau un ohonom (wna i mo'i enwi). Wedi cael ein rhyddhau, gawson ni gyfnod pleserus tu hwnt yn Llydaw, ac mae Siw wedi bod yn gyfaill da i mi byth ers hynny. A ges i ffling am gyfnod efo Cerith flynyddoedd yn ddiweddarach!

Bu ymateb da iawn i'r gyfres, felly mi ges i neud cyfres fer arall am Awstria wedyn o'r enw *Strudel*, yna *Siesta* ac *Eidalati*. Roedd 'na fwy o bres ar gael i'w wario ar raglenni'r dyddiau hynny, ond wnes i'm mentro trefnu trip tramor arall.

Tua'r cyfnod yma y dechreuais i sgwennu erthyglau rheolaidd ar gyfer *Pais*, cylchgrawn i ferched, ac roedd derbyn siec am fy ngwaith sgwennu'n brofiad gwych. Nid maint y siec oedd yn bwysig ond egwyddor y peth – sgwennu oedd fy ngwir ddiléit, ac ro'n i'n ennill hyder yn ara bach. Ac roedd derbyn unrhyw sylltau ychwanegol o help mawr. Roedd pres yn brin, yn llawer rhy brin i fynd allan yn rheolaidd efo pobl ar gyflogau cynhyrchwyr ac actorion *Pobol y Cwm*. Felly roedd treulio nosweithiau'n ymarfer dramâu byrion yng Nghlwb Ifor Bach o gymorth mawr mewn sawl ffordd. Ges i ran hogan goman yn un o ddramâu Wil Sam gan y cynhyrchydd, Elin Evans. Gerallt Pennant a Menna Medi oedd fy rhieni. Ond mi wrthodais i'n llwyr neud golygfa lle ro'n i i fod mewn bicini. Ro'n i wedi bod yn colli pwysau, diolch i WeightWatchers a sesiynau cyson yn y gampfa efo Glesni (oedd ar fin gorffen cwrs Chwaraeon yng ngholeg Cyncoed). Ond gwisgo bicini'n gyhoeddus? Dim ffiars o beryg.

Ar waetha pethe difyr o'r fath do'n i'm yn hollol hapus yn byw yn y ddinas fel cyfryngi, ac roedd fy nhraed yn dal i gosi. Mi rois gynnig ar swydd Trefnydd yr Urdd ym Meirion – a methu. Alwyn Francis gafodd hi. Dwi'n cofio'r cyfweliad yn iawn: llond stafell o gynghorwyr, a finnau ar gadair yn eu canol fel rhywbeth allan o *Mastermind*. Ro'n i wedi dychryn am fy mywyd.

### Rygbi – ac Abertawe

Fis Tachwedd 1987 digwyddodd rhywbeth wellodd fy mywyd yng Nghaerdydd yn arw – sialens gan ferched rygbi Aberystwyth i gael tîm Radio Cymru i chwarae yn eu herbyn ar ddiwrnod Plant mewn Angen. Fi gafodd y swydd o hel tîm at ei gilydd a threfnu sesiynau hyfforddi efo Huw Eic a Grav, ac, yn ddiweddarach, efo Dafydd Emyr a Gari Gonc o

Lanbed. Roedd Gillian Elisa'n fwy na pharod i fod ar un asgell a Liz Scourfield ar y llall; roedd Gwenda Richards yn rhif 10 naturiol, ac Eleri Smith Jones a Cheryl Davies yn ganolwyr glew. Sioned Mair oedd y cefnwr, Nia Edwards oedd y mewnwr, ac ymysg eraill roedd Sian Pari Huws a Sian Gwenllian yn y pac efo fi. Ond penderfynu bod yn mascots wnaeth Siân Thomas a Nia Ceidiog, a rywsut mi gafodd Huw Ceredig y swydd o rwbio coesau unrhyw un oedd wedi brifo.

Gawson ni goblyn o hwyl yn ymarfer, llond gwlad o chwerthin. Ac roedden ni i gyd yn eitha ffit ar ôl yr holl redeg. Ond roedd wynebu tîm arall yn fater cwbl wahanol. Roedd hi'n noson aeafol iawn yn Aber a'r cae fel concrit. A thra oedd pawb arall yn clymu bandejys am eu pennau yn y drych, roedd Gillian Elisa yn taenu traffordd o fascara ac *eyeliner* dros ei llygaid.

Allan â ni ar y cae o flaen anferth o dorf – yn cynnwys fy rhieni, a llond bws wedi dod i'n cefnogi o Gaerdydd. Dwi'm yn cofio llawer ar ôl y chwiban gynta, ond wna i byth anghofio Gillian yn rhedeg i fyny'r asgell ac yn dychryn yn rhacs o weld genod mawr Aber yn cythru amdani – ac yn hytrach na phasio i un ohonon ni, yn taflu'r bêl am yn ôl dros ei phen heb sbio. Ro'n isio'i blingo hi, ond nefi roedd o'n ddigri. Chafodd Liz ar yr asgell arall ddim cyffwrdd yn y bêl o gwbl – oedd yn rhyddhad, achos doedd hi'm yn dda iawn am ei dal hi. Dwi hefyd yn cofio i mi roi hymdingar o dacl i hogan oedd ar fin sgorio. Wnes i byth gystal tacl â honna wedyn. A'r Dolig hwnnw, ges i bêl rygbi'n anrheg gan Dad – bocs siocled Black Magic i'w rannu oedd yr anrheg arferol, a neb ond y fo yn hoffi siocled tywyll. Roedd y bêl rygbi yna'n deud cyfrolau.

Colli 28–0 oedd ein hanes yn Aber ond gawson ni chwip o noson dda wedyn a hwyl garw wrth roi anrheg i Huw Eic, ein prif hyfforddwr. Model o fws mini gafodd o – am ei fod o'n rhy fyr i fod yn 'coach'.

Dwi'm yn meddwl i lawer o'r genod chwarae rygbi byth wedyn, ond roedd ambell un am ddal ati, fi yn fwy na neb. Ro'n i wedi gwirioni ar y gêm – roedd hi'n fy siwtio gymaint gwell na phêl-rwyd na hoci. Felly, bu Dafydd Emyr a Gari Gonc yn rhoi ambell sesiwn hyfforddi i ni ar gaeau Llandaf, ac yn sgil hynny, fues i'n canlyn efo Dafydd am blwc, ond roedden ni'n fwy o ffrindiau na chariadon, a bod yn onest. Rydan ni'n dal yn ffrindiau da, a tydi o'n beth od mai fo gafodd ran yr hyfforddwr yn *Amdani* ar S4C flynyddoedd wedyn?!

Rhyw fis ar ôl y gêm, ges i gyfweliad ar gyfer swydd cynhyrchydd *Stondin Sulwyn* yn Abertawe. Do'n i ddim wir isio gadael Caerdydd bellach, ond roedd disgwyl i ymchwilwyr drio am swyddi fel cynhyrchwyr. Er mawr sioc i bawb mi ges i'r swydd. Un o'r rhesymau, mae'n debyg, oedd am fy mod i wedi deud bod gen i'r 'common touch'. Wel, mae o gen i, dwi'n gwybod yn iawn ei fod o gen i. Dwi'n hogan gyffredin o deulu cyffredin a dwi'n casáu snobyddiaeth a phobl sy'n rhoi gormod o bwyslais ar fod yn academaidd. Yn eironig, mae'r byd academaidd yn gallu bod yn fyd bach a chyfyng iawn; ydi, mae o'n gallu agor drysau mewn sawl ffordd, ond mae o'n gallu baeddu'r sbectol hefyd.

Wrth gwrs, mi wnes i fwynhau'r mis ola yng Nghaerdydd yn arw, a thipyn o sioc oedd mynd i Abertawe wedyn. Roedd y ffordd o weithio yn fanno'n gwbl wahanol. Roedd ganddyn nhw gyfrifiadur oedd yn gweithio allan 'pre-fades', sef pryd y dylid dechrau chwarae darn o fiwsig er mwyn iddo orffen yn daclus yr eiliad roedd y rhaglen i fod i orffen. Roedd ceisio gneud hynny efo wats a beiro wedi bod yn broblem fawr i mi, sy'n dal i ddychryn pan wela i syms.

Hefyd – ar wahân i Sulwyn, wrth gwrs – criw eitha tawel oedd criw Abertawe ar y pryd: Llywela, Hefina, Diane, Geraint Elis a Helen Pen-y-bont. Roedd y lle'n teimlo mor ofnadwy o dawel ar ôl sŵn a phrysurdeb *Helo Bobol*. A choblyn o job oedd trio llenwi sgidiau'r diweddar Dylan Morris, cyn-gynhyrchydd *Stondin Sulwyn*. Fo oedd y cynhyrchydd gorau gafodd Sulwyn erioed, ac mae'n siŵr mai fi oedd un o'r rhai gwaetha! Ond mi 'nes i gymryd at Sulwyn yn arw, er bod ganddo dipyn mwy o dymer na Hywel Gwynfryn. Os o'n i neu unrhyw un arall yn gneud camgymeriad – watsh owt! Ond anghofia i byth yr adeg yr aeth rhywun â hysbýs drwadd ato efo manylion rhyw ras 10K wedi'u sgriblo ar ddarn o bapur, fel oedd y drefn y dyddiau hynny. Mi ddechreuodd Sulwyn draethu, 'A dydd Sadwrn, bydd ras ioc [yn y lle a lle]. Ym . . . ras *ioc* . . . ? Falle ffonian nhw i weud wrthon ni nawr beth yn gwmws yw "ras ioc".' Ro'n i dan y bwrdd yn chwerthin nes o'n i'n wan.

Rhai o'r pynciau drafodwyd tra o'n i wrth y llyw oedd y busnes agor tafarndai ar y Sul, cwynion am raglen *Aber* a myfyrwyr, ac am *Teulu'r Mans*. Do, aeth y drafodaeth honno mlaen am ddyddiau. Ond pan ffoniodd hogan i brotestio am eiriau Peter Davies (Pete Goginan) yn *Y Faner*, lle roedd o wedi cwyno am 'acenion mursennaidd, pwffteraidd' ysgolion fel Glantaf, Rhydfelen, Llanhari ac yn y blaen, wel, mi aeth y ffonau'n boncyrs. Yn ôl fy nyddiadur, roedd hon hyd yn oed yn fwy tanbaid na'r drafodaeth ar *Teulu'r Mans*!

Dyma'r cyfnod ces i wybod nad damwain oedd marwolaeth

Nain Frongoch, mam fy mam. Roedden ni wedi credu erioed mai baglu wnaeth hi, ond roedd rhywun yn y Bala newydd ddeud wrth Llinos mai lladd ei hun wnaeth hi. Ro'n i wedi gorfod aros nes o'n i'n chwech ar hugain i gael gwybod y gwir. Roedd fy nain yn *manic depressive*, meddai Llinos wrtha i dros y ffôn – 'ac maen nhw'n deud bod rwbath fel'na'n gallu rhedeg yn y teulu'. Dyma ni'n dwy'n meddwl yn syth am Glesni. Roedd rhywbeth yn ei chylch hi wedi bod yn fy mhoeni'n ddiweddar, felly mi wnes i ei ffonio'n syth ac mi gyfaddefodd ei bod yn dal i chwydu'n rheolaidd – ers pum mlynedd bellach, ac yn casáu ei hun o'r herwydd. Ond roedd hi wedi penderfynu'n barod ei bod am fynd i weld arbenigwr ynglŷn â'r peth, diolch byth. A Dafydd Huws oedd hwnnw, erbyn deall.

Yn fuan ar ôl i mi ddechrau yn Abertawe, ges i fynd ar fis o gwrs cynhyrchu yn Llundain. Roedd hwnnw'n brofiad gwych gan fod pawb ar y cwrs yn cael cyfle i brofi pob agwedd o raglenni radio, yn cynnwys cyflwyno a sgriptio. Ges i hunllef yn gneud *continuity* am fod y dyn wrth y ddesg sain yn darllen papur newydd pan oedd rhaglen ar fin dod i ben, felly roedd o'n methu ngweld i'n chwifio mreichiau fel peth gwirion i roi ciw i trêl dwy funud o hyd gael ei chwarae i fynd â ni at y Newyddion. Bu raid i mi jest malu awyr am ddwy funud gyfan! Ro'n i'n chwys boetsh ar ôl hynna. Ond mi ges i ganmoliaeth am sgwennu a chyfarwyddo drama – heblaw am effeithiau sain y ddamwain car ar y diwedd, oedd yn swnio fel tase dinas gyfan wedi ffrwydro.

Wedi laru ar y fflat dywyll ro'n i'n ei rhentu yn Stryd Hanover yng nghanol Abertawe, mi benderfynais ei bod hi'n hen bryd i mi brynu tŷ. Ro'n i wedi colli'r cyfle i brynu un yn rhad yng Nghaerdydd, ond siawns na allwn fforddio un rŵan a finnau ar gyflog cynhyrchydd – o leia, taswn i'n cael lojar. Ond bob tro ro'n i'n gweld tŷ oedd yn plesio, roedd y bomio yn ystod y rhyfel wedi effeithio arno. Yn y diwedd, mi ges i un y gallwn ei fforddio yng Nghlydach – 18 Hillrise Park, oedd, erbyn deall, reit gyferbyn â stad o dai oedd yn enwog am ei drwgweithredwyr. Wnes i'm sylweddoli hynny nes i rywun dorri mewn i nghar i'r noson cyn Dolig.

Yr ha' hwnnw, mi gysylltais efo tîm rygbi merched Swansea Uplands. Er mwyn gweld sut chwaraewraig o'n i – 'See those girls practising a line-out move over there?' meddai Wayne, yr hyfforddwr, 'and see that girl in the pink shirt? Just stop her.' Iawn, ond daeth y ferch tuag ata i fel bwled a ges i goblyn o job dal gafael ynddi. Ond mi ddoth i lawr yn y diwedd. Dyna ni, ro'n i wedi pasio'r prawf. Helen Carey, *aka* 'The Bitch' oedd yn chwarae i Gymru o'n i newydd ei stopio, ac mi wenodd fel giât arna i. Ddois i mlaen efo gweddill y sgwad yn o gyflym hefyd, ond 'Gog' o'n i iddyn nhw bob amser. Roedd 'na un neu ddwy yn gallu siarad Cymraeg – genod Ystalyfera – ond Swansea Jacks oedd y lleill bron i gyd. Roedden nhw'n griw hynod amrywiol, o Lynne y ganolwraig *glamorous* i Maddy, y fam oedd yn hŷn na'r gweddill, a chwpwl o genod bach sgwaraidd oedd yn 'chwarae i'r ochr arall', fel petai – a Donna Beaumont, nytar o hogan oedd yn hed-bangio'r wal cyn pob gêm. Ond roedden nhw i gyd yn annwyl tu hwnt, a ges i hwyl garw'n ymarfer a chwarae efo nhw.

I'r pac yr es i gynta, ar yr ail reng, ond ro'n i ar ddeiet eto ac yn colli pwysau fel peth gwirion. Ac efo'r holl ymarfer sbrintio ro'n i'n cyflymu bob wythnos, ac mi benderfynodd

Wayne y dylid rhoi cynnig arna i fel un o'r cefnwyr. Ro'n i wedi gwirioni – ro'n i'n cael chwarae yn yr un safle â f'arwr, Ray Gravell! Gawson ni gêmau gwych ond gawson ni hefyd gêmau symol, fel unrhyw dîm.

Erbyn mis Medi do'n i'm cweit mor hapus fy myd. Ro'n i wedi etifeddu rhaglen gwis *Tan Gamp* – efo Arthur Emyr – a phan anghofiais i ddod â'r bocs *buzzers* i Glwb Rygbi Bethesda, ges i goblyn o ram-dam ganddo fo o flaen pawb, ac mae arna i ofn nad oedden ni'n deall ein gilydd yn dda iawn ar ôl hynny. Dwi'm yn un sy'n maddau'n hawdd, nacdw? Doedd yntau ddim chwaith, felly dyna fo.

Hefyd, mi wnes i anafu fy ffêr yn ddrwg; do'n i ddim yn cael chwarae rygbi am dair wythnos, ac roedd treialon Cymru ymhen y mis. Felly, mi ddechreuais i fwyta fel hwch a rhoi'r pwysau i gyd yn ôl. Ro'n i hefyd yn teimlo'n unig. Roedd Delyth, oedd yn dysgu Addysg Grefyddol yn Ysgol Gyfun Gŵyr, yn rhannu'r tŷ efo fi ond roedd hi wedi dechrau canlyn yn selog efo Gerwyn Wiliams (y darlithydd), ac er nad oedd hi'n sylweddoli hynny, roedd hyn jest yn tanlinellu fy niffyg lwc efo dynion. Diolch byth am ffrindiau fel Siw Hughes, Ceri Wyn ac Eleri Smith Jones, ond roedden nhw yng Nghaerdydd a finnau yn Abertawe, felly do'n i'm yn eu gweld nhw'n aml iawn. Mae dyddiadur 1988 yn un trist iawn – ro'n i ar goll ac yn unig.

Ond mi wellodd pethau. Ges i fynd i neud eitemau ar gyfer cyfres wyliau. Roedd y penwythnos ym Mhlas Talgarth efo Mam yn hyfryd, ond yr un gorau oedd y trip i Bortiwgal. Yn anffodus mi falodd fy Uher yno, sef y peiriant recordio mawr trwm fyddai'n cael ei ddefnyddio'r dyddiau hynny. Ond chredwch chi byth – pwy oedd yn fy ngwylio'n ffidlan efo'r bali peth yn fy nagrau o flaen rhyw gofgolofn yn Lisbon, ond peiriannydd Uhers o'r Almaen!

Wedyn ges i roi cynnig ar gyflwyno am y tro cynta. *Aelodau'n Unig* oedd enw'r gyfres, a phob rhaglen yn delio efo rhan wahanol o'r corff. Do, ges i chydig o gur pen efo ambell ddarn, ond yna mi ges i frênwef. Dwi'm yn cofio erbyn hyn sut meddyliais i am y peth, ond 'nes i ffonio'r diweddar Eirug Wyn a gofyn iddo neud darn am ei brofiad yn cael fasectomi. Roedd o'n anfarwol. Mae'n debyg y bu bron i ryw ddoctor yrru i mewn i goeden, roedd o'n chwerthin cymaint wrth glywed yr eitem. Ond mae'n amhosib plesio pawb, ac ar 21 Ionawr 1989 ges i f'ypsetio braidd ar ôl adolygiad 'creulon iawn' (yn ôl fy nyddiadur) gan Iola Baines yn *Golwg*. Y noson honno, ar ôl mynd i weld sioe Theatr Ieuenctid Maldwyn, *Pum Diwrnod o Ryddid*, yng Nghaerfyrddin, mi sgwennais i'r canlynol: 'Dwi isio mynd adre i arwain YFC, mynd i *whist drives* a practis drama, sgwennu a chael ci.' Rhyfedd o fyd . . .

Ond rhaid oedd dal ati, a ges i flas mawr ar neud cyfres goginio efo Graham Pritchard (feiolinydd Ar Log), yn enwedig pan wnaethon ni eitem yng nghegin rhyw *chef* oedd yn siarad Cymraeg. Dudley oedd ei enw, os cofia i'n iawn.

Fis Ebrill, roedd 'na erthygl am Dad a'r grefft o godi waliau yn y *Daily Telegraph*. Ond doedd y golygydd ddim isio llun 'of some old man. Can't you get a young woman?' Felly bu raid i mi fynd i ben mynydd yn y glaw ac esgus codi wal gerrig a finnau heb glem. Cywilydd . . . Dyna brofi pa mor hurt ydi'r wasg, yndê? Oni fyddai llun o ddyn sy'n ffarmwr go iawn, â dwylo codi waliau ac sy'n gwybod be mae o'n 'i neud, gymaint gwell? Roedd y peth yn ffars, a finnau'n teimlo'n euog am fod yn rhan ohono.

Yn y cyfamser, roedd y rygbi'n mynd yn dda. Curo Prifysgol Aber 66–0, cofiwch, a ges innau dri chais. Ond mi wnes i frifo pont fy ysgwydd yn fuan wedyn, ac ro'n i allan ohoni eto fyth.

Un o uchafbwyntiau'r flwyddyn oedd mynd i weld cystadleuaeth Canwr y Byd yn Neuadd Dewi Sant, Caerdydd, a mopio efo Dmitri Hvorostovsky, y bariton o Siberia. Er gwaetha fy niffyg gallu cerddorol, ro'n i'n gwybod nad oedd gan y Bryn Terfel ifanc obaith caneri yn ei erbyn o. Es i'n groen gŵydd drostaf yn y seddi rhad yn y 'gods'. Mi gafodd Dad sioc pan ffonies i adre i ddeud bod yn RHAID iddo wylio'r boi 'ma ar y teledu drannoeth. Bethan? Yn gwbod be ydi llais da?! Ha – ond mi wirionodd yntau hefyd. Ro'n i wedi gwirioni mor ofnadwy ro'n i isio'i fabis o, ac mi brynais i dâp 'Learn Russian in 9 Days', ond es i fawr pellach na 'Vot moi clwtsh' (neu rywbeth fel'na) – sef 'dyma fy ngoriad'.

Yn fuan ar ôl hynny, ges i wybod gan Lyn Jones, y pennaeth yn Abertawe, mod i'n gorfod cynhyrchu cyfres efo Grav. Roedd y rhaglen ymlaen bob bore Mercher ar ôl *Helo Bobol*. Dim ond cyllideb o £100 y rhaglen (yn cynnwys cyflog Grav) oedd gen i, a do'n i ddim yn cael chwarae recordiau'n unig. Wel, ro'n i'n gweld y bliws. Be goblyn allwn i ei neud efo cyn lleied o bres? Felly ges i gyfarfod efo Grav, a'i holi be oedd ei ddiddordebau ar wahân i rygbi. Ges i restr hirfaith ganddo ond mi neidiodd un ffaith allan yn syth. Roedd o'n hoffi canu clasurol er pan fyddai o'n gwrando ar ei dad yn canu erstalwm. 'O, ti'n gallu canu?' Oedd, o fath. 'Fyset ti'n licio cael gwersi?' Byddai, yn bendant. Felly dyma ffonio Mary Lloyd Davies, oedd yn fwy na hapus i roi cynnig ar ei ddysgu, a bingo, roedd gen i raglen.

Caneuon clasurol fyddai'r recordiau (roedd Dad yn handi

tu hwnt, yn cynnig enwau fel Sherrill Milnes, Dietrich Fischer-Dieskau ac ati i mi), a byddai slot o wersi rheolaidd yn arwain at ddysgu a pherfformio 'Cân yr Arad Goch'. Mi fu Grav yn 'îo-îo-îo' am wythnosau, yn ceisio dysgu sut i anadlu'n iawn, cynnal nodau ac ati, ac roedd Mary a finnau mewn sterics yn aml. Argol, roedd o'n hwyl, a dwi'n difaru f'enaid na fyddwn i wedi cadw'r tapiau o'r gwersi hynny. Mi wnes i wir fwynhau gweithio ar y gyfres yna, ac er nad oedd gorfod gwrando ar yr 'îo-îo-îo' at ddant pawb, roedd yr ymateb yn hynod gadarnhaol.

O feddwl rŵan am y cyfresi gwnes i eu creu, mae 'na stamp addysgu cryf arnyn nhw bron i gyd – dysgu ieithoedd, dysgu sgìl fel canu – ac mae'n bechod nad ydi'r cyfrwng yn cael ei ddefnyddio i ddysgu fel'na y dyddiau yma, tydi?

Ond er gwaetha'r hwyl efo Grav, ro'n i wedi penderfynu mod i am fynd yn ôl i'r coleg i'm hyfforddi fel athrawes. Ro'n i wedi sylwi bod Glesni'n cael mwynhad aruthrol yn dysgu Chwaraeon yn Ysgol Glantaf, ac ro'n i'n gweld bod llawer mwy o werth yn y swydd honno na darparu ambell hanner awr o adloniant i bobl. Ond rai dyddiau ar ôl gneud cais i ddechrau arni ym Mangor fis Medi 1990, mi ges gynnig gwaith fel cynhyrchydd ar gyfres deledu i HTV – a chyflog o £18,000 y flwyddyn! Dim ond rhyw £6,000 o grant fyswn i'n ei gael fel myfyriwr. Roedd yn rhaid ymgynghori.

'Dos i ddysgu; stwffio HTV,' meddai un o nghyfeillion penna, Dafydd Cadwaladr. 'Paid â bod yn wirion! Cer i HTV!' meddai fy rhieni. 'Cam ymlaen sydd ei angen, nid cam yn ôl,' meddai'r boi ro'n i'n ei ganlyn ar y pryd, Sion Hughes. Hm . . . Ges i gyfarfod efo Menna Richards, a fis Rhagfyr, mi wnes i ddeud yn swyddogol wrth Lyn Jones mod i am fynd at HTV ddechrau Chwefror. Ond does 'na ddim gair o sôn am y swydd honno wedyn yn y dyddiaduron, a does gen i ddim math o go' be ddigwyddodd efo hi.

Felly, mi wnes i ddal ati yn Abertawe, yn dal i chwarae rygbi a gweld gwahanol gariadon yma ac acw (roedd gen i bedwar mewn llwyn, a dim un mewn llaw go iawn), a'r sioc fwya ges i oedd fod Dylan yn mynd i fod yn dad. Wel dyna ddiwedd ar hynna, 'ta.

Sulwyn oedd y pennaeth yn Abertawe bellach, ac roedd o'n gyfrifol am gyfres ddogfen – dwi'm yn cofio'i henw na be oedd hi'n union – ond mi ofynnodd a allwn i ddod o hyd i rywun oedd yn diodde o'r cyflwr bwlimia. Wel, mi ffoniais i Glesni, a gytunodd i mi ei recordio yn y car wrth ryw gae yng Nghaerdydd. Doedden ni'm wedi cael sgwrs mor onest ers blynyddoedd. Mi dywalltodd ei theimladau i mi nes ein bod ein dwy'n beichio crio yn y car. Mi nath hynny goblyn o les i'n perthynas ni; roedd hi mor falch o fedru 'agor i fyny' fel'na, ac ro'n innau'n ei dallt hi o'r diwedd. Roedd Sulwyn yn hapus iawn efo'r tâp gafodd o hefyd.

Mi fues i'n gneud tipyn mwy efo Glesni wedyn. Ro'n i hyd yn oed yn gallu deud wrthi pa mor eithriadol o falch o'n i pan welais i hi'n ennill ar gystadleuaeth y ddawns unigol yn y Steddfod. Ro'n i wedi'i chanmol ar y pryd, ond wedi'n rhwystro fy hun rhag deud bod gen i ddagrau yn fy llygaid yn ei gwylio. Nefi, roedd ganddi dalent.

Roedd gan Llinos dair merch erbyn hyn – Naomi, Leah a Ceri – ac roedd mynd adre i'w gweld nhw'n falm i'r enaid bob tro. Roedd eu dwy fodryb wedi mopio efo nhw. Mi fysa'u hewyrth, hefyd, ond roedd Geraint wedi mynd i Awstralia a Seland Newydd am ddwy flynedd, cyfnod o ryddid cyn y byddai'n gaeth i'r ffarm adre – ac roedd Glesni wedi bod yn cynilo ers misoedd er mwyn gallu mynd am daith rownd y byd am flwyddyn. Oedd, roedd 'na awydd teithio mawr yn ein tylwyth ni. Doedd Llinos ddim yn gallu mynd i nunlle, wrth gwrs, ond roedd ganddi blant hyfryd ac roedd hynny cystal bob tamed.

Gofalu am y tair ro'n i un diwrnod yn 1990 tra oedd Mam a Llinos yn siopa yng Nghaer, pan ges i alwad ffôn gwbl annisgwyl gan Gwenfair Jenkins, un o ffrindiau Mam. Yn sgil ei swydd efo Hyfforddiant Canolbarth Cymru roedd hi'n gallu cynnig wythnos o 'gwrs datblygu' i mi yn Belize! Roedd angen Cymraes 27 i 32 oed oedd â gradd a swydd ag elfen o reoli ynddi, gyda phersonoliaeth reit fywiog ac a oedd yn hoffi gweithgareddau awyr agored . . . Doedd dim angen amser i feddwl. Byddai HTV yn ffilmio'r cyfan, ac roedden nhw isio Cymraes er mwyn ceisio perswadio S4C i neud fersiwn Cymraeg yr un pryd. Er mai Gareth (J. O.) Roberts ac Elin Rhys fyddai'r cyflwynwyr, ei gwrthod wnaeth S4C, am ryw reswm – ac roedd hyn ymhell cyn unrhyw gyfres debyg, cofiwch.

Beth bynnag, fis Mawrth 1990, ar ôl bod yn pori am wythnosau drwy'r *SAS Survival Handbook*, i ffwrdd â fi i Belize efo naw 'rheolwr' arall, a dau gyn-aelod o'r SAS oedd bellach yn rhedeg cwmni Black Mountain Cadre. Roedd fy nghyd Garibbean Castaways yn dod o bob man: y London Underground, Cellnet, Pilkington's ac yn y blaen. Roedd un o'r genod yn methu nofio, un arall yn methu diodde'r gwres, a nifer o'r hogia'n benderfynol o fod yr *alpha male*. Gawson ni goblyn o sbort, ond digon o boen a diodde hefyd. Roedd y criw ffilmio'n byw ar ochr arall yr ynys, ym moethusrwydd pebyll go iawn a phob dim roedd arnyn nhw'i angen, tra oedden ni'n gorfod ceisio ymdopi mewn llochesi a wnaethon ni'n hunain, a gorfod dod o hyd i'n bwyd ein hunain yn ogystal â gneud rhyw dasgau roedd hogia'r SAS yn eu gosod inni.

Roedden ni i gyd wedi cael swyddi penodol ar y dechrau, a nhasgau i (am bod neb arall am eu gneud nhw) oedd tyllu a gofalu am y *pit latrines* – ia, y tai bach, sef twll dyfn efo caead drosto – a delio efo Cymorth Cyntaf, oedd yn cynnwys sbio'n rheolaidd rhwng bodiau pawb i neud yn siŵr nad oedd ganddyn nhw unrhyw ffyngys yn tyfu yno. Hyfryd iawn.

Ar ddiwedd y cwrs, roedd hogia'r SAS yn deud wrthan ni – ar gamera – be oedd ein cryfderau a'n gwendidau. Dwi'm yn gallu cofio be oedd fy nghryfder i, ond dwi'n cofio'r gwendid yn iawn: 'Bethan, you must be more assertive – and learn to say "no".' Fel mae'n digwydd, mi gymrodd flynyddoedd i mi sefyll i fyny drosof fi fy hun, a dwi'n dal i gael trafferth i ddeud 'na'.

'Nôl yng Nghlydach, roedd Eirian John o Flaen-ffos yn byw efo fi bellach. Gweithio yng Ngharchar Abertawe roedd hi ar y pryd, ac mi ddysgais i'r pethau rhyfedda ganddi yn sgil hynny. Roedd hi hefyd yn llysieuwraig, a bu fy stumog yn diodde am ddyddiau ar ôl y *nut roast* cynta goginiodd hi i mi. Ond roedd hi'n help mawr pan falais i mhen-glin yn rhacs mewn gêm rygbi ar gae llawn tyllau ym Mlaenau Gwent. Ro'n i'n methu rhoi pwysau arni, ac Ysbyty Treforys wedi gwrthod rhoi baglau i mi am ddau reswm: 'People never bring them back', a 'Women shouldn't be playing rugby anyway'. Roedd Eirian yn grêt, yn cario paneidiau i mi ac ati, ac ymhen rhai dyddiau daeth genod y tîm rygbi â baglau gan y Groes Goch i mi, fel mod i o leia'n gallu mynd yn ôl i ngwaith. Ond roedd dringo i ben yr holl risiau yn 32 Heol Alecsandra yn waith caled ar y naw.

Dyna'r cyfnod y cafwyd 'Stondin' fywiog iawn am raglen *Week In Week Out* oedd ag adroddiad y byddai'r Gymraeg wedi darfod mewn llefydd fel y Bala a Botwnnog ymhen deng mlynedd. Yn 1990 roedd hyn.

Roedd y profiad yn Belize wedi f'argyhoeddi nad o'n i'n hapus yn y cyfryngau, ac y dylwn i fynd am swydd oedd, i mi, â mwy o werth. Felly mi ddywedais mod i am adael ddiwedd Mehefin. Ro'n i am neud ymarfer dysgu ym Mangor wedi'r cwbl. Yr unig broblem oedd y diffyg Lefel O Mathemateg bondigrybwyll. Byddai'n rhaid sefyll yr arholiad unwaith eto, a finnau'n wyth ar hugain. Yn y cyfamser mi brynais lwyth o lyfrau i'n helpu i neud syms, a'u darllen wrth ddisgwyl am fy sesiynau ffisiotherapi at y pen-glin.

## Glesni

Roedd Glesni'n falch tu hwnt ei bod wedi f'ysbrydoli i'w dilyn i'r maes addysg. Roedd hi ar fin mynd ar ei thaith 'rownd y byd', ac ar yr 20fed o Ebrill fe gawson ni swper teuluol i ffarwelio efo hi ym mwyty'r Dylanwad Da yn Nolgellau. Wedi penwythnos o'i helpu i bacio'n iawn ar gyfer ei thaith, i ffwrdd â hi ar ddydd Sul yr 22ain, a dyna'r tro ola i ni ei gweld hi. Y nos Wener ganlynol, a finnau wrthi'n ymbincio ar gyfer gêm rygbi ym Mynydd y Garreg (Grav oedd wedi mynnu mod i'n mynd yno – 'y lle gore'n y byd'), fe ganodd y ffôn. Eirian atebodd, ac fe basiodd y ffôn i mi. Llinos oedd yno, yn crio. 'Mae Glesni wedi marw,' meddai.

Roedd hi wedi dod allan o gawod yn fflat rhyw ffrindiau yn Bangkok, clymu tywel amdani, cerdded at oergell cyn sychu'n iawn, cydio yn y drws – a chael ei lladd. Mae'n debyg ei bod wedi marw'n syth. Doedd yr oergell ddim wedi'i 'earthio' yn iawn ac roedd hi wedi cael sioc drydan oedd wedi mynd yn syth i'w chalon.

Dwi ddim yn cofio a wnes i grio'n syth. Ond dwi'n cofio teimlo'n wag ac yn rhyfedd, a chrio a chrio a methu stopio crio wedyn. Roedd Eirian yn wych. Fel gweithwraig gymdeithasol roedd hi'n gwybod yn iawn be i'w neud a'i ddeud, sef dim byd, jest eistedd yno efo fi a gadael i'r cyfan lifo allan ohona i.

Ond doedd Dad ddim yn gwybod be oedd wedi digwydd eto, ac roedd o'n digwydd bod yn canu yn Neuadd y Brangwyn, Abertawe, efo Côr Godre'r Aran. Fyddai o ddim adre tan yr oriau mân. Roedd Mam a Llinos yn credu y byddai'n well iddo glywed gen i – cyn gynted â phosib, cyn i neb arall ddeud wrtho. Mi fynnais yrru draw i Abertawe ar fy mhen fy hun, gan udo crio yr holl ffordd. Wedyn mi arhosais tu allan yn y car nes i mi weld fod y cyngerdd wedi dod i ben.

Dwi'n cofio cerdded ar hyd cyntedd a phobl yn sbio'n rhyfedd arna i. Mae'n rhaid bod golwg ofnadwy arna i. Es i drwadd i stafell lle roedd y côr yn cael te a brechdanau, ac yn gwenu a chwerthin.

'Dow, Bethan!' meddai ambell un. 'Sut . . .?'

'Ble mae Dad?'

Es i â fo i stafell fechan ar wahân i ddeud wrtho. Coblyn o beth ydi gwylio'ch tad yn chwalu.

'Ro'n i'n gwbod,' medda fo. 'Ro'n i'n gwbod . . .' Doedd o'm wedi poeni dim pan es i i Nigeria na phan aeth Ger i Awstralia. Roedd o'n gwbod y bydden ni'n iawn. Ond doedd pethau byth yn mynd yn iawn i Glesni; roedd 'na rywbeth gymaint mwy bregus amdani.

Alla i ddim ond dychmygu sut daith gafodd y côr yn ôl adre'r noson honno.

Es i'n ôl i Glydach. Roedd Sion Hughes wedi dod draw, chwarae teg iddo fo, ac efo fo ac Eirian mi gafwyd rhyw fath o *wake* i Glesni.

Pan gyrhaeddais i adre yn y bore, roedd Mam yn eistedd yn fud ar ei stôl o flaen y Rayburn, Dad wedi mynd i labio pyst yn Tŷ Glas, a Geraint wedi cael gwybod am ei fod o wedi digwydd ffonio adre o Awstralia. Erbyn deall, mi aeth ati'n syth i sgwennu cerdd iddi, gafodd ei darllen yn y cnebrwng. Roedd hi'n hyfryd.

Fel ro'n i'n dechrau gosod yr holl flodau mewn jygiau fore Sul, dechreuodd fflyd o bobl gyrraedd, fel Louise Gittins, ffrind Glesni, oedd wedi cychwyn i'n gweld ni a throi 'nôl bedair gwaith. Mi wnes i ginio dydd Sul mawr i ni, ond doedd 'na ddim mint sos, a dyma gofio bod Glesni wedi'i orffen y tro dwytha i ni gael cinio efo'n gilydd.

Aeth Mam, Llinos a fi am dro ar hyd yr afon, ac ar ôl dod yn ôl, pwy oedd wedi dod yr holl ffordd o'r de i'n gweld ni ond Sulwyn Thomas. Ngwas i; roedd o am fy sicrhau y dylwn fynd yn ôl i'r gwaith pan o'n i'n barod, a dim cynt. Ac mi ffoniodd Grav, yn gofyn oedd 'na unrhyw beth y gallai ei neud – gofynnais iddo chwarae record iddi ar y rhaglen fore Mercher.

Daeth plant Llinos draw wedyn, oedd yn donic, ac aethon ni a fy ffrindiau (Gwenan, Catrin, Haf a Gwerfyl) draw efo nhw i dŷ Llinos. Tra oedden ni'n sgwrsio ar y soffa, daeth cath at y ffenest, cath nad oedd neb wedi'i gweld o'r blaen. Aeth Ceri, oedd â rhyw allu rhyfeddol efo anifeiliaid, at y ffenest a'i hagor, a daeth y gath dlos, lwyd i mewn yn syth. Edrychodd Llinos a finnau ar ein gilydd – roedden ni a Glesni ei hun wastad wedi deud mai cath fyddai Glesni tase hi'n anifail. Yna daeth y gath at bob un ohonom yn ei thro, gan rwbio yn ein herbyn yn fwythlyd, a chanu grwndi a sbio i fyw ein llygaid. Roedd o'n brofiad nad anghofia i byth. Wedyn neidiodd yn ei hôl at y ffenest, troi i sbio arnon ni eto, a gadael. Welwyd byth mohoni wedyn. Cyd-ddigwyddiad? Falle, ond mi fu ymweliad y gath yna'n help mawr i ni.

Gan nad oedd Mam yn delio'n rhy dda efo pethau, Llinos a fi oedd yn gneud fwya efo trefniadau'r cnebrwng. Roedden ni am gael cnebrwng fyddai wedi plesio Glesni, fel yr emyn fydden ni'n tair yn ei ganu rownd y ril yn blant, 'Arglwydd mawr y nef a'r ddaear'; cael rhywun i ganu unawd, a phrifathro oedd yn ei nabod yn dda i roi teyrnged yn hytrach na phregethwr oedd ddim wir yn ei nabod. Ond ges i wybod bod rhai o bobl yr ardal yn anghytuno. Teulu Methodistaidd oedden ni i fod, ia, ond doedd yr un ohonon ni'r plant yn grefyddol, ac ro'n i'n methu deall be oedd y broblem. Ges i wybod gan rai nad wyf am eu henwi mai 'galaru ydach chi i fod, nid gneud *publicity stunt*'. Mi ges fy chwalu'n rhacs gan hynna, ac mi wylltiodd Mam yn gandryll. Does yr un ohonom wedi mynychu'r capel ryw lawer ers hynny, a does gen i ddim amynedd o gwbl efo Methodistiaeth sydd mor gul â gwrthod emyn am nad oedd y dôn yn un pedwar llais.

Ond doedd dim modd trefnu dim byd yn iawn beth bynnag, gan fod Glesni'n dal yn Bangkok. Roedd plant y teulu Ramasut wedi bod yn ddisgyblion iddi yn Glantaf, ac roedd brawd eu tad yn heddwas pwysig yn Bangkok. Fues i ar y ffôn sawl gwaith efo'u mam. Er gwaetha'u cymorth, bu'n rhaid aros pythefnos, bron, i'r arch gyrraedd o Bangkok. Aeth Mam a finnau i gartref Dilwyn, yr ymgymerwr, yn Ninas Mawddwy i'w gweld. A chael coblyn o sioc o weld tun mawr, melyn, hyll. Yn ôl Dilwyn, roedd hi yn hwnnw oherwydd bod ei chorff mewn *formaldehyde*, i'w chadw fel roedd hi am byth, yn ôl y drefn yng Ngwlad Thai. Mi allai Dilwyn ei rhoi mewn arch bren, lai os oedden ni'n dymuno hynny, ond byddai'r *formaldehyde* yn colli'i effaith wedyn. Roedd Mam mewn sioc ac yn fud, felly fi wnaeth y penderfyniad.

'Dach chi'm yn claddu Glesni yn y bocs sardîns 'na.'

Y noson honno, daeth Dilwyn â hi i'r parlwr mewn arch fechan, ysgafn o goed pîn golau. Gofynnodd Dad oedd modd i ni weld ei chorff hi.

"Sa well gen i i chi ei chofio fel roedd hi,' meddai Dilwyn.

Roedd ei rycsac hi wedi dod efo'r arch. Aeth Mam a fi trwy honno, ac roedd gweld y cardiau post roedd hi wedi'u sgwennu ond heb eu gyrru yn brifo, a deud y lleia.

Daeth ei ffrindiau coleg draw, a'r ddau foi roedd hi wedi aros efo nhw yn Bangkok. Un ohonyn nhw oedd wedi dod o hyd iddi. Mae Llinos yn un llawer gwell na fi am 'ddarllen' pobl, ac roedd hi wedi dallt yn syth fod un ohonyn nhw'n fwy tawel, bod 'na rywbeth amdano fo . . . Ac erbyn dallt, oedd, roedd o a Glesni wedi 'clicio'. Y greadures. Fu ei bywyd carwriaethol hi rioed yn un hapus iawn; un ai doedd ganddi ddim diddordeb yn y dynion oedd mewn cariad efo hi, neu roedd y rhai roedd hi â diddordeb ynddyn nhw yn ei thrin fel baw. Dyma hi wedi dod o hyd i ddyn oedd yn ei siwtio, ddim ond i hyn ddigwydd.

Roedd y cnebrwng yn hyfryd ac yn erchyll yr un pryd – a'r canu'n wych, wrth gwrs. Dwi'n cofio sylwi bod Taid Frongoch yn torri'i galon yn dawel bach, ac yn fuan wedyn mi aeth o'n sâl. Roedd ganddo ganser ar yr ysgyfaint, ac yntau rioed wedi smocio yn ei fyw. Falle mai fi sy'n dychmygu pethau, ond dwi bron yn siŵr iddo dorri ar ôl claddu'i wyres.

Rai dyddiau'n ddiweddarach es drwy ei dyddiaduron (roedden ni'n debyg, wedi'r cwbl), a synnu o weld pa mor anhunanol oedd hi. Roedd fy nyddiaduron i i gyd yn 'Fi, fi' ond roedd Gles yn sôn am bawb. Mi deimlais i'r byw fod 'na gymaint o sôn amdana i ynddyn nhw.

Yn ara bach, rhoddodd pobl y gorau i groesi'r stryd yn hytrach na gorfod ein hwynebu, ac roedden ni'n gallu gwenu pan fyddai Leah yn poeni bod Anti Glesni'n mynd i wlychu fyny fanna pan fyddai hi'n bwrw glaw, a phan wnaeth Ceri chwerthin wrth gael ei thaflu i'r awyr wrth yrru dros dwmpath yn y ffordd, a deud, 'Bron i fi weld Anti Glesni rŵan, yn do!'

Dau beth ddysgodd y profiad o golli Glesni i mi: ei bod hi'n bwysig byw fel tase 'na ddim fory, a'i bod hi hyd yn oed yn bwysicach i ddal i siarad am y person rydach chi wedi'i golli. Dydi cau eich hun i fyny a chadw pob dim dan glo'n gneud dim lles.

A hurt a chreulon ydi'r bobl hynny sy'n deud nad ydi colli brawd neu chwaer cyn waethed â cholli cymar. Does gan neb yr hawl i fesur galar unrhyw un arall. Mae'r boen yn ingol i daid sy'n colli'i wyres, ac mae gorfod claddu plentyn yn erchyll i unrhyw riant. Nagoes, does yr un golled yr un fath, ond peidiwch byth â bychanu colled unrhyw un arall.

## Crio

Dwi wedi sylweddoli (gyda braw) dros y blynyddoedd fod pobl yn meddwl mod i'n ferch 'tyff', galed. Wel, pobl sydd ddim yn fy nabod yn dda iawn ydi'r rheiny. Efallai mai fy ffordd 'swta' o siarad ydi o. Y gwir amdani ydi mod i'n hen fabi sy'n crio mor hawdd, mae'n hurt. Llyfrau a ffilmiau sydd waetha; dim ond i mi weld rhywun arall yn crio, mae'r dagrau'n cronni. Ac weithiau, er mawr embaras i mi a phawb arall o nghwmpas i, dwi'n methu'n lân â'm rheoli fy hun ac yn dechrau udo. Ro'n i a Rhiannon Frongoch yn ifanc iawn pan aethon ni i weld y ffilm *Gone With the Wind* yn pictiwrs Corwen, a dyna'r co' cynta sydd gen i o udo'n gyhoeddus. Roedden ni'n dwy'n crio mor ofnadwy, nath yr *usherette* fygwth ein taflu ni allan.

Mae Llinos yr un fath â fi yn union, ac mi fyddai *Lassie* yn ein troi'n rhaeadrau. Y dyddiau yma, rydan ni'n gwrthod mynd i weld ffilm drist efo unrhyw un arall; mae'n gymaint haws ymlacio a gadael i'r dagrau lifo efo rhywun sydd yn yr un stad â chi. Roedd gwylio *Roots* ar y teledu yn artaith, dwi'n cofio, am y bydden ni'r merched i gyd yn beichio crio dros Kunta Kinte, Kizzy a Chicken George, tra byddai Dad a Geraint yn gwaredu ac yn chwerthin, a difetha'r profiad yn llwyr.

Yn fy arddegau byddai'r diweddar Arwel Bryn Bras yn rhoi lifft i Llinos, Gwawr a finnau i bictiwrs Tywyn, ac yn fanno y gwelais i *Kramer vs. Kramer* ac *Ordinary People*. Ro'n i'n crio cymaint roedd o'n brifo, ac Arwel yn meddwl bod y peth yn ddigri tu hwnt.

Yn Abertawe y gwelais i *Dead Poets Society* – ar fy mhen fy hun, diolch byth, a thorri nghalon. A dwi bron yn siŵr mai ar ôl gweld honno y penderfynais mod i'n bendant am fynd i ddysgu.

Dwi'n dal i grio'n hawdd yn y pictiwrs, ac mae *Atonement* yn un sy'n aros yn y co' er gwaetha'r ffaith fod wyneb wastad-yr-un-edrychiad Keira Knightley yn mynd ar fy nerfau i. Bu'n rhaid i mi a fy ffrind Manon aros ar ôl am hir,

hir cyn gallu wynebu neb ar ddiwedd y ffilm honno, gan fod mascara'r ddwy ohonom dros y siop i gyd.

Yn y theatr yn Llundain es i drwy lond paced o hancesi papur wrth wylio *War Horse* efo fy nghyfaill Paul Griffiths. Dwi 'run fath efo rhaglenni fel *The Biggest Loser* ar y teledu. Dim syniad pam, wrth gwrs (rhaglen am bobl dew sy'n ceisio colli pwysau ydi hi).

Ond mae bywyd go iawn yn fy nhroi'n afon hefyd. Ro'n i'n gwybod y byddai cyngerdd 'Cofio Grav – Yma o Hyd' yn Eisteddfod Caerdydd 2008 yn noson emosiynol, ond mi lwyddais i ddeud fy mhwt amdano o'r llwyfan heb golli rheolaeth. Yn ôl â fi wedyn i'r stafell werdd at griw'r Tebot Piws ac ati i wylio gweddill y sioe. Pan ddechreuodd Elin Fflur, Meinir Gwilym a Gwyneth Glyn ganu 'Esgair Llyn' mor fendigedig, mi wnes i chwalu. Yn rhacs. Ro'n i'n dal i udo crio pan oedd raid i bawb gerdded yn ôl ar y llwyfan ar gyfer y diweddglo. A phan ddaeth tîm rygbi Cymru i mewn, ro'n i'n llanast. Mi fues i'n crio wedyn bron trwy'r nos yn fy ngwely, nes bod golwg ofnadwy arna i'r bore wedyn.

## Newid byd

Cyfnod byr oedd gen i ar ôl yn Abertawe, a fues i'n gweithio ar gyfres o'r enw *Strabs a Chêsys* oedd yn golygu teithio o gwmpas Cymru yn recordio hiwmor gwahanol ardaloedd. Mi nath yr holl chwerthin a chyfarfod cymaint o bobl les mawr i mi. Mi fyddwn i'n colli criw Abertawe, yn enwedig Aled Wood ac Alun Protheroe, y dynion sain ro'n i wedi treulio cymaint o oriau hirion efo nhw dros y gwaith golygu.

Ar ddiwrnod cynta Gorffennaf 1990, meddai'r dyddiadur: 'Cyfnod newydd yn fy mywyd yn dechrau'. Ar ôl pacio pob dim i mewn i'r Peugeot bach gwyn, es adre i'r Gwanas a dechrau ar bythefnos o arsylwi yn Ysgol Gynradd y Brithdir. Dyna be oedd *sharp learning curve*! Mi wnes i fwynhau'n arw, a dysgu cymaint am seicoleg dysgu plant bach oddi wrth Meinir Wyn Jones a Magwen Pughe. A dwi'n cofio mynd i banic glân pan ddechreuodd Richard Littleton, un o'r bechgyn mwya direidus, wrthod bihafio a finnau ar ganol darllen stori. Do'n i ddim yn gyfforddus efo llond lle o blant yr oed yna, ac ro'n i'n hynod falch mai plant uwchradd ro'n i wedi dewis eu dysgu.

Mi fues i'n helpu efo'r gwair adre wedyn. Bu Yncl Trebor, Bedwyr a Tudur yn fy nysgu sut i yrru'r trelar – oedd yn sioc i Dad, oedd rioed wedi breuddwydio gadael i mi neud y ffasiwn beth. Ond ro'n i'n gallu gneud yn iawn, siŵr. Y drefn ar ôl gorffen llwytho'r bêls bach i gyd i'r sied oedd bwyta powlennaid o gornfflêcs ar ben y trelar gwag, a wnaethon nhw rioed flasu cystal. Ges i ddysgu sut i sbeicio big bêls wedyn, ond mi fues i'n flêr efo un. Ro'n i wedi'i sbeicio'n rhy isel, neu'n rhy uchel, ac wrth yrru'r tractor i fyny'r allt serth, garegog cododd y tractor ei olwynion blaen tua'r awyr a dechrau llithro i lawr am yr afon. Rargol, ro'n i wedi dychryn, a dim ond jest llwyddo i'w stopio wnes i. Mi fues i'n hynod ofalus wrth sbeicio o hynny mlaen.

Ges i ha' hyfryd, yn aros yn Sioe Llanelwedd ac yn teithio o amgylch Cymru yn canŵio, cerdded a hel dynion efo Gwenan Lloyd, oedd ar wyliau hir o'i gwaith yn Laura Ashley. Draw â fi i'r Alpau wedyn, at Patrice Sommerer, yr athro y dois i'n ffrindiau mawr efo fo yn Fameck, a threulio wythnos yn mynydda a siarad Ffrangeg i mi gael mwy o brofiad ar gyfer y cwrs dysgu Ffrangeg a gweithgareddau awyr agored ym Mangor.

Ond ddiwedd Awst roedd gen i arholiad TGAU Mathemateg. Ro'n i wedi bod yn cael gwersi gan Helen o'r dre, ond methu wnes i – efo 38% o farciau. Ro'n i wedi torri nghalon. Chawn i ddim gneud y cwrs ymarfer dysgu rŵan! Ond mi ffoniodd Tim Jepson, arweinydd y cwrs gweithgareddau awyr agored, i ddeud ei fod wedi wanglo cynnig arall i mi ymhen pythefnos, ac y cawn ddechrau ar y cwrs beth bynnag. Diolch i'r drefn – ac efo cymorth fy nghyfnither Sian Aberogwen a Dylan 'Nyts', dau sy'n dallt eu maths, mi grafais drwyddo'r tro 'ma. Ffiw.

Ond ro'n i angen rhywle i fyw rŵan. Diolch i eirda hen gariad, Dafydd Cadwaladr, mi symudais i fyw i Bryn Dreiniog, ffermdy nid nepell o Fangor, at Bethan Anwyl, Gruff Gwynys ei chariad, a Glenda o Sir Fôn, a theimlo'n gartrefol yn syth. Bethan ydi un o fy ffrindiau agosa byth ers hynny.

Mi wnes i fwynhau bron bob eiliad o'r cwrs. Roedd sgwennu traethodau'n dod yn hawdd i mi, a'r tro yma roedd gen i'r hyder i gyfrannu mewn seminarau; tawedog iawn oeddwn i yn y rheiny yn Aber. Roedd gen i griw da efo fi ar y ddau gwrs hefyd, ond yn amlwg ro'n i'n gneud llawer mwy efo'r grŵp 'ODA' (Outdoor Activities), fel cysgu allan yn griw yn yr awyr agored uwchben chwareli Llanberis, dysgu canŵio ar y Fenai a sut i rowlio canŵ mewn pwll nofio, dysgu dringo ar greigiau Fachwen a sut i ddarllen cwmpawd yn y tywyllwch ar y Carneddau. Hynna i gyd o fewn y mis cynta.

Rhagfyr 1af, 1990 oedd 'un o ddiwrnodau gore mywyd'. Ges i alwad ffôn ben bore gan Ric Potter, un o'r dringwyr mwya profiadol ar y cwrs. Roedd hi'n eira mawr, ac roedd o'n cynnig mynd â fi efo fo a Martin i ddringo'r Ysgolion

Duon ar y Carneddau. Ro'n i yno fel siot, a ges i ddiwrnod bendigedig yn dysgu dringo rhew ac eira efo bwyelli, a rhoi cynnig ar *ice axe breaking*, sef arafu unrhyw gwymp yn yr eira trwy sodro blaen y fwyell yn yr eira a thaflu mhwysau drosti nes dod i stop. 'Better than sex, isn't it?' meddai'r hogia, ac ro'n i'n gorfod cytuno.

Y diwrnod wedyn, am fod yr eira cystal, es i fyny'r 'Trinity Gulleys' ar yr Wyddfa efo nhw. Ar y top, a finnau'n eistedd yn yr eira'n sbio i lawr ar ble ro'n i newydd fod: 'Bethan, with that grin on your face, that hat and that scarf, you look about twelve years old!' meddai Martin. Ac mi o'n i. Er mod i'n diawlio na ches i gyfle i flasu hyn pan o'n i'n iau, ro'n i mor falch mod i wedi cael y profiad o gwbl. Tydi o'n hurt mai pobl o ffwrdd sy'n gwybod am y byd yma, ac nad ydi'r rhan fwya o Gymry lleol yn gwerthfawrogi'r hyn sydd o flaen eu trwynau, neu ddim yn cael y cyfle i'w brofi? Does 'na'm byd tebyg i fod allan ar ben mynydd; mae o'n gyrru'ch corff i neud pethau nad oeddech chi wedi breuddwydio y gallai ei neud – pethau sy'n gyrru'r adrenalin i bwmpio drwy'ch corff nes eich bod chi'n brin o anadl, ond yn gwenu fel giât o sylweddoli'ch bod chi 'wedi gallu'i neud o', ac isio chwerthin o gyrraedd y pen draw yn un darn.

Fues i *mor* lwcus i hwnnw fod yn aeaf gwych o ran eira. Gawson ni fel criw fynd i'r Cairngorms yn yr Alban, hefyd: cysgu mewn pebyll a 'thyllau eira' ar ben y mynyddoedd, sgio i fyny (efo help croen gafr ar ein sgis) ac i lawr y llethrau, a 'dringo go iawn' efo bwyelli a chramponau eto. Ro'n i yn fy nefoedd.

Ond roedden ni'n gorfod gweithio hefyd, ac mi dreuliais fy nghyfnodau ymarfer dysgu yng Ngwersyll yr Urdd, Glan-llyn, ac ym Mhlas Gwynant, Beddgelert. Awdurdod Addysg

Sandwell ('The Black Country') biau'r ganolfan honno, a difyr tu hwnt oedd annog plant y ddinas i fyny'r mynyddoedd yn y glaw, a'u gweld yn ennill hyder newydd wrth ganŵio ar Lyn Gwynant ac yn abseilio i lawr y creigiau llaith gerllaw'r plasdy. Yma, roedd y cyrsiau'n fwy o rai adeiladu cymeriad yn hytrach na dim ond cael hwyl, ac o'r fan hyn y daeth yr ysbrydoliaeth i sgwennu *Llinyn Trôns* rai blynyddoedd yn ddiweddarach.

Ro'n i'n mwynhau dysgu Ffrangeg hefyd, er bod hynny'n dipyn anos, ac roedd hi'n goblyn o anodd plesio fy nhiwtor, Marian Giles Jones. Yn Ysgol Dyffryn Conwy, Llanrwst, y gwnes i fy mhrofiad dysgu uwchradd, a byddai Marian yn dod i ngweld i wrthi'n gyson. Ges i un wers oedd yn llanast llwyr a finnau isio crio ar ei diwedd hi, ond mi wnes i baratoi o ddifri'r tro nesa doth hi, ac roedd y plant yn wych. A sylw Marian? 'Mi wnaethon nhw fwynhau'r wers, yn amlwg, ond dwi'm yn siŵr faint ddysgon nhw.' Grrr . . . Ond hi oedd yn iawn, wrth gwrs. Mi wellais gydag amser.

Roedd fy mhen-glin yn chwyddo fel melon bob tro ro'n i'n dringo mynydd, ac o'r diwedd mi ges fynd i weld arbenigwr a chael llawdriniaeth trwy dwll clo. Roedd hi chydig yn well wedyn, ond ddim yn iawn.

Yr ha' hwnnw es i Dde America i weld Geraint – roedd o am ddod adre *via*'r cyfandir hwnnw. Ond doedd 'na ddim ebyst y dyddiau hynny, nagoedd, ac erbyn i mi dderbyn llythyr ganddo'n deud ei fod wedi trefnu mynd i Paraguay yn gynta, ro'n i wedi prynu tocyn i Brasil. Wrth lwc, pwy oedd yn Brasil yr un pryd â fi ond Garmon Emyr a chriw o hogia eraill o Gaerdydd. Ges i eu cwmni nhw am wythnos wyllt mewn bariau amrywiol tan yr oriau mân (doedden nhw byth yn codi tan amser cinio) ac un noson yn Porto Seguro, ym man geni dawns rywiol y Lambada. Sefyll wrth y bar yn clecio *pingas* (neu *cachaça*) efo leim fu pob un ohonyn nhw tra o'n i'n dawnsio efo'r hogiau lleol ac yn datblygu'r cyhyrau rhyfedda yn fy nghluniau. Ond roedd hynny'n waith sychedig, ac mae arna i ofn mai fi feddwodd fwya'r noson honno. Os cofia i'n iawn, dyna pryd y ceisiodd Rhys Jones (y boi o'r Bala sydd bellach yn byw yn Norwy ac a wnaeth ei orau i brynu Stad Efyrnwy yn 2011) brynu dŵr wrth y bar, ond doedd o fawr o ieithydd:

'Water . . . $H_2O$ . . . Dŵr? Dwro? Dwra? Blydi hel!'

Ges i goblyn o hwyl efo nhw, a phan fu raid i mi ffarwelio er mwyn dal awyren yn ôl i Rio, ro'n i jest â chrio. Ond pan gyrhaeddes i Rio, 'nes i grio go iawn. Ro'n i newydd ddod oddi ar y bws efo fy rycsac mawr ar fy nghefn pan wenodd rhyw foi arna i. Mi wenais yn ôl ond dyma'r bwch yn cydio yn y bag llai oedd gen i yn fy llaw, a dechrau tynnu. Ro'n i wedi troi'r strap o gwmpas fy mraich, ac mi dynnais yn ôl gan weiddi. Ond roedd o'n gryfach na fi, ac wedi si-soio am sbel, i ffwrdd â fo – a neb yn ceisio'i rwystro, a ninnau mewn stryd lawn pobl oedd jest wedi bod yn gwylio'r tyg-o-war o'u blaenau. Allwn i ddim credu'r peth. Oherwydd mod i wedi gwisgo belt pres am fy nghanol, doedd 'na'm byd o werth iddo fo yn y bag, fel mae'n digwydd: ychydig iawn o bres, chydig o ffrwythau, nofel . . . a nyddiadur i! Rhywbeth oedd yn werth y byd i mi, ond mae'n siŵr mai ei daflu o i'r harbwr mewn siom wnaeth hwn. Mi fyswn innau wedi taflu'r diawl i'r harbwr ar ei ôl o taswn i wedi cael gafael arno.

Trwy lwc, mi ges i'r un stafell yn y gwesty ag a ges i pan gyrhaeddais yno gynta. Twll o stafell – ond ro'n i wedi rhoi fy nhocynnau awyren ar ben y wardrob, ac wedi'u hanghofio.

Roedden nhw'n dal yno, diolch byth. Ymlaen â fi i Buenos Aires, lle ro'n i wedi trefnu i gyfarfod Geraint mewn caffi penodol. Ond ro'n i'n methu dod o hyd iddo, nes i'r boi mawr sgwyddau llydan 'ma ddeud, 'S'mai . . .?'

Geraint?! Hogyn bach tenau o'n i wedi bod yn chwilio amdano, ond roedd hwn yn fawr a chyhyrog – yn amlwg wedi cael ei siâr o stêcs yn Seland Newydd. Fel fi, roedd Geraint hefyd wedi cael anffawd ar ôl cyrraedd De America – rhyw grinc wedi dwyn ei bres o i gyd! Doedden ni'n ddau dda. Ond roedd o hefyd wedi gneud cysylltiadau da a chael gwaith a llety i ni ar ransh i'r de o'r ddinas. Am ein bod ni'n dlawd, bodio fuon ni, a chael modd i fyw yn y broses. Dwi'n cofio sicrhau un gyrrwr lori nad Saeson oedden ni ond Cymry. 'Go dda, achos taset ti'n Sais,' meddai gan droi at Geraint, 'mi fyswn wedi dy sbaddu di.' Roedd arwyddion 'Las Malvinas Estan Nuestras' yn dal ar hyd y lle (er bod deng mlynedd, bron, wedi pasio ers 'Rhyfel y Falklands'), a doedd Saeson yn cael fawr o groeso yno.

Ar y ransh, ges i sioc o weld cystal roedd Ger yn gallu trin ceffyl. Fi oedd yn gyn-aelod o'r Pony Club, wedi'r cwbl! Ond, erbyn dallt, roedd o wedi dysgu bod yn gowboi ar ffermydd mawr Awstralia. Mi ddisgynnais i oddi ar fy march (wel, neidio oddi arno) – roedd o'n carlamu'n syth am lond lle o wartheg efo cyrn peryg yr olwg, ac ro'n i'n methu'n lân â'i stopio. Roedd y *gauchos* yn chwerthin nes roedden nhw'n wan, ac yn ôl traddodiad, fi piau darn maint fy mhen-ôl o'r Ariannin rŵan. Yn hwyrach y noson honno, a finnau wedi dysgu sut i drin ceffyl yn y dull *gaucho*, gawson ni noson hyfryd yn gwylio'r haul yn machlud wrth sipian *maté* o flaen y tân allan ar y pampas.

Ond bu raid i ni wersylla eto wrth fodio am Batagonia.

Roedd hi'n ganol gaea a fawr ddim traffig ar y ffyrdd sy'n mynd yn syth, syth am filltiroedd, felly doedd gynnon ni fawr o ddewis. Dyma gynnau tân (i gadw'r piwmas draw, yn ogystal â chadw'n gynnes), a dringo i mewn i'n sachau cysgu. Y bore wedyn roedd hi'n bwrw eira! Stwffio hyn; ar ôl cael lifft frawychus gan yrrwr rali o'r enw Ziegfried, aethon ni i'r orsaf fysiau agosa a dal bws i Drelew. Bws braf, cynnes oedd yn costio'r nesa peth i ddim, ac yn dangos un o ffilmiau Arnold Schwarzenegger wedi'i throsleisio i'r Sbaeneg.

Gawson ni amser gwych ym Mhatagonia, er bod pawb wedi synnu mai pobl ifanc oedden ni. Bryd hynny, pobl mewn oed oedd wastad yn dod yno o Gymru. Mae pethau wedi newid erbyn hyn, wrth gwrs, ond dwi'n hoffi meddwl mai Ger a fi ddechreuodd y ffasiwn newydd! Roedd Ger wedi llythyru efo pobl trwy ei gysylltiadau yn Llanuwchllyn yn holi fydden ni'n cael aros efo nhw, ac anghofia i fyth y sioc ar wyneb Owen Jones ddaeth i'n cyfarfod yng ngorsaf fysiau Trelew. Roedd o wedi meddwl mai brawd a chwaer yn ein saithdegau fydden ni! Yr un oedd y sioc ar wynebau Ieuan ac Eryl Jones yn Nolafon. Roedden ni'n mynd i aros efo nhw am dridiau, ac ar ôl ein gweld doedd ganddyn nhw'm syniad be fysan nhw'n neud efo ni. Ond roedden ni'n pedwar yn dod ymlaen yn arbennig o dda ac ro'n i'n reit ddagreuol yn ffarwelio efo nhw. Roedden nhw wedi gwadd eu plant (oedd yr un oed â ni) i swper un noson, ond uniaith Sbaeneg oedd rheiny. Mi ddywedson nhw fod ganddyn nhw fwy o awydd dysgu Cymraeg ar ôl cyfarfod Cymry oedd yr un oed â nhw am y tro cynta rioed!

Yn y Gaiman gawson ni'n holi gan Tegai ar Radio Chubut, a chyfarfod yr anfarwol Tommy Davies, Heid Parc. Aethon ni mlaen wedyn trwy'r eira mawr i Esquel, ac aros efo Rini, chwaer René Griffith (sy'n perthyn inni ar ochr Mam), a chyfarfod cymeriadau bythgofiadwy fel Las Chicas Freeman – pedair chwaer o'r enw Lili, Loli, Luned a Lindi, oedd ddim bellach yn genod ifanc fel mae'r gair *chicas* yn ei awgrymu. Ond roedden nhw i gyd, fel pawb arall ym Mhatagonia, yn ifanc iawn eu natur o hyd. Does 'na'm lle i gofnodi hanesion y daith i gyd fan hyn, ond mi sgwennais i ysgrif gynhwysfawr yn y gyfrol *Y Teithiwr Talog*, a gewch chi'r cwbl yn fanno. Dwi ar dân isio mynd yn ôl i Batagonia rywbryd.

**Dysgu**

Fis Medi 1990 ro'n i'n dechrau ar swydd fel athrawes Ffrangeg a gweithgareddau awyr agored yn Ysgol Tryfan, Bangor, a dyna un o gyfnodau hapusa mywyd. Ro'n i a Margaret, pennaeth yr adran, yn gneud partneriaeth dda, ac roedd 'na andros o griw da yn y stafell athrawon, yn cynnwys Rhys Llwyd a Morfudd Hughes, dau athro oedd wedi fy nysgu yn y Gader. Oherwydd hynny, 'chi' oedden nhw i mi er mai 'ti' oedden nhw i bawb arall. Mae'r un tueddiad yn fy ngwylltio innau pan fydd cyn-ddisgyblion yn mynnu fy ngalw i'n 'chi' y dyddia yma.

Roedd disgyblion Tryfan yn annwyl tu hwnt. Wel, y rhan fwya ohonyn nhw. Ges i ambell dro trwstan, fel pob athro newydd, ond y plant drwg hynny ydi'r rhai sy'n cynnig prynu diod i mi yn nhafarndai Bangor bellach. Fel Nobby. Roedd angen amynedd efo Nobby, ac un diwrnod, pan oedd gen i lai o amynedd nag arfer, mi wylltiais yn gacwn efo fo. Mae arna i ofn imi gydio ynddo fo gerfydd ei goler, a'i daflu wysg ei gefn ar draws y stafell nes iddo daro'r wal gyferbyn.

Wps. Nid dyna'r ffordd mae athrawon i fod i drin eu disgyblion. Ro'n i'n gweld fy ngyrfa'n mynd i lawr y draen. Be allwn i ei neud? Dim. Wel, dim byd ond chwerthin – a dyna wnes i, nes o'n i'n crio. Ar ôl eiliadau o sbio'n hurt ar Nobby ac wedyn arna i, dyna nath Blwyddyn 9 hefyd, diolch byth. Cododd Nobby ar ei draed, deud 'Fuckin 'ell, you're mad you are, Miss', a mynd yn ôl i'w gadair fel oen bach. Ches i byth drafferth efo fo wedyn.

Wna i byth, chwaith, anghofio gwers efo Blwyddyn 9, Set 3, pan ddaeth arolygwr i weld sut athrawes o'n i. Y rhain oedd y criw anodda, y rhai oedd â dim llwchyn o ddiddordeb yn y pwnc ac a oedd yn aml yn fy ngyrru i fyny'r wal. Ond o flaen yr arolygwr roedden nhw fel angylion, yn gwrando'n astud, yn codi llaw i ateb pob cwestiwn – yn gywir! Pan adawodd yr arolygwr, allwn i ddim peidio â gofyn iddyn nhw pam roedden nhw wedi bod mor glên. 'Am bo ni'n licio chi, Miss.' Ro'n i jest â chrio. Ond yn y wers nesa, roedden nhw'r un sglyfs bach ag arfer.

Ro'n i wir yn mwynhau dysgu. Yr unig drafferth mewn gwirionedd oedd trio bod yn daclus. Roedd fy nghofrestr yn erchyll o flêr; byddai cofrestr pawb arall yn llinellau duon, syth, perffaith, a phob cylch coch a'r symbol cywir ynddo. Dwi'n gweld yn y dyddiadur fod f'un i 'fel llun gan Picasso ar LSD'.

Roedd cael mynd â'r criw hŷn i ganŵio ac abseilio ac ati yn y pnawniau'n bleser pur, wrth reswm, ond mi fyddwn yn mwynhau'r gwersi 'tiwtorial' efo fy nosbarth cofrestru hefyd, lle bydden ni'n trafod pob math o bynciau am ryw hanner awr. Roedd y plant i gyd yn wych am drafod eu perthynas efo oedolion, ffrindiau a chariadon, ond coblyn o job oedd eu cael i sgwennu dim byd.

'Ma sgwennu'n boring, Miss.'

'Ond mae o'n help i ti roi trefn ar dy feddyliau.'

'Nacdi, dwi'n casáu sgwennu.'

'A fi' . . . 'A fi, Miss . . .' Pob un wan jac o'r un farn. Rhyfedd: pan o'n i'n bymtheg, mi fedrwn sgwennu cyfrolau ond fedrwn i'm siarad yn gall am bensiwn.

Ces gyfle i ailafael yn fy sgwennu pan ffoniodd Robin Gwyn, golygydd *Golwg*, yn gofyn oedd gen i awydd sgwennu colofn wythnosol am fywyd athrawon. A chael gneud hynny'n ddienw! Dyna ddechrau colofn 'Dyddiadur Athrawes Despret', fu'n fy nghadw i fynd (a'm cyd-athrawon i bendroni) am tua dwy flynedd. Ond roedd Tegwen Llwyd, pennaeth yr Adran Gymraeg, wedi gweithio allan bron yn syth mai fi oedd hi. Mi gadwodd y peth yn dawel, diolch byth.

Roedd hi'n amhosib cadw draw o'r cyfryngau, ac yn Ionawr 1992 mi ddechreuais roi gwersi Ffrangeg i Llinos Wynne ar ei rhaglen ar Radio Cymru. Dyna be oedd hwyl, ond ges i row am fod yn 'rhy wirion' a gneud iddi chwerthin gormod.

Dechreuais fynychu gwersi Sbaeneg gyda'r nos, a cholli amynedd yn arw efo rhyw foi oedd yn dal i ofyn 'How do you say "hello" again?' bob wythnos. Dyna pryd sylweddolais i pam mae plant clyfar yn cambihafio mewn gwersi pan fydd y gweddill yn cymryd gormod o amser yr athro.

Bu'r cyfnod hwn yn un gwych yn gymdeithasol; yn ogystal â phenwythnosau rygbi anfarwol efo criw Dolgellau yn Nulyn a Chaeredin, roedd gen i'r amser i wadd ffrindiau draw i swper, i alw heibio ffrindiau eraill ymhell ac agos, ac i lusgo nifer ohonyn nhw i fyny ac i lawr mynyddoedd.

Fel athrawes sengl, fi fyddai'n mynd â phlant am benwythnosau i Lan-llyn, neu i ganŵio yn ne Ffrainc, lle cafodd hanner y plant (a fi ac Ian, yr athro Chwaraeon) yr 'Ardèche virus', oedd yn anffodus, a deud y lleia. Doedden ni byth yn gallu bod yn bell o dŷ bach. Ond er gwaetha hynny cafodd pawb andros o sbort, ac es i'n syth wedyn i fod yn swog am wythnos yng Nglan-llyn efo criw o swogs tipyn iau na fi a ddaeth yn ffrindiau da – fel Cai a Siôn Môn, oedd, credwch neu beidio, yn dod o Sir Fôn.

Yr ha' hwnnw, ges i swydd am bythefnos efo criw *Gêmau heb Ffiniau* yn Abertawe. Yn sgil fy ngallu ieithyddol ro'n i i fod i ofalu am y cynhyrchwyr o wledydd eraill, a gneud yn siŵr fod pawb yn hapus (oedd yn dasg a hanner, credwch fi, yn enwedig gan fod y boi o Moroco'n cael affêr efo un o ferched Ffrainc, ac isio llofft y drws nesa iddi, ac ati ac ati) – ac mi fues i'n helpu i beintio'r props hefyd, oedd yn fwynhad pur.

Erbyn y mis Medi hwnnw, ar ôl hir chwilio, mi fedrais i brynu tŷ ym Methesda: 19 Cilfodan. Ond roedd blwyddyn heb gyflog a'r ffaith na wnes i unrhyw fath o elw ar y tŷ yng Nghlydach wedi ngadael i fel llygoden eglwys. Ges i fenthyg tân Calor gas, a daeth Geraint draw i helpu efo gwahanol bethau (fel pob ffarmwr, mae o'n gallu gneud pob dim), a diolch i'r drefn am Janet Maher, cyd-athrawes yn Ysgol Tryfan oedd yn dda efo technoleg ond yn casáu coginio. Bu'n fy helpu i roi cegin rad at ei gilydd – am ei swper!

Dechreuais arwain Aelwyd yr Urdd Penrhosgarnedd gyda chymorth Sion Wrecsam, Dafydd Thomas, Michelle Murphy (a Ffion 'Gwallt' Dafis am blwc), ac fe gafwyd sawl taith ddifyr yn dysgu'r plant i ddringo a chanŵio ac ati, a mynd i nosweithiau cwis. Mi fydden ni'r oedolion yn cael andros o hwyl wedi iddyn nhw fynd adre hefyd, a daeth Michelle yn ffrind da i mi. Roedd hi wastad yn gêm i fynd i feicio neu fynydda.

Daeth fy niffyg profiad fel athrawes yn amlwg un diwrnod yn Tryfan pan wylltiodd hogyn bach oedd ar ryw fath o *day release* o Ysgol Treborth efo un o ferched y dosbarth. Roedd hi wedi'i fychanu o mewn rhyw ffordd ond roedd o wedi cael ei rybudd ola i beidio â tharo neb, a'r cwbl allai o ei neud oedd crio. Aeth o dan ei ddesg a thorri'i galon yno. Diolch byth, fe ganodd y gloch a gadawodd gweddill y dosbarth. Ond dal i grio dan y ddesg roedd o. Felly es i eistedd ar y llawr efo fo a cheisio ymresymu efo'r creadur. Ond roedd o'n crio cymaint, mi wnes innau ddechrau crio hefyd. Camgymeriad. Daeth pennaeth y flwyddyn draw yn y diwedd a chymryd drosodd, a llwyddo i siarad efo fo yn gall a rhesymol. Ond ro'n i wedi fy effeithio cymaint, mi fues i'n crio'r holl ffordd adre yn y car, yn y tŷ, yn fy ngwely – ro'n i'n methu stopio. Doedd 'na'm byd yn y cwrs dysgu am ddelio efo pethau fel'na.

Drannoeth, roedd yr hogyn bach yn wahanol iawn efo fi. Am mod i wedi crio roedd o wedi colli pob ffydd yndda i, a rŵan doedd gynno fo ddim parch ata i chwaith. Fisoedd lawer yn ddiweddarach, pan oedd yr hogyn druan wedi'i ddiarddel, y ces i wybod beth oedd ei broblem, a hynny trwy ffrind i ffrind oedd yn weithwraig gymdeithasol. Roedd hi wedi clywed yr hanes ac yn credu'n gryf y dylwn i wybod. Roedd 'na losgach yn y teulu. Roedd y penaethiaid yn cael gwybod y pethau yma ond doedd yr athrawon ddim. A dyma gofio be oedd testun y wers y diwrnod hwnnw: *la famille*. Dim rhyfedd fod y creadur bach wedi ypsetio cymaint. Dwi'm yn gwybod a ydi'r polisi o gadw athrawon yn y niwl yn dal i fodoli, ond dwi'm yn siŵr pa mor deg ydi o efo'r athrawon na'r plant dan sylw os ydi o.

Ddiwedd y flwyddyn, bu bron i mi farw. Ro'n i wedi mynd i'r Alban efo rhai o'r hen griw ODA i ddringo rhew ac eira unwaith eto, ond wrth ddod i lawr o gopa Aonach Mòr, bachodd blaen fy nghrampons yn fy nhrowsus a dechreuais lithro'n wyllt i lawr y llethr wysg fy mhen. Roedd fy meddwl yn gweithio'n rhyfeddol o glir – rhaid oedd taro'r fwyell oedd yn fy llaw i'r eira efo'r pig hir, codi nghorff fel bod fy mhwysau ar y pig, a dal yn dynn. Ro'n i wedi ymarfer hyn droeon, ond nid ar lethr mor serth â hwn. Wrth ymarfer byddwn yn dod i stop yn o handi, ond rŵan ro'n i'n dal i ddisgyn, yn disgyn am hir, yn dal i gael fy ysgwyd fel taswn i mewn peiriant golchi, a rhew ac eira'n tasgu drosta i. O'r diwedd dechreuais arafu – a dod i stop. Tawelwch llethol. 'Bethan! Are you alright?!' Llais Heather yn bell, bell uwch fy mhen. Ro'n i'n methu ateb am ychydig, doedd gen i'm llais. 'Yes . . .' tila. Sŵn gweiddi a chlapio dwylo. Ar ôl llyncu'n galed, edrychais oddi tanaf – creigiau duon, milain. Trois yn f'ôl i sbio ar y rhew o flaen fy wyneb, a cheisio cicio blaen fy nghrampons i mewn yn galed rhag i mi ddechrau llithro eto. Ond doedd gneud hynny ddim yn hawdd gan fod fy nghoesau'n crynu fel pethau gwirion. Yn y diwedd llwyddais i ddringo i lawr ac ar draws yn ddiogel at y lleill. Ond dwi'n meddwl eu bod nhw wedi dychryn hyd yn oed yn fwy na fi.

Mi fues i'n dringo'n hynod ofalus o hynny mlaen, yr holl ffordd at gopa Càrn Mòr Dearg ac ar hyd y grib i Ben Nevis. Wedi gweld llu o *Brocken spectres* (sef yr enfysau crwn 'na welwch chi ar fynydd weithiau pan ydach chi uwchben y cymylau), i lawr â ni ar wib gan ddefnyddio'n bagiau plastig *survival* oren i sglefrio ar ein penolau, a'n bwyelli fel brêcs. Mi gysgais fel twrch y noson honno er gwaetha'r rhew oedd yn drwch ar ffenest y llofft yn y garafán. Mi goncrais ambell gopa arall yr wythnos yna, a mwynhau er gwaetha'r swigod ges i diolch i fy sgidiau rhad o Bryn Boots, Bethesda.

## Tŷ Newydd ac Amlwch

Yn 1993 daeth tro ar fyd. Es ar gwrs sgwennu creadigol i Dŷ Newydd, Llanystumdwy. John Rowlands a Harri Pritchard Jones oedd y tiwtoriaid, ac roedden nhw wedi gofyn i bawb sgwennu rhywbeth ymlaen llaw. Mi wnes i drio sgwennu am bethau eraill ond hanes Glesni oedd yn mynnu cymryd drosodd. Ar wahân i nyddiaduron, dyna'r tro cynta i mi roi'r cwbl ar bapur, ac roedd o'n brofiad emosiynol tu hwnt. Mi wnes i drio rheoli'r emosiwn amrwd, ond eto, os ydi rhywun am sgwennu'n onest, wel sgwennu'n onest amdani. Ro'n i'n nerfus iawn yn aros am eu hymateb, a gofynnodd John a fyddai'n well gen i aros tan y pnawn Sul cyn ei ddarllen o o flaen pawb. Byddai. Cyfle i ddod i nabod y lleill a medru ymlacio rhywfaint, gobeithio. A sgwennu pethau llawer ysgafnach fues i dros y penwythnos – a mwynhau.

Cyrhaeddodd y pnawn Sul, a dyma ddechrau darllen. Wnes i ddim torri i lawr, ond mi nath un o'r merched eraill ddechrau crio. Dwi'n cofio teimlo'n wan ar ôl eistedd yn ôl yn fy nghadair ond dwi'm yn cofio be oedd ymateb fy nghyd-sgwenwyr na'm tiwtoriaid. Braidd yn niwlog ydi'r cwbl, ond yn nes ymlaen dywedodd John ei fod am gyhoeddi'r darn yn *Taliesin*. Gofynnais am ganiatâd fy rhieni, ac fe gafodd ei gyhoeddi. Roedd y ddau wrth eu bodd efo fo. Ydi, mae o'n ddarn poenus i'w ddarllen ond yn braf hefyd. Roedd o'n

144

gatharsis i mi, wrth reswm, ond hefyd i bobl oedd yn nabod ac yn cofio Glesni.

Dwi'n meddwl mai dyna agorodd y llifddorau. Ro'n i'n sgwennu bob cyfle gawn i wedyn. Ro'n i wrth fy modd yn sgwennu ymsonau ar gyfer R. Alun Evans a'i gyfres *Sglein* ar Radio Cymru, chwip o gyfres oedd yn hyfforddiant gwych i awdures ifanc, ac R. Alun yn un o'r athrawon clenia ar y blaned.

Er mod i'n fferru yn fy mwthyn bach yn disgwyl i'r adeiladwr roi gwres canolog i mewn, roedd hwn yn gyfnod hapus tu hwnt: gwersi Sbaeneg unwaith yr wythnos, Aelwyd yr Urdd o leia ddwywaith yr wythnos, Glan-llyn ar ben-wythnosau, gweld fy nhair nith yn gyson, ambell drip sgio, ambell ddyn go ddel (ond neb cystal â'r Boi Mawr).

Ond yna, ges i alwad ffôn – Richard Ellis, prifathro Ysgol Syr Thomas Jones, Amlwch, yn deud bod swydd pennaeth yr Adran Ieithoedd Modern ar gael yno, a thybed fyddai gen i ddiddordeb mewn trio amdani? Ro'n i'n berffaith hapus yn Ysgol Tryfan, ond roedd Mr Ellis yn un da am droi braich. Llawer mwy o bres . . . sialens newydd . . . Ym, iawn. Es amdani ac mi ges i hi. Ro'n i'n teimlo'n ofnadwy, yn enwedig gan mod i wedi llwyddo i berswadio Nobby, y diawl bach drwg o Flwyddyn 9, i ddewis Ffrangeg fel pwnc TGAU, ac yn gwbod nad pawb fyddai'n gallu delio efo fo. Ond roedd angen talu am y gwres canolog ac roedd fy nho i'n gollwng.

Mae hi wastad yn anodd cyhoeddi'ch bod chi am adael eich swydd, ond mae'n waeth gneud hynny o flaen dosbarth o blant. Ro'n i'n teimlo mor euog yn eu siomi nhw, yn enwedig pan oedd rhai fel fy nghriw TGAU amser cinio (Jennifer, Heledd, Rhian a Catrin) yn rhoi anrheg ffarwél i mi. Ro'n i isio crio. Es â chriw i Ffrainc am y tro ola'r ha' hwnnw, a chael haint o weld bod criw o genod del a siapus Blwyddyn 10 yn gwisgo'r nesa peth i ddim i ddod allan efo ni gyda'r nos. Roedd y dynion fel gwenyn o'u cwmpas nhw, a dwi'n siŵr i mi heneiddio tua deng mlynedd yn trio cadw trefn arnyn nhw.

Ro'n i'n hapus yn Amlwch o'r cychwyn cyntaf; roedd 'na griw da iawn o athrawon bywiog yno, a phlant oedd yn gymeriadau. Roedd ceisio moderneiddio'r adran yn waith caled, ond ro'n i'n mwynhau. Ond hanner ffordd drwy'r tymor cynta, ges i alwad ffôn arall . . .

Roedd Gwersyll Glan-llyn angen dirprwy newydd erbyn mis Ionawr, ac roedden nhw am i mi drio amdani. O, na. Ar ôl dim ond tymor yn Amlwch?! Allwn i byth. Ond roedd pawb yn deud wrtha i am fynd amdani; roedd hon y swydd ddelfrydol i mi, siŵr iawn, ac mi fyswn i'n agosach at fy nhair nith, fy nheulu a fy ngwreiddiau . . . Felly bu'n rhaid i mi ddeud wrth y pennaeth, Richard Ellis, mod i'n ystyried trio am swydd Glan-llyn. Anghofia i byth y siom oedd ar ei wyneb, ac wedi i mi gael gwybod yn swyddogol fod yr Urdd isio fi, mi wnes i weithio'n gyts allan iddo fo, i gael trefn ar yr adran cyn i mi fynd. Drapia, mi fyddwn i wedi hoffi aros yn Amlwch, ond dyna fo, dydi mywyd i rioed wedi dilyn llwybr taclus, call, nacdi?

Ro'n i'n gwybod yn iawn fod pobl (yn enwedig y rhai hŷn) yn synnu mod i'n newid swyddi mor aml. 'Fyddi di'n hapus rŵan ta?' ofynnodd Nain. Doedd gen i'm clem – dwi'm yn gwybod ydw i'n mynd i hoffi blas rhywbeth cyn imi'i roi o yn 'y ngheg, chwaith. Mae'n rhaid mentro, does? Ond erbyn meddwl, roedd fy mywyd personol yr un fath yn union – ro'n i'n methu penderfynu pa ddyn o'n i isio, neu'n methu stopio fy hun rhag eu gweld er bod nhw ddim 'ar gael'.

Dwi'm am enwi neb oherwydd fyddai hynny ddim yn deg â'u teuluoedd – a dwi'n ymwybodol iawn y bydd pob math o ddynion cwbl ddiniwed yn cael bai ar gam rŵan! Wel, tyff.

Ro'n i wedi dechrau byw efo rhywun ym Methesda erbyn hyn, fel mae'n digwydd: Siani Flewog, y gath hurtia yn y byd, oedd yn ymddwyn fel cyfaill Tsieineaidd Peter Sellers yn y ffilmiau Pink Panther, ac yn neidio ar fy mhen i dragwyddol. Fy nith Ceri oedd wedi mynnu mod i'n ei chael hi, ac ar y dechrau ro'n i'n gweld y bliws yn trio'i dysgu i beidio â gneud ei busnes dros bob man a pheidio â chripio'r dodrefn. Ond mi fuo hi o help mawr i mi efo'r golofn 'Athrawes Despret'.

Dyma i chi ddarn o golofn amdani:

> Mi wnes i drio gwisgo teits un bore, a chael un droed i mewn yn llwyddiannus, ond roedd Siani wedi gafael yn y droed arall. Dwywaith rownd y bwrdd, baglu dros y soffa, ac roedd fy nheits i'n rhacs a finnau'n g'lana chwerthin. Bob tro dwi'n mynd i'r lle chwech, mae hi'n neidio ar fy nglin – wedyn rydan ni'n ymladd yn wyllt am y papur tŷ bach. 'Nes i anghofio'i gadael hi allan nos Sadwrn, ond pan ddois i a fy ffrind Rhian adre doedd 'na'm sôn am lanast yn unman, chwarae teg iddi. Ond daeth sgrech o'r stafell molchi. Roedd Rhian wedi sathru ar rywbeth meddal wrth droed y sinc – a hitha'n droednoeth.

Yn anffodus, ro'n i wedi gneud yr un peth wrth benderfynu gadael Amlwch.

## Glan-llyn, *Amdani!* ac ati

Ro'n i wedi gneud un o gamgymeriadau mwya fy mywyd.

Pan ddechreuais ar fy ngwaith yn Glan-llyn fis Ionawr, doedd fy 'fflat' yng Nglan-llyn Isa ddim yn barod, a fyddai o ddim tan ddechrau Mawrth, felly ro'n i'n gorfod aros yn yr 'ysbyty' yn cael fy nghadw'n effro drwy'r nos gan griwiau gwahanol o blant yn rhedeg fel eliffantod ar hyd y landing uwch fy mhen, neu ar hyd y cyntedd y tu allan. Ac un o'r tasgau cynta ges i oedd rhoi'r sac i un o'r bois ro'n i'n ffrindiau mawr efo fo. Gwrthod wnes i.

Ro'n i'n difaru f'enaid mod i wedi gadael swydd ro'n i mor hapus ynddi, ond wrth i'r misoedd fynd heibio ac ar ôl i mi beintio pob dim yn y fflat yn felyn a gwyrdd a glas llachar i drio codi f'ysbryd, mi wnes i ryw lun ar setlo. Roedd 'na griw digon difyr yno a hwyl i'w gael weithiau, wrth ddysgu hwyl-fyrddio, gneud fy nhystysgrifau gyrru cwch achub a dringo ac ati. Ond erbyn mis Mai, mae'r dyddiadur yn dangos mod i dan straen go iawn. Roedd pawb yn dod ata i i gwyno am bethau oedd y tu hwnt i'm rheolaeth i, ac roedd gen i lawer gormod ar fy mhlât. Fi oedd â gofal y cyrsiau a'r 'cwsmeriaid', a fi oedd yn gorfod gneud yn siŵr fod pob dim yn ddiogel yn sgil trychineb Lyme Bay (lle bu farw pedwar plentyn fis Mawrth 1993 pan aeth taith ganŵio i drafferthion), ond doedd dim digon o bres ar gael i neud hynny'n iawn yn syth bìn. O leia ges i wared o'r hen siacedi achub melyn oedd yn dda i ddim, a chael rhai newydd call a chyfforddus yn eu lle, a rhoi bagiau pwrpasol llawn gwynt yn y canŵs fel eu bod yn haws eu trin petai plentyn yn troi ei ganŵ drosodd yn y llyn, a gosod tsieiniau ar y cychod hwylio fel nad oedd modd i neb eu cymryd heb ganiatâd. Tase rhywun wedi cymryd un a mynd i drafferth, byddai'r Urdd mewn trwbwl. Mi wnes i drio gneud y lle yn fwy cyfforddus a chyfeillgar hefyd, ond dwi'm yn meddwl i mi lwyddo.

Ychydig iawn sy yn y dyddiadur am y cyfnod hwnnw, sy'n arwydd nad o'n i'n rhy fodlon fy myd. Erbyn mis Hydref ro'n i'n trio am swyddi eraill ac wedi deud hynny wrth y pennaeth, oedd ddim yn hapus wrth reswm. Do'n innau ddim yn hapus o gwbl efo'r ffordd ces i fy nhrin chwaith. Ac nid fi oedd yr unig un adawodd yn y cyfnod hwnnw, fel mae'n digwydd.

Wrth lwc, roedd Ffilmiau'r Nant angen athrawes i ofalu am y plant a'u haddysg yn ystod ffilmio cyfres newydd o'r enw *Rownd a Rownd*. A dyna fi'n ôl efo'r cyfryngau eto. Ail gynorthwyydd o'n i, mewn gwirionedd – y person sy'n cynorthwyo'r cynorthwyydd cyntaf sy'n cadw trefn ar y cyfarwyddwr. Fy ngwaith penna i oedd paratoi'r amserlen ar gyfer y diwrnod canlynol – amseroedd galwadau'r actorion ac ati – a dod o hyd i ecstras. Yna, dal y *walkie-talkie* ar y set er mwyn gallu rhoi arwydd i actor ddechrau cerdded/rhwyfo/gyrru – be bynnag oedd ei angen. Roedd hyn yn gallu bod yn ddifyr, yn ddigri ac yn swreal. Mi fues i'n cuddio tu ôl i goed, yn gwasgu fy hun i waelod sedd gefn car, yn helpu i chwilio am hers, yn gyrru actorion 'nôl a mlaen, ac yn chwerthin lond trol yng nghwmni pobl fel Dewi Pws, Olwen Rees, Dyfrig Evans ac Ifan Huw Dafydd. Roedd y cast ifanc yn fendigedig ac yn bleser i fod yn eu cwmni, er, doedd 'na fawr o gyfle i'w helpu efo'u gwaith ysgol gan fod y cynhyrchwyr yn gofalu na fydden nhw'n hongian o gwmpas yn ormodol. Ond ro'n i wastad yn poeni y byddai rhywun yn gofyn am help efo'i Fathemateg.

Mi wnes i fwynhau'r cyfnod efo *Rownd a Rownd* yn arw iawn, ond do'n i ddim yn gweld dyfodol i mi yn y byd teledu. Doedd gen i ddim awydd bod yn gynhyrchydd na chyfarwyddwr; sgwennu o'n i isio'i neud. Sgwennu oedd yn rhoi pleser i mi, ac o'r diwedd ro'n i'n dechrau meddwl bod gen i rywbeth i'w ddeud. Pan welais hysbyseb yn y papur yn deud bod ysgoloriaethau ar gael gan Gyngor y Celfyddydau i sgwennu nofel, es ati'n syth i amlinellu syniad oedd gen i am griw o ferched yn chwarae rygbi. Eglurais hefyd mod i'n gobeithio apelio at gynulleidfa oedd ddim yn darllen llyfrau Cymraeg fel arfer – pobl fel y rhan fwya o fy ffrindiau. Ro'n i wedi'u holi pam nad oedden nhw'n darllen nofelau Cymraeg, a chael yr atebion: 'Maen nhw'n boring' / 'Dydyn nhw'm yn berthnasol i mywyd i' / 'Does 'na'm secs ynddyn nhw'. Felly, ro'n i am sgwennu nofel hawdd ei darllen, efo digon o ryw a hiwmor ynddi, oedd ddim yn mynd i geisio plesio'r beirniaid llenyddol. Doedd gen i ddim ofn y rheiny; ro'n i'n poeni mwy fod Cymry ifanc ddim yn darllen Cymraeg.

Pan ges i lythyr yn deud mod i'n mynd i gael £8,000 i dreulio chwe mis yn sgwennu, es i'n bananas. O'r diwedd! Roedd fy mreuddwyd o gael bod yn awdures yn mynd i gael ei gwireddu. Felly, fis Ionawr 1996 dyma dechrau teipio 'Pennod 1' . . . ac mi fues i'n sgwennu bron yn ddi-stop tan fis Medi. Mi wnes i lyncu mul pan bwysais i'r botwm anghywir ar ôl sgwennu Pennod 8 a cholli'r bali lot – a thrio dod ataf fy hun dros ddeufis yn ystod yr ha' yn gweithio i Ioan Roberts a Wil Owen ar *Tro Breizh Lyn Ebenezer*, cyfres ddogfen ysgafn am Lydaw. Fi oedd y cyfieithydd a'r rheolwr cynhyrchu, a gawson ni daith anfarwol.

Pan ddois i adre, es ati o ddifri i drio ailsgwennu'r bennod a gorffen y nofel. Ro'n i wrth fy modd efo'r bywyd yma, efo rwtîn oedd yn golygu beicio i'r ganolfan hamdden ym

Methesda yn syth ar ôl brecwast, chwysu'n wirion yn y gampfa yn fanno, dod adre am gawod a choffi, a dechrau teipio'n llawn egni a brwdfrydedd. Ro'n i'n mwynhau'r creu cymaint, mi fyddwn i'n aml yn mynd adre'n gynnar o'r dre ar nos Sadwrn allan efo fy ffrindiau, ac yn sgwennu tan bedwar y bore. Doedd y sgwennu ddim yn straen o gwbl a'r stori'n llifo allan; ro'n i'n hoffi'r cymeriadau i gyd, ac ro'n i'n mwynhau pob eiliad o'r broses.

Yr unig drafferth oedd ceisio sgwennu am ryw heb iddo swnio'n wirion, yn fochynnaidd neu jest yn pathetic. Tydio'm yn beth hawdd! Mi wnes i weithio'n galed ar y golygfeydd hynny, a throi at eiriadur Bruce Griffiths fwy nag unwaith. Do'n i ddim am fod yn Mills & Boonaidd nac yn rhy gwrs, ond ro'n i am iddo fod yn onest. Ac ro'n i angen gair ar gyfer rhan benodol o gorff dyn. Roedd gan Bruce nifer o eiriau Cymraeg amdano, ond o fewn y cyd-destun, roedden nhw'n swnio un ai'n ffiaidd neu'n chwerthinllyd. Pan welais i 'gwialen', bu bron i mi ddisgyn oddi ar fy nghadair, ro'n i'n chwerthin cymaint. Ond fe ddaeth y llinell berffaith i mi: 'A'i wialen a'm cysurodd.' Honna oedd hi.

Do'n i ddim yn siŵr o gywirdeb fy iaith a byddwn yn gyrru'r nofel fesul tipyn at Beryl yn Llanuwchllyn iddi gael fy nghywiro, ac yn trio dysgu peidio â gneud yr un camgymeriadau wedyn. Doedd gen i ddim teitl call ar gyfer y nofel eto, chwaith, heblaw *Dim Ffrils*. Beryl gafodd y brênwef wrth wrando ar gân Steve Eaves ar Radio Cymru un bore. Roedd o'n canu 'Rhywbeth amdani . . .' Mae fy nyled yn fawr i Beryl!

Do'n i ddim wedi meddwl be i neud efo hi ar ôl ei gorffen, ond roedd Lyn Eb wedi sôn wrth Robat Gruffudd y Lolfa fod gen i nofel, a ges i alwad ffôn gan Robat.

Cafodd *Amdani!* ei chyhoeddi fis Awst 1997 yn Steddfod y Bala. Ond heb fy hoff linell am y wialen. Ar ôl holi Elena Gruffudd, y golygydd, be oedd wedi digwydd iddi, eglurodd fod y llinell honno, er cystal oedd hi, wedi chwalu'r bennod yn llwyr. Tan hynny ro'n i wedi llwyddo i neud i'r darllenydd deimlo'n eitha . . . wel, roedd yr olygfa'n effeithiol, ddeudwn ni – ac yn sydyn, roedd hon yn gneud i chi biffian chwerthin. Roedd hi'n gorfod mynd. Ac ro'n innau'n gorfod cytuno. Gwers arall ynglŷn â sgwennu – weithia, dach chi'n gorfod 'kill your darlings'.

Mi werthodd y nofel fel slecs. Ond roedd Mam druan yn marw o gywilydd. Roedd hi wedi mentro'i darllen cyn y Steddfod, er i mi ei rhybuddio bod darnau ynddi na fyddai'n eu hoffi. Ac ro'n i'n iawn. 'O, Bethan, oedd raid i ti?' Dwi'n dal ddim yn hollol siŵr ydi Dad wedi'i darllen hi. A bu'n rhaid i mi ofyn i Nain a Taid beidio edrych arni. Roedd Taid, yn enwedig, yn ddyn capel mawr a ddim yn cytuno o gwbl efo rhegi o unrhyw fath. Iddo fo, roedd 'uffernol' yn rheg. O diar.

Do, dwi'n gwybod mod i wedi pechu aelodau o'r teulu, ond ro'n i'n credu o ddifri bod annog pobl ifanc i ddarllen Cymraeg yn bwysicach. Do'n i'n sicr ddim wedi plesio'r beirniaid llenyddol, chwaith (wrth gwrs) – ar wahân i Elin Mair a Kate Crockett, oedd wedi mwynhau'n arw. Mi sgwennodd y Dr Bobi Jones rywbeth reit sych amdana i yn rhywle, ond fues i ddim yn ddigon trist i'w gofnodi. Y busnes cael rhyw cyn priodi oedd yn ei wylltio fo fwya, os cofia i'n iawn. Ro'n i'n gwybod o'r dechrau na fyddai fy arddull i, heb sôn am gynnwys fy llyfrau, byth yn plesio'r beirniaid, ond mae dau ddyfyniad wedi nghadw i i fynd. Un gan Albert Camus, yr awdur a'r athronydd: 'Ceux qui écrivent clairement ont des lecteurs; ceux qui écrivent obscurément ont des commentateurs.' [Mae gan y sawl sy'n sgwennu'n glir ddarllenwyr; mae gan y sawl sydd ddim yn sgwennu'n glir sylwebwyr.] Ac isio darllenwyr ydw i.

Y llall ydi: 'Easy reading is damn hard writing', a ddywedwyd naill ai gan Alexander Pope, Ernest Hemingway neu gan Nathaniel Hawthorne. Y tri, siŵr o fod – a dwi'n cytuno gant y cant, wrth reswm.

Beth bynnag, ddechrau haf 1997 mi fues i'n ddigon ffodus i fod yn un o bump gafodd eu dewis i fod yn awduron dan hyfforddiant ar gwrs pythefnos yn Abertawe efo Cwmni Theatr Gorllewin Morgannwg. Dyma ichi ddarn o'r dyddiadur yn ystod y cyfnod:

> Asu, profiad difyr – gweld sut mae'r cyfarwyddwr [Tim Baker] a'r actorion yn gweithio ar ac yn arbrofi efo pob gair, pob 'nuance'. Blydi briliant. Roedd Gwyn Fôn yn arbennig efo'r hen ŵr yn neialog Dylan [Williams, adolygydd teledu *Golwg* bellach] – roedd 'na ddagrau yn fy llygaid.

Dwi'm yn meddwl bod cyrsiau fel hyn ar gael bellach, ac mae hynny'n bechod mawr gan i ni i gyd ddysgu cymaint. Roedd o'n gwrs oedd wedi cael ei drefnu'n wych, a sesiynau difyr efo pobl fel John Owen, Lyn T. Jones, Helen Griffin a Meic Povey, yn ogystal â hyfforddiant 'un i un' gwych gan Manon Eames a Tim. Ond mi ddywedodd Meic Povey un peth drawodd fi fel gordd: 'Fedar rhywun ddim sgwennu go iawn cyn bod nhw'n ddeugain.' Be?! Tri deg pump o'n i ar y pryd, ac yn ormod o fabi i anghytuno a deud, 'Ond tydio'm yn dibynnu be mae rhywun wedi'i neud efo'i fywyd?' Dwi'n dal i deimlo felly, ond yn cytuno bod angen profiad bywyd er mwyn casglu digon o 'stwff' i sgwennu amdano. Mae'r dychymyg yn bwysig, wrth reswm, ond profiad bywyd sy'n rhoi'r manylion bychain pwysig i chi.

Yn sgil y cwrs, perfformiodd Llion Williams, yn Steddfod y Bala, fonolog ro'n i wedi'i sgwennu am ryw DJ yn gneud ei sioe olaf un. Mi wnaeth Llion sioe wych ohoni, ac roedd bod yn y gynulleidfa'n wefr go iawn. O'r diwedd, roedd fy ngyrfa sgwennu'n dechrau blodeuo.

Jest cyn i *Amdani!* gael ei chyhoeddi, ro'n i wedi galw yn swyddfa *Rownd a Rownd* am mod i wedi derbyn swydd ran-amser ganddyn nhw'n hyrwyddo'r gyfres, pan holodd Robin Evans sut hwyl o'n i'n ei chael ar y nofel 'na. Wel, fel mae'n digwydd, roedd Elena wedi fy ffonio i ddeud bod y merched oedd yn ei chysodi yn y Lolfa wedi gwirioni efo hi, ac yn meddwl y byddai'n gneud chwip o gyfres deledu. Felly mi wnes i 'ddigwydd' deud hynny wrth Robin a Sue – oedd isio gwybod mwy yn syth. Roedd 'na chydig ddyddiau cyn dedlein S4C ar gyfer syniadau newydd: allwn i baratoi crynodeb a braslun o'r prif gymeriadau cyn gynted â phosib? Mi wnes, a dyna sut y daeth cyfres deledu *Amdani* i fodolaeth.

Dim ond y tair cyfres gynta wnes i, a fedra i ddim deud i mi fwynhau'r profiad. Mae sgwennu llyfrau'n dod yn llawer haws i mi, ac mi fuo 'na gryn dipyn o straen a chrio a difaru f'enaid. Ond bu sgwrs efo Twm Miall ac Eilir Jones yn help mawr i mi; roedd *Cyw Haul* gan Twm wedi bod yn ysbrydoliaeth i mi wrth sgwennu'r nofel, a deud y gwir. Ac mae gen i go' mai Twm – neu Llion Traws, fel dwi'n ei nabod o – ddywedodd wrtha i yn y lle cynta, mewn tafarn yn rhywle, y dylwn i sgwennu nofel.

Yna, daeth Mei Jones fel jîni allan o botel i'm helpu efo'r

ail gyfres. Fyswn i byth wedi gallu dal ati heb ei gymorth o. Roedd o wedi dallt y cymeriadau i'r dim, a fo bwyntiodd allan i mi pa mor debyg oedden nhw i gymeriadau *C'mon Midffîld*. Menna oedd George, Llinos oedd Arthur Picton, a Sian Caerberllan oedd Wali. Wrth gwrs! Mi fydden ni'n cyfarfod yn fy nhŷ i, tŷ rhieni Mei ym Môn, National Milk Bar Porthmadog ac ambell *lay-by* i drafod y sgript – a wir i chi, mi ddechreuodd rhywun stori ein bod ni'n cael affêr . . . Nefi wen, toes isio gras? Nag oedden – iawn?! Dallt ein gilydd, oedden, ond dyna i gyd. Mae gen i barch mawr at Mei o hyd, a dwi'n digwydd credu ei fod o'n dipyn o jîniys. Ydi, mae'n gamp ei gael o i gyrraedd dedleins, ond rhowch chi ddigon o ffydd ac amser i'r dyn, ac mae o'n gallu creu campweithiau.

Beth bynnag, er gwaetha'r pres, do'n i ddim isio gneud mwy o raglenni *Amdani*. Roedd y profiad wedi cymryd llawer iawn gormod allan ohona i mewn sawl ffordd. Ro'n i wedi blino cymaint ro'n i'n edrych fel ysbryd, a dwi'n cofio chwalu'n rhacs a chrio'r holl ffordd ar y trên i gymryd rhan mewn stomp yng Nghaerdydd yng nghanol y sgriptio. Diolch byth fod gen i sbectol haul, a ffrindiau fel Carys Williams ddaeth i nghyfarfod i yn yr orsaf ac edrych ar f'ôl i fel mam – a chynnig ei cholur 'i guddio'r bagiau dan dy lygaid di'. Bu Dylan o gymorth mawr i mi, hefyd, gan lwyddo i roi *pep-talk* i mi ar y ffôn, a gneud i mi chwerthin efo'i 'Chin up, tits out! Wel, ddim *out* . . . i fyny 'ta'. Ro'n i'n dal i fod ei angen o, ac roedd o'n dal yn gyfaill da.

Aeth y stomp yn iawn yng Nghaerdydd, ond dyna pryd y penderfynais i roi'r gorau i *Amdani*. Mae bywyd yn rhy fyr i'w wastraffu ar bethau sydd ddim yn tynnu'r gorau allan ohonoch chi. Dwi'n difaru llawer iawn am y cyfnodau tywyll hynny ond mi ddysgais i lawer iawn, a dod allan o'r profiad yn berson cryfach a doethach yn y diwedd, dwi'n meddwl.

Roedd rhywun wedi deud wrtha i yn y cyfnod hwnnw, 'Bethan, we can make you and we can break you', ac mi wnes i addunedu i mi fy hun nad oedd neb yn mynd i gael fy nhorri i, diolch yn fawr. Stwffio'r byd teledu, ro'n i'n mynd i ddal ati efo dau fyd arall oedd yn fy siwtio'n llawer gwell: y byd llyfrau a byd addysg.

## Haul ar fryn

Fel mae'n digwydd, gan mod i'n gwybod sut byddai fy nheulu'n ymateb i'r nofel *Amdani!*, hyd yn oed cyn iddi gael ei chyhoeddi ro'n i wedi dechrau sgwennu llyfr parchus iawn, sef *Dyddiadur Gbara*. Roedd Llinos Wynne wedi comisiynu sgript dyddiadur ar gyfer y radio gen i, a hanes Gbara ddaeth i'r meddwl yn syth. Ar ôl gorffen recordio, dywedodd Llinos y dylwn gysylltu efo Myrddin ap Dafydd, ac roedd y llyfr yn y siopau ar gyfer Nadolig 1997 – lai na chwe mis ar ôl *Amdani!* Ro'n i wedi tynnu ambell ddarn allan ohono cyn i Myrddin ei weld, am mod i am 'brofi' nad o'n i fy hun ddim byd tebyg i gymeriadau *Amdani!* Roedd hynny'n help mawr ar gyfer cael fy ngwadd i siarad am y llyfr efo cymdeithasau capeli, ond dwi'n difaru fymryn bach erbyn heddiw.

Beth bynnag, ro'n i'n cael llwyth o wahoddiadau gan wahanol fudiadau a chymdeithasau i siarad am fy llyfrau, ac roedd bywyd yn bleser eto. Byddai merched Llinos yn dod i aros ambell benwythnos, a finnau'n cael modd i fyw efo nhw. Dechreuodd *Golwg* gomisiynu erthyglau gen i: hanes genod oedd yn chwarae darts, portread o Sonia Edwards, ac adolygiad o arddangosfa gelf (lle gwnes i gamddeall un o'r artistiaid oedd â nam ar ei lleferydd. 'What, people say your work is crap?' medde fi'n anghrediniol. 'No, people say my work is craft . . .').

Fues i'n athrawes lanw yn Ysgol David Hughes, Porthaethwy, am o leia dymor, ac yn gneud fy ngorau i ddysgu mymryn o Ffrangeg i blant ag anghenion arbennig yn Ysgol y Bont, Llangefni. Mi fyddwn yn mynd i'r theatr a'r pictiwrs yn gyson efo ffrindiau fel Bethan Anwyl a Carys ac Angela (dwy y dois i'n ffrindiau da efo nhw trwy *Rownd a Rownd*), yn canŵio'n rheolaidd efo Alun Pugh neu Siôn Môn, ac yn mynychu penwythnosau dysgu hwylio, hwylfyrddio ac ati ym Mhlas Menai.

Mi benderfynais drefnu gwyliau canŵio ym Mecsico ar gyfer pump o fy ffrindiau (Carys, Angela, Eleri, Rhian a Janice), a rhoi gwersi iddyn nhw ar Lyn Padarn cyn mynd. Yn anffodus, ar ôl rhoi gwers i Janice, aethon ni i dafarndai Bethesda lle ces i lawer iawn gormod, a finnau wedi trefnu i fynd i ganŵio i Ynys Enlli efo Andy, un o'r criw ODA, y bore canlynol. Ro'n i'n teimlo'n swp sâl yn cyrraedd Aberdaron, ond roedd y môr yn llawer rhy arw i feddwl croesi'r Swnt, felly dyma anelu am Ynysoedd y Gwylanod. Roedd y tonnau'r ochr draw i'r ynysoedd yn anferthol, a bu'n rhaid i mi frwydro o ddifri i beidio â throi drosodd – ond mi falodd y bar metal lle ro'n i'n pwyso nhraed, a myn coblyn, es i drosodd a methu'n lân â rhowlio 'nôl i fyny. Daeth Andy i f'achub, ond roedd y gwynt mor gryf, mi gipiodd fy nghanŵ o ddwylo Andy fel ei fod o'n gorfod padlo fel peth gwirion ar ei hôl a ngadael i yn y dŵr – yn fferru. Do'n i ddim yn gwisgo siwt wlyb, achos . . . wel, pan dach chi wedi cyrraedd safon go lew mewn canŵio, dydach chi ddim *yn* troi

157

drosodd. Pan lwyddais i o'r diwedd i lusgo fy hun yn ôl i mewn i'r canŵ, ro'n i'n cyfri am yn ôl – i neud yn siŵr nad o'n i'n heipothermig. Ro'n i'n gallu cyfri, ond roedd padlo'n anodd. Ro'n i wir yn meddwl mod i'n mynd i farw wrth geisio padlo rhwng y ddwy ynys: tonnau gwyllt yn dal i geisio fy nhroi, a finnau'n wan fel cath. Ar ôl cyrraedd dŵr tawelach dyma rafftio wrth ochr Andy, a welodd mod i'n hynod welw a rhoi llymed boeth o goffi o'i fflasg a Mars bar i mi. Ar ôl padlo chydig mwy eto, bu'n rhaid i mi stopio – i daflu i fyny, sydd ddim yn hawdd pan dach chi'n eistedd mewn canŵ. A nefi, dyma haid o balod (*puffins*) yn glanio o'n cwmpas. 'I've never seen puffins in this part of Wales before,' meddai Andy – 'and I've never messed up a rescue, and I've never seen anyone be sea-sick in a canoe.' Fues i rioed mor falch o gyrraedd y lan a chynhesu. Ond drapia, roedd goriadau'r car wedi gwlychu yn fy mag dal dŵr, ac roedd y car yn gwrthod cychwyn. Bu'n rhaid aros am yr AA cyn cael mynd adre am gawod boeth.

Ond roedd canŵio'n dal i fy hudo, a bu'r gwyliau yn Baja, Mecsico, yn llwyddiant, diolch byth – heblaw mod i'n poeni gormod am fwynhad y gweddill. Fy syniad i, a nhrefniadau i, oedden nhw wedi'r cwbl. Dyna be oedd mor braf am gymryd rhan yn y Western Isles Challenge yn nhopiau'r Alban efo Richard Rees a'r criw – eu syniad nhw oedd o, a doedd dim rhaid i mi drefnu dim. Dim ond gneud y darnau canŵio yn y ras gyfnewid anhygoel hon, oedd yn mynd o un pen o'r ynysoedd i'r llall. Roedd Richard a'i gyfaill Lyn yn dathlu pen-blwydd go fawr y flwyddyn honno, ac wedi penderfynu mai dyma'r ffordd i brofi iddyn nhw eu hunain (a phawb arall) nad oedden nhw'n rhy hen. Roedden nhw eu dau am neud y rhedeg, Alun Protheroe am neud y beicio, ac roedd pwyntiau ychwanegol i'w cael am fod â merch yn y tîm – a doedden nhw ddim yn nabod merch arall oedd yn gallu canŵio. Gallu canŵio, oeddwn, ond fedrwn i ddim padlo ar chwarter cyflymder y dynion mawr sgwyddau wardrob oedd yn fy erbyn! Er mwyn rhoi hoe i Alun mi wnes i feicio chydig hefyd, ond ges i goblyn o godwm ar ei feic o wrth fynd rownd cornel yn llawer rhy gyflym. Roedd 'na well siâp arna i nag oedd ar y beic. Mi wnes i fwynhau'n arw, a gawson ni wobr am fod y tîm arafa i orffen y ras, ond roedd timau o'r fyddin wedi methu ei gorffen, felly dyna brofi stori'r sgwarnog a'r crwban unwaith yn rhagor. Penderfynwyd rhoi cynnig arall arni eto'r flwyddyn ganlynol, a daeth Geraint fy mrawd efo ni i helpu efo'r gollwng a chodi. Doedd Dad ddim yn hapus o gwbl – tydi ffermwyr ddim i fod i jest codi a mynd am wyliau fel yna, siŵr (heblaw efo côr, wrth gwrs). Ond roedd y ddau'n siarad efo'i gilydd eto ar ôl cwpwl o fisoedd.

Dyma pryd y prynodd fy rhieni dŷ, tir a maes carafannau Dolgamedd yn y Brithdir. Yno maen nhw'u dau yn byw bellach, ond ar y dechrau, gosod y tŷ ar gyfer ymwelwyr fydden nhw. Roedd Mam wedi paratoi ffeil yn llawn cyfarwyddiadau ac ati, ac mi ddylwn i fod wedi sbio arni cyn iddi ei gadael ar gyfer yr ymwelwyr cynta, gan nad yw ei sillafu Saesneg yn wych iawn. Ond gawson ni i gyd ffit pan gyfaddefodd hi fod yr ymwelwyr cynta wedi deud wrthi: 'Mrs Evans, I think we'd better have a word . . .' – a dangos y dudalen lle roedd hi wedi nodi be ddylen nhw'i neud wrth adael y tŷ:

Leave:

Bins out.

Ffrig off and leave the door open.

Diolch byth mod i wedi etifeddu dawn sillafu fy nhad. Erbyn hyn ro'n i wedi mentro i weithio fel awdures ar fy liwt fy hun, ond doedd straeon ac ysgrifau ddim yn talu llawer ac roedd angen trwsio rhywbeth yn y tŷ byth a hefyd. Mi fyddwn yn aml yn byw ar un sosbennaid o lobsgows am wythnos. Ro'n i angen gwaith mwy dibynadwy, a phan welais hysbyseb am swydd ran-amser fel Swyddog Hyrwyddo Llenyddiaeth yng Ngwynedd, es amdani'n syth, a'i chael, diolch byth.

O fewn dim roedd hi'n amlwg mai dyma'r swydd ro'n i wedi breuddwydio amdani. Bwriad Cyngor y Celfyddydau a Chyngor Gwynedd wrth greu swydd o'r fath oedd 'darganfod y dulliau mwyaf effeithiol ar gyfer cael mwy o bobl i gymryd rhan mewn gweithgarwch llenyddol, yn y Gymraeg a'r Saesneg'. Hynny yw, annog ac ysbrydoli mwy o blant a phobl i ddarllen, sgwennu a mynd i ddigwyddiadau llenyddol – pethau oedd mor agos at fy nghalon – a ges i fodd i fyw efo hi. Ro'n i'n cael y rhyddid i feddwl yn greadigol, i roi cynnig ar brosiectau o bob math; os oedden nhw'n llwyddo, gwych; os oedden nhw'n methu, wel dyna fo, roedd pawb wedi dysgu rhywbeth. Hefyd, er nad oedden nhw'n 'fosys' fel y cyfryw, ro'n i'n dal yn atebol iddyn nhw, a dyma'r penaethiaid clenia, doetha a mwya adeiladol ges i rioed. Mewn stafell fechan yn Llyfrgell Caernarfon byddai pobl fel Hywel James (Prif Lyfrgellydd Gwynedd), John Clifford Jones, Emyr Williams, Gareth Haulfryn (a Sally Baker pan ddaeth yr Academi'n rhan o'r cynllun) a finnau'n cael sesiynau taflu syniadau at ein gilydd, oedd yn fwynhad pur. A byddai Hywel James yn aml yn gadael llyfr ar fy nesg am ei fod yn eitha siŵr y byddwn yn ei fwynhau. Dyna i chi be ydi ysbrydoliaeth.

Mi wnes i aros yn y swydd yma am chwe blynedd – record! Swydd arbrofol dros ddwy flynedd oedd hi i fod, ond roedd pawb yn hapus i ddal ati, a'r profiadau yn y llyfrgell ysbrydolodd fy llyfr mwya llwyddiannus o ran gwerthiant ohonyn nhw i gyd: *Bywyd Blodwen Jones*, nofel i ddysgwyr. Mae hi yn ei seithfed argraffiad rŵan ac yn dal i werthu'n dda. Mi sgwennes i ddau lyfr arall yn dilyn hanes Blodwen, oedd yn ceisio dysgu Cymraeg – a bachu dyn. Roedd y ffaith mod i'n ceisio dysgu Sbaeneg yn yr un cyfnod o gymorth mawr, wrth gwrs, ac o fy holl gymeriadau, Blodwen ydi'r un sydd debyca i mi.

Hefyd, er mwyn annog disgyblion ysgol i ddarllen, dechreuwyd ar gynllun 'Hei Hogia!', prosiect oedd wedi'i anelu at fechgyn Blwyddyn 8 gan mai dyna'n aml pryd maen nhw'n colli diddordeb mewn llyfrau. Gofynnais i'r actorion Maldwyn John ac Iwcs berfformio pigion o dri llyfr Cymraeg a thri llyfr Saesneg o flaen ysgolion Gwynedd i gyd. Mi weithiodd yn arbennig o dda, ond y broblem fwya oedd diffyg nofelau Cymraeg addas. Roedd 'na ddigon o rai llawn hiwmor yn Saesneg, ond ar wahân i *United* gan Eirug Wyn roedd hi'n denau ar y pryd yn iaith y nefoedd.

Fel mae'n digwydd, yn sgil llwyddiant *Amdani!* roedd Robat Gruffudd y Lolfa wedi penderfynu bod fy arddull i'n apelio at fechgyn, a ges i gomisiwn gan y Lolfa ac ACCAC i sgwennu nofel ar gyfer setiau is y cwrs TGAU Cymraeg. Roedd gwrando ar Maldwyn ac Iwcs yn sicr yn help wrth ei sgwennu, a dyna sut y daeth nofel *Llinyn Trôns* i fodolaeth. Ond ar ôl imi ei chwblhau, chlywais i 'run gair gan ACCAC am hir iawn. Yn y diwedd ges i lythyr yn deud 'diolch ond dim diolch' – doedd y nofel ddim wedi plesio'r pwyllgor. Roedden nhw wedi disgwyl rhywbeth 'mwy safonol'. Ew, mi nath hynna frifo. Ond roedd y Lolfa'n ei hoffi ac am ei chyhoeddi p'un bynnag. Oedd, roedd angen rhoi chydig mwy o stwffin ar y diwedd, ond roedden nhw'n berffaith fodlon efo'r mymryn o regi a 'chyffyrddiadau rhywiol' oedd wedi siomi ACCAC. Felly mi gafodd ei chyhoeddi yn 2000, efo chwip o glawr gan Catrin Meirion.

Ges i wybod yn syth fod disgyblion ysgol wrth eu bodd efo hi. Un o'r pethau hyfryta ges i drwy'r post erioed oedd pecyn o lythyron clên iawn gan griw o Ysgol Botwnnog, a gwahoddiad i siarad efo nhw am *Llinyn Trôns*: 'Dwi'n siŵr y gneith y Prifathro neud paned i chi.' Roedd eu hathrawes, Esyllt Maelor, yn credu ei bod hi'n berffaith ar gyfer setiau is TGAU. A myn coblyn, mi ges i wobr Tir na n-Og 2001 am y llyfr gorau i blant y flwyddyn honno. Ar ôl cryn dipyn o bwyso gan wahanol athrawon (diolch yn fawr i bob un ohonyn nhw), mae hi ar y cwricwlwm ers sawl blwyddyn bellach, a rhannau ohoni wedi'u perfformio ar lwyfan Eisteddfod yr Urdd. Tydi o'n od fel mae gwahanol bwyllgorau'n sbio'n wahanol ar bethau, dwch.

Fis Medi 1999 ges i wahoddiad gan Tudur Huws Jones, golygydd *Yr Herald Cymraeg*, i sgwennu colofn wythnosol. Dwi'n dal wrthi ac yn cael boddhad mawr, hyd yn oed os ydw i weithiau'n gorfod crafu am bwnc. Erbyn hyn mi fyddwn ar goll heb y ddisgyblaeth wythnosol o sgwennu ysgrif tua mil o eiriau. Mae'r broses yn gathartig yn aml ac yn ffordd o gael yr angst allan o'r system – 'Writing is turning one's worst moments into money' (J. P. Donleavy) – ond mae hefyd yn gyfrwng i fedru canmol. Os bydda i wedi darllen llyfr neu weld drama sydd wedi mhlesio, mae'n braf gallu annog eraill i'w profi – ac mae canmoliaeth yn yr *Herald* yn gallu gneud gwahaniaeth, credwch chi fi. Mae 'na lawer iawn mwy yn darllen y colofnau yma nag sy'n prynu llyfrau Cymraeg, ac mae'r criw sydd wrthi ar hyn o bryd – Angharad Tomos, Bethan Wyn Jones, Rhys Mwyn a finnau – yn cael yr ymateb rhyfedda, boed mewn print neu ar y stryd. Rydan ni a'n golygydd clên wedi dechrau cyfarfod i gerdded a mynd i gaffis ers blwyddyn neu ddwy bellach hefyd, ac mae'n braf dod i'w nabod yn well a rhannu profiadau.

Does yr un ohonon ni golofnwyr yr *Herald* yn cael pres mawr, gyda llaw – ro'n i'n cael mwy am golofn yr Athrawes Despret 'nôl ar ddechrau'r nawdegau. Llafur cariad ydi o. Mae llai o bobl yn prynu papurau newydd bellach, a llai byth yn fodlon talu am bapur Cymraeg, a dyna pam y cafodd yr *Herald Cymraeg* ei lyncu gan y *Daily Post*. Atodiad pedair tudalen ar ddydd Mercher ydan ni rŵan, sy'n drist. Ond dyna fo, prynu'r *Daily Mail* mae pobl Cymru, mae'n debyg. Ro'n i'n un o'r rhai benderfynodd gyfrannu at sefydlu papur dyddiol *Y Byd* am mod i'n credu ei fod yn ddyletswydd arna i neud hynny fel Cymraes, ac fel rhywun sy'n gweithio yn y maes. Ond ychydig iawn oedd yn teimlo'r un fath â fi, yndê? Do, mi ges i'n siomi'n arw yn fy nghyd-Gymry, a dwi'n dal yn flin ac yn drist nad oes gynnon ni bapur dyddiol cenedlaethol Cymraeg.

A bod yn onest, mae hi'n sefyllfa bathetic. Ges i'r fraint yn 2007 o neud cyfres radio efo Rhisiart Arwel (a llyfr yn nes ymlaen) o'r enw *Y Gwledydd Bychain*, oedd yn golygu cymharu Cymru efo Llydaw, Gwlad y Basg a Norwy. Yng Ngwlad y Basg, lle mae tua'r un faint o bobl yn siarad Euskera ag sy'n siarad Cymraeg, mae 'na bapur dyddiol (*Berria*) sy'n gwerthu ugain mil o gopïau bob dydd. Ugain mil! Dim ond rhyw saith mil oedd gobaith *Y Byd*. Ges i sgwrs efo golygydd *Berria*, Martxelo Otamendi, am fwriad Ned Thomas:

> Wel, gydag agwedd negyddol, neith o byth weithio, ond mae'n profiad ni'n dangos ei fod o'n bosib – mae'n gweithio ac yn llwyddiant. Mae angen lot fawr o waith, lot o ymdrech . . . Heb bapur newydd eich hunain, fydd y Gymraeg ddim yn gallu dod ymlaen yn y byd, neu o leia ddim yn gallu bod yn un o'r ieithoedd modern. Os cewch chi'ch papur, mi fyddwch yn gweld y bydd o'n siarad am y pethau dyw'r papurau eraill (Prydeinig) ddim yn siarad amdanyn nhw. Mae hynny wedi digwydd gyda ni – rydan ni wedi gorfodi pobl eraill i roi sylw i'r pynciau yma, dim ond oherwydd ein bod ni'n bodoli.

Roedd yr ymweliad â Gwlad y Basg yn drist oherwydd ei fod yn tanlinellu'r diffyg parch sydd ganddon ni'r Cymry atom ein hunain ac at ein hiaith, ond roedd Llydaw yn torri nghalon am mod i wedi gweld beth allai ddigwydd i ni. A dyna pam dwi'n dal i drio sgwennu (a chomisiynu) stwff sy'n apelio at bobl sydd ddim yn trin yr iaith fel rhywbeth academaidd, ond sy'n ei defnyddio'n naturiol bob dydd efo'u plant a'u cyfeillion – hyd yma.

Mae'n loes calon i mi fod llyfrau'n gwerthu llai a llai bob blwyddyn wrth i'r hen ddarllenwyr ffyddlon ein gadael. Efallai fod mwy o blant yn dysgu Cymraeg o ryw fath yn yr ysgolion, ond dydyn nhw na'u rhieni'n sicr ddim yn prynu llyfrau, nac yn eu benthyca o'r llyfrgell. Dydi DVD yn gymaint haws? Mae'n fy ngwylltio hefyd nad ydi'r gwahanol gyfryngau Cymraeg yn helpu'i gilydd. Mae llyfrau'n cyfeirio at raglenni neu 'selébs' yn aml, ond pryd gwelsoch chi rywun yn cydio mewn llyfr go iawn mewn drama ar S4C? Does dim angen ei neud o'n rhan o'r stori; byddai llyfr fel prop yn well na dim! Oedd, roedd 'na adolygiadau a lansiadau ar *Wedi 7* ac ar ambell raglen ar y radio – ac mae *Pethe* ar gael, ond dim ond pobl sydd â diddordeb pendant yn y Pethe sy'n gwylio honno. Be am raglenni gyda'r nos ar Radio Cymru? Does dim angen panel yn mwydro am hanner awr – jest rhyw sylw weithiau am lyfr Cymraeg sydd wedi plesio rhywun, neu ei wylltio. Mae hyd yn oed sylw negyddol yn sylw. Mae'r un peth wedi bod yn wir am y defnydd o gerddoriaeth ar S4C – dim digon o gwmnïau'n mynd ati i chwilio am stwff Cymraeg/Cymreig addas. 'There She Goes' oedd tiwn *Ar y Lein* nes i Dyl Mei gysylltu a thynnu sylw at 'Dacw Hi', Gruff Rhys. Da 'di Dyl.

### Ffrwd y Gwyllt a Del

Ro'n i'n hapus iawn yn byw ym Methesda, ond os nad oes gynnoch chi ŵr yn y clwb golff neu rygbi, neu blant yn yr ysgol, mae'n anodd iawn cael eich derbyn o ddifri mewn ardal newydd. Don i ddim yn teimlo'n rhan o'r gymdeithas, rywsut, a dwi'n meddwl bod yr angen am hynny'n mynd yn bwysicach fel rydach chi'n mynd yn hŷn. Ac ro'n i wedi cael breuddwyd hynod fyw un noson: ro'n i'n sgwennu mewn bwthyn del efo *French windows* oedd yn llydan agored ac yn sbio allan i'r môr. Ac ro'n i mor, mor fodlon fy myd yno. Felly, er mwyn dechrau'r mileniwm newydd efo bywyd newydd, es ati i chwilio am dŷ allwn i ei fforddio yn agos i'r môr mewn ardal Gymreig, fywiog – Pen Llŷn. Trwy Bethan Anwyl ro'n i wedi dod yn ffrindiau mawr efo'i chyfnither, Ann, a'i gŵr, Charles, sy'n ffarmio yn Nhŷ Engan, Sarn. Aeth Ann â fi am dro i sbio ar dai oedd ar werth. Roedd 'na dai del iawn o gwmpas – tyddynnod bach gwyngalchog, hyfryd. Ond roedden nhw'n hurt o ddrud, a doedd gen i'm gobaith mwnci yn erbyn yr holl bobl ariannog oedd yn chwilio am 'the perfect holiday home'.

Roedd y freuddwyd yn fyw o hyd, ac mi ddechreuais chwilio mewn ardaloedd rhatach. Ro'n i wedi sôn wrth Mam, oedd wedi sôn wrth ei chwaer, Anti Margaret, sy'n ffarmio yn Nyffryn Ardudwy, a aeth ar ei phen i swyddfa asiant gwerthu tai yn y Bermo a dod â swp o fanylion tai gwahanol i mi. Yn eu mysg roedd 'na dŷ oedd ddim ar gyfyl y môr – yn Rhydymain, jest i lawr y ffordd o Ddolgamedd, lle roedd Geraint fy mrawd a'i wraig, Nia, newydd symud i fyw. Diddorol; ro'n i'n cofio sylwi ar y tŷ bach tlws yma wrth fynd am y Bala dros y blynyddoedd – tŷ oedd yn f'atgoffa o chwedl Hansel a Gretel. Fyddwn i ddim gwaeth o gael golwg arno. Wel, mi syrthiais mewn cariad yn syth. Nagoedd, doedd 'na ddim *French windows* ond mae 'na rŵan – yn agor allan ar ffrwd fechan sy'n tincial i lawr o'r gwyllt (y rhan goediog sy'n uchel i fyny tu cefn i'r tŷ), sy'n egluro'r enw 'Ffrwd y Gwyllt'. Ac roedd Joy, y ddynes oedd piau'r lle, wrth ei bodd efo'r syniad o'i werthu i 'a real Welsh lady' . . . Roedd hi'n gymeriad a hanner oedd yn cawlio'i geiriau braidd, a bu bron i mi ffrwydro pan ddechreuodd hi sôn am y 'Vagina creeper' [*sic*] roedd hi wedi'i blannu ar ochr y tŷ, ac awgrymu y dylwn i roi 'blow-job' i'r pren oedd yn pydru yn y ffenestri.

Daeth Llinos i weld y tŷ efo'r plant, a deud yn syth, 'Fysat ti byth yn gallu dod o hyd i dŷ sy'n dy siwtio di cystal â hwn. Mae o jest yn "chdi".' Gwaredu roedd Mam, fel un sydd wedi byw mewn hen dai ar hyd ei hoes. Roedd hi'n methu dallt pam na fyswn i'n prynu byngalo bach newydd, hawdd edrych ar ei ôl. Byngalo?! Dim bwys gen i faint o waith fyddai 'na ar yr hen dŷ hwn (1837, gyda llaw – ac oedd, mi oedd 'na gryn dipyn o waith i'w neud arno, a dwi byth wedi gorffen). Hen dai sy wedi fy nenu i erioed, hen dai difyr a chymeriad iddyn nhw – a llofftydd fyny staer. Bu'n rhaid ail-neud y staer, fel mae'n digwydd – roedd o'n beryg bywyd, yn hurt o gul a serth, ac â thwll ar ei dop o wedi i Dic, gŵr Luned, roi gordd mewn blocyn oedd yn hongian o'r nenfwd islaw. Wps – un o'r grisiau oedd o.

Un broblem oedd gen i: Siani Flewog y gath. Allwn i ddim dod â hi fan hyn, lle mae 'na gymaint o adar yn yr ardd, a ph'un bynnag, ro'n i'n eitha siŵr na fyddai hi eisiau gadael Bethesda. Doedd hithau, chwaith, ddim wedi bod yn rhy hapus yn Glan-llyn. Diolch i'r drefn, roedd perchnogion newydd y tŷ ym Methesda eisiau ei chadw, a phan na fydden nhw o gwmpas, roedd Gwilym a Doris i lawr y ffordd yn fwy na hapus i ofalu amdani. Roedden nhw wedi bod yn gneud hynny ers sbel, beth bynnag. Ffiw, ro'n i felly'n gallu'i gadael heb deimlo'n euog – a wyddoch chi be? Er ei bod hi wedi bod yn gwmni da i mi am flynyddoedd, wnes i'm colli deigryn wrth ffarwelio efo hi. Cath oedd hi, yndê – cath hynod annibynnol – ac ro'n i'n eitha siŵr na fyddai hithau'n crio o ngweld i'n gadael chwaith.

Ro'n i'n symud i mewn i Ffrwd y Gwyllt fis Ebrill 2000. A dyna ni, ro'n i'n ôl ym mro fy mebyd, lle ro'n i'n nabod pawb a phawb yn fy nabod i. Ond yn un o dafarndai'r dre toc wedyn, trodd rhyw griw ag acenion Seisnig ata i a deud: 'You're not from round 'ere, are ya?' Asiffeta.

Do, mae'r ardal wedi newid yn arw ers pan o'n i'n ddeunaw, wedi Seisnigeiddio'n arw, a does 'na'm llawer o nghymdogion yn gallu siarad Cymraeg. Ond mae'r Cymry Cymraeg yn dal yma, ac mae 'na gymdeithas gref, fywiog. Ac er bod nifer fawr o'r plant yn symud i lefydd fel Caerdydd, mae 'na gryn dipyn yn dod yn ôl hefyd. Hyd yma.

Ges i symud fy swydd hyrwyddo llenyddiaeth i Lyfrgell Dolgellau, a chael hwyl garw yng nghwmni'r criw yn fanno. I John El, y Prif Lyfrgellydd ar y pryd, mae'r diolch am fy nofel *Gwrach y Gwyllt*, a deud y gwir. Ro'n i'n gwybod mod i am sgwennu am wrach, ac wedi bod yn gneud tipyn o ymchwil yn y llyfrgell. Dyma John El yn deud, 'O, a sut wrach fydd hi? Paid a deud 'tha i, gwrach wen, dda, sy'n cael ei cham-ddallt, ia? Paid â bod mor boring – gwna hi'n ddrwg.'

Roedd o yn llygad ei le, felly mi newidiais fy nghynlluniau i gyd a gneud Siwsi'n ddrwg iawn, iawn. Diolch, John El! Bu'r nofel allan o brint am sbel, ac mae wedi cael ei hailgyhoeddi efo clawr newydd. Dydi hi ddim at ddant pawb oherwydd y rhyw a'r gwaed sy ynddi, ond mi wnes i wirioneddol fwynhau ei sgwennu – ac, yn amlwg, mi werthodd yn arbennig o dda. Dwi'n meddwl mai dylanwad Stephen King oedd yn gyfrifol am y darnau ych a fi (ro'n i'n llyncu ei lyfrau yn f'arddegau, ac addasiad o un o'i lyfrau, *The Shawshank Redemption*, ydi un o fy hoff ffilmiau erioed). Ond ro'n i hefyd yn yfed gwin coch wrth sgwennu hon yn oriau mân y bore, ac roedd hynny'n tueddu i neud i fy nychymyg fynd yn rhemp. Coleridge a dylanwad yr opiwm arno wrth iddo sgwennu'r gerdd 'Kubla Khan' wedi aros yn fy nghof o'r gwersi Lefel A Saesneg, dwi'n meddwl.

Ond roedd natur Siwsi, y prif gymeriad, wedi fy swyno p'un bynnag, a byddai'r golygfeydd yn fy synnu – a finnau heb yfed ddim byd mwy sinistr na phaned o goffi. Dyna'r tro cynta rioed i mi deimlo bod cymeriad yn cymryd drosodd, yn sgwennu ei hun, bron. Ydi, mae'n swnio'n arti-ffarti, ond dyna ddigwyddodd, wir yr. Mi fyddwn yn sgwennu golygfeydd am dri y bore ac yn fy nychryn fy hun. Codi'r bore wedyn a darllen be o'n i wedi'i sgwennu, a dychryn yn waeth – ond diaw, roedden nhw'n olygfeydd reit effeithiol, ac ro'n i, fel y darllenydd (gobeithio), yn ysu isio gwybod be fyddai'n digwydd nesa.

Gan amla mae gen i syniad go lew be sy'n mynd i ddigwydd ar ddiwedd nofel cyn imi ei dechrau, ond efo hon doedd gen i'm clem ac mi wnes i fwynhau'r profiad hwnnw'n arw. Ond mae gneud cynllun ymlaen llaw yn golygu bod y sgwennu'n haws a chryn dipyn yn gyflymach. Beryg mai dyna ddylwn i ei neud efo'r nofel sy gen i ar y gweill ers chwe blynedd a mwy. Cynllun amdani, Bethan – ia, iawn, unwaith y bydda i wedi gorffen sgwennu'r hunangofiant 'ma.

Erbyn hyn, ro'n i hefyd wedi dechrau sgwennu dramâu a sgriptiau: dwy ddrama wreiddiol a dau addasiad Saesneg ar gyfer Cwmni'r Frân Wen, drama radio Saesneg i blant efo Elen Rhys o'r BBC, a sgriptiau ar gyfer ysgolion cynradd – yn cynnwys *Pantolig*, sgript sy'n dal i gael ei defnyddio gan ysgolion, dwi'n falch o ddeud. Mi wnes i fwynhau gweithio efo'r bobl yma i gyd, a dysgu cryn dipyn ganddyn nhw. Ro'n i'n meddwl mod i wedi dallt y busnes drama 'ma o'r diwedd – nes i mi gael comisiwn i neud sioe lwyfan yn seiliedig ar *Amdani* yn 2003. Hm. Profiad . . . ym . . . 'diddorol', a mater o ormod o *chiefs*, dwi'n meddwl. I dorri stori hir yn fyr, nath o'm gweithio. Do, mi fuo 'na sioe – a lwyddodd i lenwi'r theatrau – ond nid fy sgript i oedd hi. Pan ofynnwyd am 'rewrite', ro'n i ym mhen draw'r byd (diolch byth – do'n i ddim isio sbio ar y bali peth byth eto), a dramodydd annwyl a chlên oedd ddim isio i'w enw ymddangos ar boster na rhaglen achubodd y dydd. Ond dwi am ei enwi o fan hyn – diolch, Dafydd Llewelyn. Ro'n i'n gwybod bod ganddo dalent ers clywed ei araith anfarwol ym mhriodas ei chwaer, Delyth (fu'n byw efo fi yng Nghlydach). Sticio at ddramâu ar gyfer plant ydw i wedi'i neud ers hynny, er mod i'n gweithio ar un ar gyfer oedolion ar hyn o bryd – ac yn cachu brics.

Do'n i rioed wedi breuddwydio y byddwn i'n gyflwynydd teledu. Ro'n i wedi gneud peilot yn 1996 efo cwmni Tonfedd ar gyfer cyfres awyr agored arfaethedig o'r enw *Dim Ffit*. Roedden nhw wedi penderfynu gneud dau beilot ar yr un pryd, efo cyflwynwyr gwahanol: Amanda Protheroe Thomas a Dafydd Du oedd y cwpwl cynta, a Dilwyn 'Porc' Morgan a fi oedd yr ail. Wel, roedd hi'n eitha amlwg pa gwpwl fyddai'r mwya *glamorous*, doedd? 'Y clowns ydan ni, ia?' meddwn i wrth Olwen, y cynhyrchydd. Mi driodd hi wadu hynny, a dwi'm yn siŵr pam; roedd Dilwyn a finnau'n dallt y sefyllfa'n iawn! Beth bynnag, mi gafodd yr hogia fynd i baragleidio (ro'n i'n wyrdd), ac aeth Amanda a finnau i Chwarel Vivian yn Llanberis, i abseilio. Ro'n i wedi abseilio yno ddwsinau o weithiau, felly do'n i ddim wedi cyffroi ryw lawer. Ond roedd hwn yn abseilio gwahanol – ben i lawr – hynny yw, mynd i lawr y graig wysg eich wyneb yn hytrach na'ch cefn, rhywbeth sy'n cael ei alw yn Saesneg yn *rap jumping*. Mae'r fyddin yn ei ddefnyddio er mwyn i'r milwr fedru saethu wrth iddo fynd i lawr ochr dibyn neu adeilad. Ro'n i wedi'i neud o o'r blaen, fel mae'n digwydd, ond er mwyn y rhaglen beilot ro'n i i fod i esgus mai dyma'r tro cynta.

Oherwydd gofynion iechyd a diogelwch, ro'n i'n gorfod ei neud o mewn harnes pwrpasol, nid harnes dringo cyffredin, fel ro'n i wedi arfer ag o. Roedd hwn fel rhywbeth rydach chi'n ei roi am blentyn bach i'w rwystro rhag rhedeg allan i'r ffordd, yn mynd cris-croes dros ran ucha'r corff. Roedd Amanda dal, ddifloneg, yn edrych yn hyfryd ynddo fo, wrth gwrs. Piffian chwerthin wnaeth Tom Tomos (brawd Dei) pan welodd o fi. Dydi harnes fel yna ddim yn siwtio rhywun â bronnau fel fi, ac ro'n i'n edrych fel sachaid o datws mewn ffilm bornograffig.

O wel, ymlaen â'r ffilmio. Wedi i Amanda fynd i lawr yn ara ond gosgeiddig, dyma fy nhro i – ac i lawr â fi, wedi anghofio'n llwyr nad o'n i i fod wedi'i neud o o'r blaen. Ro'n i wedi cyrraedd y gwaelod mor gyflym, roedd o leia un camera wedi fy ngholli'n llwyr. Bu'n rhaid dringo 'nôl i fyny a'i neud o eto – 'fymryn yn arafach, Bethan!' Gawson ni wylio'r cyfan ar sgrin wedyn, a sylw Amanda oedd:

'Mae Bethan yn agosach at y graig na fi, rywsut, on'd yw hi? Shwt 'ny?'

'Mae nghoese i'n fyrrach, Amanda.'

O diar, roedd hi'n berffaith amlwg i mi pa un gâi ei dewis. Ond wyddoch chi be? Er bod y comisiynydd ar y pryd yn bendant o blaid comisiynu cyfres, penderfynodd S4C newid comisiynwyr a chafodd neb neud y bali gyfres!

Yn 2001, mi ges i wahoddiad i fod yn rhan o gynllun gwych ac arloesol 'Nofel-T' efo *Uned 5*. Y syniad oedd chwilio am griw o ffrindiau ysgol fyddai'n fy helpu i sgwennu nofel, a ffilmio'r broses o'r dechrau i'r diwedd. Ges i fodd i fyw yn cyfarfod a holi'r gwahanol griwiau dros Gymru gyfan, a phump o Flwyddyn 10 Ysgol Dyffryn Teifi ddaeth i'r brig. Ar ôl misoedd o deithio 'nôl a mlaen, a phenwythnosau yn Llangrannog lle byddai'r criw yn rhoi eu barn (yn greulon o onest weithiau!) am y bennod ddiweddara, cyhoeddwyd y nofel *Sgôr*. Roedd cydweithio efo disgyblion ysgol fel yna'n addysg, a deud y lleia, ond doedd yr un ohonyn nhw isio dilyn gyrfa fel awdur wedyn ar ôl gweld cymaint o waith sy'n mynd i mewn i sgwennu nofel! Roedd y nofel a'r rhaglen yn llwyddiant, diolch byth, ond ro'n i wedi anghofio pob dim am adolygiad ro'n i wedi'i ludio i mewn i'r dyddiadur. Roedd Dylan Jones Roberts, yr adolygydd, wedi mwynhau'n arw, a 'Rhowch raglen iddi, S4C!' meddai.

Mi fues i'n aelod o dîm Talwrn y Beirdd Dolgellau am gyfnod, a dyma limrig sgwennais i am 'unrhyw raglen ar S4C':

### Pacio

Mae'n gwisgo rhyw damed bicini
I ddangos y traethau aur inni,
'Swn i'n licio'r sbri
Ond clompen 'dw i,
A'r radio i mi 'sa 'i, dicini.


Rhyfedd o fyd – toc wedyn, mi ges i alwad ffôn arall gan Richard Rees. 'Hei Beth, shwt fyddet ti'n hoffi teithio o amgylch y byd a chael dy dalu?' Roedd o wedi sylwi bod dilyn llinellau hydred a lledred ar fap y byd yn cysylltu'r llefydd rhyfedda, a bod llinell lledred 52° yn mynd trwy Lanymddyfri, Siberia, Ynysoedd Aleutia yn Alaska, ac yn y blaen. Roedd S4C wedi cytuno efo fo y byddai dilyn y llinell yn gneud chwip o gyfres deledu; y cwbl oedd ei angen rŵan oedd cyflwynydd, ac roedd o wedi meddwl amdana i yn syth. Wel, dyna ddeudodd o ar y pryd ond ges i wybod yn ddiweddarach gan Aled Sam mai fo gafodd y cynnig cynta ond nad oedd y pres yn ddigon ganddo fo. Derbyn yn syth wnes i, wrth gwrs, a fis Ebrill 2003 dyma ddechrau ar daith ryfeddol efo criw Telesgop. Unwaith eto, os dach chi isio gwybod yr hanes, mae'r cyfan mewn llyfr o'r enw *Ar y Lein*. A'r ddwy daith arall ddaeth wedyn hefyd: trwy'r ddau Begwn yn *Ar y Lein Eto*, ac yn dilyn y cyhydedd yn *Ar y Lein Eto Fyth!* Dydyn nhw ddim wedi gwerthu hanner cystal â'r nofelau, am fod pobl yn meddwl eu bod wedi gweld y cwbl yn barod ar y teledu, mae'n siŵr. Ond, o mhrofiad i, mae'r stwff difyrra wastad yn digwydd pan fydd y camera wedi'i ddiffodd.

Yr ail daith oedd yr un orau o ddigon, gan fod cymaint o amrywiaeth ar hyd y 'llinell', a ges i fynd i leoedd na fyddwn i byth wedi gallu mynd iddyn nhw ar fy liwt fy hun, sef yr Arctig a'r Antartig. Y ffefryn oedd yr Antartig; mae'r lle yn anhygoel, ac am y tro cynta ro'n i'n cael bod yn yr un lle am sbel fel mod i'n cael dod i nabod y bobl yn iawn, yn hytrach na rhyw 'Helô, ta-ta' brysiog cyn carlamu i'r lleoliad nesa. A dyna i chi un peth ddaeth yn glir yn ystod y teithiau hyn: pobl sy'n 'gneud' teithiau i mi. Ydi, mae'n braf gweld golygfeydd prydferth, ond mae dod i nabod pobl newydd a gneud ffrindiau a cheisio deall rhywfaint ar eu diwylliant yn fwy gwerthfawr o lawer i mi.

Mi ddois yn ffrindiau da efo Marian Evans o Seland Newydd ar y daith ar long Rwsiaidd i Fôr Ross. Roedd hi newydd golli'i gŵr yn ifanc – gŵr o dras Cymreig – ac yn teithio ar ei phen ei hun ar daith roedd y ddau wedi bwriadu'i gneud efo'i gilydd rywbryd. Roedd hi'n rhannu caban efo fi ac roedden ni'n dod ymlaen yn dda o'r cychwyn cynta, diolch byth. Ers hynny, rydan ni wedi bod yn gyrru ebyst a negeseuon tecst i'n gilydd bob tro mae tîm Cymru'n chwarae yn erbyn y Crysau Duon. Ddim byd hir, dim ond abíws ysgafn fel arfer. Ond, yn 2011, mi ges i ebost yn deud, 'I have a spare room if you want to come over for the rugby.'

Cwpan y Byd, hynny yw. Felly mi es, a chael amser bythgofiadwy. Mi fydd hi'n siŵr o ddod draw i Gymru ryw ben ac mi fydd croeso mawr iddi. Mae hithau'n byw'n hapus ar ei phen ei hun rŵan, yn ddynes annibynnol, gref ar ôl cyfnod o chwalu yn dilyn marwolaeth ei gŵr. Roedd 'na ddigon o ddynion ar ei hôl hi o hyd, ond fyddai neb yn gallu llenwi sgidiau ei gŵr, a chan ei bod yn gallu byw bywyd hapus, llawn efo'i fflyd o ffrindiau a chwmni'i dau fab sy yn eu hugeiniau, be fyddai pwynt cymhlethu pethau'n ddiangen?

Ro'n i'n sgwennu *Pen Dafad*, nofel i blant, wrth deithio trwy rew'r Antartig, a difyr oedd cael syniadau'r holl ffermwyr defaid o Awstralia a Seland Newydd oedd ar y llong. Ro'n i hefyd yn ceisio sgwennu'r nofel *Hi yw fy Ffrind* yn y bylchau rhwng teithiau *Ar y Lein*, felly mi gymrodd honno lawer mwy o amser na'r disgwyl. Mae hi'n goblyn o anodd sgwennu nofel fawr dew ar gyfer oedolion a chithau'n jyglo llwyth o bethau eraill. Dyna fy esgus i, o leia. Dyna pam ddaeth y stori allan mewn dau lyfr yn hytrach nag un (*Hi oedd fy Ffrind* ydi'r ail), efo bwlch o ddwy flynedd rhwng y ddau.

Ro'n i wrth fy modd efo'r ymateb i'r ddwy nofel, a ges i ffit biws pan gafodd *Hi yw fy Ffrind* ei rhoi ar restr fer Llyfr y Flwyddyn yn 2005. Dyna'r tro cynta erioed i mi gael sylw'r gystadleuaeth honno – a'r ola, synnwn i daten. Ond ro'n i'n anlwcus ar ddau gownt: 1. Roedd Caryl Lewis wedi sgwennu *Martha, Jac a Sianco* y flwyddyn honno; 2. Dyna'r flwyddyn y penderfynwyd newid y drefn: £10,000 i'r enillydd a bygyr-ôl i'r ddau arall (Elin Llwyd Morgan a fi). Cyn hynny, roedd 'na £1,000 yr un i'r ddau gollwr. O wel. O leia, maen nhw wedi newid pethau rŵan fel bod pawb ar y rhestr fer yn cael rhywbeth.

Ar ôl y drydedd daith o gwmpas y byd, ro'n i wedi blino. Doedd fy mhen-glin ddim yn hoffi'r oriau hirfaith mewn seddi economi ar awyrennau, a phan fyddwn i'n dod adre byddai plant bach fy mrawd yn sbio'n hurt ar y ddynes ddiarth oedd wedi dod ag anrhegion iddyn nhw. A dydi teithio fel yna ddim yn wyliau; mae'n waith uffernol o galed, i chi gael dallt! Ia, dwi'n gwybod, anniolchgar iawn. Ond ro'n i'n dechrau mynd yn bifish a difynedd efo pobol, ac mae'n gas gen i fod fel'na. Felly na, do'n i ddim isio dal ati efo *Ar y Lein* arall. Ro'n i hefyd yn ymwybodol fod y cyllyll yn dechrau cael eu miniogi. Ia, yr hen glwy Cymreig o fod isio tynnu rhywun i lawr os ydyn nhw'n ymddangos yn rhy lwcus neu 'lwyddiannus'. Mae hi hefyd yn bwysig gwybod pryd i roi stop ar gyfres cyn i'r gwylwyr flino arni, ac ro'n i'n dechrau cael trafferth dod o hyd i rywbeth newydd i'w ddeud wrth grwydro o gwmpas y ddegfed farchnad 'brysur, llawn bwrlwm'.

Ond er mwyn f'argyhoeddi fy hun (a phawb arall) na allwn ddal ati i deithio fel hyn, ro'n i angen rheswm da dros aros adre. Plant a chymar oedd esgus pawb arall, felly mi wnes i chwarae efo'r syniad o gael babi, ond roedd hynny'n mynd â phethau braidd yn rhy bell. A dyna pryd y penderfynais i mai dyma'r amser i mi gael ci.

Roedd Ann Charles yn digwydd bod â llwyth o gŵn defaid bach Cymreig pan alwais i i'w gweld yn y Sarn ddiwedd Rhagfyr 2006. Yn eu mysg roedd gast fach goch a gwyn, y peth bach delia welais i erioed, ac mi syrthiais mewn cariad dros fy mhen a nghlustiau. Roedd fy rhieni'n gwaredu: Dad oherwydd mai cŵn gwaith ydi cŵn defaid i fod. Fyddai hi ddim yn deg i mi gadw gast ddefaid fel ci anwes a hithau wedi'i rhoi ar y byd 'ma i hel defaid – oni bai mod i am ddechrau bugeilio efo fo. Ym . . . nago'n. Mam yn gwaredu oherwydd mod i'n bwriadu cadw'r ast fach yn y tŷ: 'A phwy fydd yn gorfod edrych ar ei hôl hi pan 'ti'n galifantio, y? Wna *i* ddim, dwi'n deud 'that ti rŵan.' Ond pan ddois i â Del adre, mi syrthiodd hithau mewn cariad efo hi, ac mae hi wastad yn falch iawn o'r cyfle i'w gwarchod. A deud y gwir, dim ond efo Mam, Luned neu fi yr aiff Del am dro. Mae'n gwrthod yn lân â mynd i unlle efo unrhyw un arall.

Ond do'n i ddim wedi disgwyl gorfod ei gadael efo Mam am gyfnod mor hir, mor fuan. Ges i alwad ffôn gan Amanda Rees o Gwmni Green Bay, oedd angen cyflwynydd i fynd i Tsieina am dair wythnos – ar fyr rybudd. Ro'n i wedi cael y pigiadau angenrheidiol i gyd, wrth gwrs (ro'n i fel rhidyll ar ôl cyfresi *Ar y Lein*). Ond taith bell arall mor sydyn? Hm. Duwcs, doedd tair wythnos yn ddim byd, a do'n i rioed wedi bod yn Tsieina.

Dilyn afon Yangtze ar gyfer cyfres *Yr Afon* wnaethon ni, gyda Haydn Denman yn ŵr camera a Derek Edwards yn gofalu am y sain (dau oedd wedi gneud cryn dipyn o raglenni *Ar y Lein* efo fi), ac Angela, cês o Albanes, yn ogystal ag Amanda, oedd yn gwmni gwych, ac mi wnes i fwynhau pob eiliad. Enillodd Haydn wobr BAFTA Cymru am ei waith camera ardderchog ar y rhaglen yna, gyda llaw.

Ond ro'n i'n crio fel babi wrth adael Del efo Mam. Do'n i rioed wedi crio wrth adael fy nheulu i fynd i ffwrdd am fisoedd lawer, ddim unwaith, a wnes i'm crio wrth ffarwelio am byth efo fy nghath ym Methesda, ond roedd y ci bach oren yma efo'r llygaid 'Ti'm yn 'y ngadael i?' wedi cydio yn fy nghalon go iawn. Dim ond pobl sydd â chŵn anwes eu hunain sy'n gallu deall y cwlwm anhygoel sy 'na efo ci. Ac mae'n siŵr fod pobl sengl fel fi â chwlwm tynnach ac

176

agosach fyth; dyma'r unig bobol – sori – yr unig bethau sy'n ein gweld ni bob dydd, yndê? Dyma pwy sy'n fy nghroesawu i lawr staer bob bore, sy'n gwichian a llyfu am ei bod hi mor hynod falch o ngweld i. Dyma pwy sy'n fy ngharu'n llwyr, dim bwys pa mor flin a diamynedd ydw i; mae hi wastad isio gneud be fydda i isio'i neud, heb gega dim, ac mae hi'n gwrando'n astud ar fy mwydro i heb ddeud 'Bethan, paid â malu cachu.' Fel y dywedodd rhywun ryw dro, 'Ci ydi'r unig beth ar y ddaear sy'n dy garu di'n fwy nag wyt ti'n dy garu dy hun.' A phan fydda i'n drist neu'n sâl, mae hi'n gwybod yn iawn. Bryd hynny, fydd hi ddim yn neidio'n wyllt, dim ond gorwedd wrth fy ymyl a sbio arna i efo'r llygaid diwaelod yna. Ac ydw, dwi'n teimlo'n well wedyn.

Cael ci oedd y penderfyniad gorau wnes i rioed.


## Y bywyd sengl

To know what you prefer, instead of humbly saying
'Amen' to what the world tells you you ought to prefer,
is to have kept your soul alive.

R. L. STEVENSON

Taswn i'n cael ceiniog am bob tro mae rhywun wedi gofyn imi pam nad ydw i wedi priodi . . .

Y gwir amdani ydi nad ydw i'n hollol siŵr fy hun, ond mae gen i syniad go lew. Yn un peth, mi wnes i syrthio mewn cariad yn llawer rhy ifanc, ar yr adeg anghywir, efo'r boi anghywir. Wedyn doedd yr un berthynas arall yn gallu cymharu efo angerdd a gwallgofrwydd y profiad hwnnw. Bob tro y byddwn i'n dechrau canlyn o ddifri, doedd o jest ddim yn teimlo'n iawn. Os nad oedd o'n gariad oedd yn fy nhroi tu chwith allan, cariad oedd yn gneud i'n stumog i fynd din-dros-ben dim ond wrth sbio arno, be oedd y pwynt? Ro'n i'n nabod merched oedd yn setlo efo 'Mr-neith-o'r-tro', ond allwn i byth neud hynny. I be? Dydi gneud hynny ddim yn deg ar neb, a ph'un bynnag, dwi'n mwynhau fy nghwmni fy hun.

Dyma i chi gerdd arall wnes i i'r *Talwrn* (pennill yn cynnwys enw aderyn oedd y dasg):

> Mae 'na frân i frân yn rwla, meddan nhw.
> Ond sut mae hynny'n gweithio
> Os wyt ti'n gwdihŵ?

Ydi, mae hi braidd yn fyr, felly dyma ddarn o un arall, hirach wnes i ar gyfer stomp (PEIDIWCH â darllen hwn, Nain!):

> Dwi'n meddwl mai be dwi'i angen ydi robot
> Sics ffwt thrî a chaled fel tebot (stainless steel)
> Efo coc fel mul
> A brên sy'n gwbod sut i ddod o hyd i
> Y rhannau hynny sy wir yn cyfri;
> Sy'n hapus i wylio ffilmia sopi
> Heb chwerthin a ngalw i'n hen fabi
> Os dwi'n mynd ryw fymryn yn ddagreuol.
> Robot sy'n gwbod pryd i ganmol,
> Sy'n gallu cwcio chwip o gas'rol
> A newid y bali bog rôl
> – A byth yn gwylio blydi ffwt-bol!
> Felly, os dach chi'n nabod rhywun da efo sbanar
> 'Sa'n gallu gneud fy mherffaith gymar,
> Gyrrwch o acw.
> Thanciw.

Dwi'n dal i weld ambell ddyn bob hyn a hyn (pawb angen cwmni weithiau, dydi?) ac ers iddo fo ysgaru, dwi wedi gweld Dylan hefyd ambell dro. Ond 'dan ni'n fwy o ffrindiau bellach, ac mae gormod o ddŵr wedi mynd dan y bont (a defnyddio hen idiom dreuliedig – sori, ond mae'n ffitio). Rydan ni'n nabod ein gilydd yn rhy dda; fyddwn i'n methu'i drystio fo, a fyddai o ddim yn medru rhoi ei ffydd yndda i chwaith – yn enwedig ar ôl iddo ddarllen fy nyddiadur pan o'n i yn y coleg . . . Roedd o wedi gyrru i Bantycelyn i ymddiheuro ar ôl ffrae danbaid arall, ond ro'n i, am unwaith, yn gweithio (a phwdu) yn y llyfrgell. Do'n i byth yn cloi fy stafell, felly yno buodd o'n aros amdana i am oriau. Roedd gweld y dyddiadur yn ormod o demtasiwn, wrth reswm. Ond wedi i mi gyrraedd yn ôl, fi oedd yn gorfod ymddiheuro! Wel, os oedd hi'n well ganddo fo aros adre efo'r hogia na mynd ar wyliau dramor efo fi, be oedd o'n ddisgwyl? Dwi wedi gofyn ei ganiatâd i sôn amdano yn yr hunangofiant yma, gyda llaw; roedd o'n cytuno na fyddai modd i mi fod yn onest am fy mywyd heb neud hynny.

Mae o'n llwyddo i ddod o hyd i gymar newydd i ganlyn efo hi dragwyddol, ond dwi'm wedi canlyn go iawn efo neb ers blynyddoedd. Yn un peth, mae'n ormod o fwrn emosiynol a thrafferth. Ac oes, os dwi'n berffaith onest efo fi fy hun, mae'n siŵr fod gen i ofn, hefyd. Dwi'm isio cael fy rhoi trwy'r mangl eto, diolch yn fawr. Dwi'n cael f'atgoffa o gwpled allan o un o ngherddi 'Stomp' i:

Ar ôl y boi dwytha
Dwi jest isio mwytha.

Mi fydda i'n colli amynedd efo pobl sy'n credu bod 'rhywbeth mawr o'i le' ar bobl sy'n sengl. Mae 'na rai sy'n ddigon ffodus i gyfarfod eu *soulmate* ar adeg sy'n gyfleus i briodi (a chael plant, os ydyn nhw'n dymuno hynny), ac mae 'na rai sy ddim. Dydi hynna ddim yn golygu'n bod ni'n od, jest fymryn yn fwy gofalus, falle, neu jest ddim am adael i gymdeithas ein gwthio i dwll nad ydan ni isio bod ynddo. A galwch fi'n rhamantydd, os liciwch chi, ond isio dyn cryf ac annibynnol fyddai'n gallu edrych ar fy ôl i o'n i, nid dyn oedd jest yn disgwyl i mi edrych ar ei ôl o. Gormod o Mills & Boon yn f'arddegau eto, mae'n siŵr – ond mae'n rhaid i mi gyfadde, mi fydda i *yn* teimlo rhyw wefr fach wrth weld dyn tal, cyhyrog yn trin dril, morthwyl neu ysgol yn feistrolgar, neu'n newid olwyn ar fy nghar yn ddeheuig a di-lol. Dyn sy'n ddyn go iawn, yndê. Efallai y daw'r dyn perffaith dros y gorwel efo'i gordles dril ryw ddydd, ond o nabod fy lwc i, ar ein *Zimmer frames* y byddwn ni'n dau.

Mae 'na rai sy'n cael eu denu gan bobl o'r un rhyw, ond dwi ddim felly, er mod i wedi sgwennu am gymeriadau sydd. Fues i rioed yn fachgen tair ar ddeg oed oedd yn troi'n ddafad chwaith. Nac yn hogyn ysgol oedd mewn band, nac yn llinyn trôns o hogyn oedd yn cael ei fwlio. Ac mae'n ddrwg gen i'ch siomi, ond fues i rioed yn wrach chwaith! Ond dwi'n gwybod bod 'na rai sy wedi cymryd yn eu pennau mod i'n hoyw oherwydd mod i wedi sgwennu golygfeydd hoyw. Wel, os oedd y sgwennu'n teimlo'n 'wir', i'r bobl hoyw fues i'n eu holi mae'r diolch am hynny. Yr un math o rôl yn union â phlismyn sy'n helpu awduron nofelau ditectif. Sori, $2+2 = 5$ oedd meddwl mod i'n hoyw, bois!

Dwi'm yn un o'r nifer cynyddol o ferched sy jest ddim isio bod yn fam chwaith. Na, mi fyddwn i wedi hoffi cael plant, ond ddigwyddodd o ddim, a rŵan mod i'n hanner cant, dwi'n meddwl mod i wedi gadael pethau fymryn yn rhy hwyr. Ond dwi'n hoffi credu mewn ffawd – am ei bod hi'n haws, mae'n siŵr. Mae'n rhoi eli ar y briw deud wrthyf fy hun nad o'n i i fod i gael plant am fod gen i bethau eraill i'w gneud efo mywyd. Fyddwn i byth wedi gallu sgwennu cymaint tase gen i ŵr a llond tŷ o blant, a fyddwn i'n sicr ddim wedi gallu teithio a phrofi cymaint. Dwi'n gwybod bod rhai sy'n llwyddo i neud y cwbl lot, ond fedra i'm credu nad oes rhywbeth yn diodde o'r herwydd.

A ph'un bynnag, mae angen modrybedd fel fi yn y byd 'ma, does? Dwi'n cael y pleser rhyfedda o gwmni fy nithoedd a fy neiaint: Naomi, Leah, Ceri a Daniel (plant Llinos), a Meg a Robin (plant Geraint). Ac erbyn hyn, dwi'n hen fodryb hefyd, gan fod Leah yn fam i Cadi Fflur a Caio. Roedd gen i fwy o egni pan oedd Naomi, Leah a Ceri yn fychan, ond dwi'n dal i neud fy ngorau i gadw i fyny efo'r lleill – er, mae Cadi Fflur (pum mlwydd oed) a Caio (ddim eto'n ddyflwydd) yn hanner fy lladd i.

Fy rôl i, yn fy marn i (a nhw) – ydi rhoi blas iddyn nhw o'r bywyd awyr agored, mynd â nhw am dro, chwarae'n wirion, a gneud pethau nad oes gan eu rhieni yr amser/amynedd/gallu i'w neud. Dwi'n fêts efo nhw i gyd – gormod o fêts weithiau, gan fod ambell un wedi rhannu cyfrinachau efo fi gan fy siarsio i beidio â deud wrth eu rhieni. Ew, sefyllfa gas. Do'n i'm isio gwybod, diolch yn fawr! Ond eto, ro'n i'n falch, hefyd, yn dawel bach.

Am nad oedd hi wedi cael mynd i Ffrainc o gwbl, er ei bod yn astudio Ffrangeg, es â Naomi i Marrakech am wyliau. Un rheswm oedd er mwyn iddi gael siarad Ffrangeg, ond y rheswm arall oedd er mwyn dysgu rheolau teithio iddi – o sut i osgoi ciws diangen yn y maes awyr i sut i ddelio efo tai bach sy fawr mwy na thwll yn y llawr. Es â hi ddwywaith i lawr un o strydoedd culion y ddinas: unwaith efo sgarffiau am ein pennau, a'r eildro heb y sgarffiau, iddi gael gweld y gwahaniaeth yn y ffordd roedd y bobl leol yn ymddwyn tuag aton ni. Hynny yw, os wyt ti'n dangos parch mi gei dy barchu. Ac ydi, mae hi'n deithwraig brofiadol a hyderus bellach.

Achlysur sy'n aros yn y cof ydi hwnnw pan es i â Naomi, Leah a Ceri i weld *Gladiator* yn Theatr Harlech. A hithau'n dair ar ddeg, roedd Ceri'n rhy ifanc, yn ôl y poster oedd yn nodi ei bod hi'n ffilm 15 (er mai 12+ oedd y rheol yn yr Iseldiroedd), a chafwyd hwyl garw'n trio gneud i Ceri edrych yn hŷn. Mi wnaethon ni fwynhau gwylio Russell Crowe yn mynd trwy'i bethau, a chrio, bobol bach. Roedden ni'n pedair yn udo yn y tŷ bach ac yn dal i snwffian yn y car ar y ffordd adre.

'Dyn fel'na fysa'n dy siwtio di, yndê Anti Bethan?' wylodd Ceri.

Ysgrifennodd Leah bortread ohona i pan oedd hi tua pedair ar ddeg, a rhoddodd yr athrawes gopi i mi. Nefi, dyna be oedd portread gonest:

Mae ganddi dipyn o rychau ond ta waeth, mae ganddi ddigon o golur i'w cuddio! Ac mae ganddi fflachiau o wallt gwyn ond mae hi'n trio eu cuddio gyda lliw gwallt melyn . . . Mae hi'n ofnadwy am gwyno, yn enwedig pan ryden ni'n mynd allan am fwyd. Un tro, aethon ni i'r Ship i ddathlu bod Taid wedi ennill y Rhuban Glas ac yntau'n 63. Wnaeth hi ddim stopio cwyno, doedd ei salsa hi ddim ar y plât a dyma hi'n mynd yn flin a deud mai dyna'r unig reswm pam ei bod wedi dewis y pryd hwnnw oedd i gael salsa.

Ond mae'r darn yn gorffen yn fwy canmoliaethus:

> Rwyf wrth fy modd gydag Anti Bethan ac rwyf yn ei charu hi'n fawr iawn. Even pan mae hi yn flin – sori, 'hyd yn oed' yn ôl Anti Bethan. Oooo, faswn i yn gneud rhywbeth i stopio hi rhag fy nghywiro i.

Ydw, dwi'n cywiro'u Cymraeg nhw dragwyddol – alla i ddim peidio! Does yr un ohonyn nhw wedi datblygu fy nghariad i at sgwennu eto, er bod gan Leah ddawn i bortreadu, yn sicr.

Pan oedd o'n fychan, roedd gan Daniel ddychymyg gwych, ac mi fydden ni'n dau'n cael andros o hwyl yn 'chwarae cogio' efo mamoths ac amrywiol angenfilod yn y gwyllt y tu ôl i'r tŷ. Dyma gofnod allan o fy nyddiadur yn 2002:

> 'W! Sbia, Anti Bethan! Pump o blant bach yn sownd yn fancw – blaidd wedi dwyn nhw! Raid i ti a fi achub nhw!' A pasio'r plant i lawr o gangen coeden i mi. Ac yna disgyn i lawr tyllau fel Indiana Jones. Fy nhanc dŵr i oedd y cwch. A rhoi darn o bren i mi ei ddefnyddio fel gwn, a cherydd am ei ddal y ffordd chwith. Fuon ni rownd a rownd ac i fyny ac i lawr y gwyllt – rhedeg, dringo, chwerthin a boddran – a chwtsho fyny i gael noson o gwsg yn y mwswg – ac o fewn eiliadau, deffro drannoeth. 'Reit, dwi'n gneud majic rŵan, Anti Bethan, a rŵan mae gynnon ni foto beic.' Dechrau sgramblo'n swnllyd i fyny'r llethr. 'O na, sgynnon ni'm moto beic achos dwi'm yn ddigon hen i ddreifio moto beic, nacdw?'

Byddai siarcod yn yr afon a deinosors y tu ôl i'r waliau

cerrig, ond rhyngon ni roedden ni'n llwyddo i'w gorchfygu. Doedd o ddim yn gadael i'w fam fod yn rhan o hyn – rhywbeth i ni'n dau yn unig oedd o. Dwi'n cofio Gwion o'r Traws yn dod i chwarae efo ni unwaith, hogyn oedd flwyddyn yn hŷn na Daniel. 'Sbia, arth yn fancw!' gwaeddodd Daniel, gan godi'i gleddyf dychmygol yn syth. Edrychodd Gwion at ble roedd o wedi pwyntio. 'Craig 'di,' meddai'n sych, a cherdded i ffwrdd. A dyna ddiwedd ar y chwarae cogio.

Diolch i'r drefn, mae 'na blentyn bach newydd yn cyrraedd yn weddol gyson, a Cadi Fflur ydi'r un efo dychymyg fel'na ar hyn o bryd. Chwilio am dylwyth teg fydd hi, nid saethu bleiddiaid. Dringo, beicio a chrwydro fydda i efo Meg a Robin, sy'n un ar ddeg a saith oed, ac er mod i'n gneud fy ngorau glas i feithrin cariad at lyfrau ynddyn nhw, y Nintendo a'r teledu sy'n mynd â hi gan amla, mae arna i ofn. Ond dwi'n styfnig, a llyfrau fyddan nhw'n gael fel anrhegion Nadolig gen i o hyd!

Fel maen nhw i gyd yn tyfu i fyny, mae ganddyn nhw lai o amser i'w dreulio efo Anti Bethan. Mae Daniel, sy'n bymtheg, yn ymarfer neu'n chwarae pêl-droed dragwyddol i dîm dan 16 Wrecsam; mae Naomi newydd roi'r gorau i'w swydd fel athrawes Ffrangeg a Sbaeneg yn Leeds er mwyn teithio a gweithio dramor, a Ceri'n dylunio yng Nghaerdydd ac wedi gorfod rhoi'r gorau i chwarae rygbi i Gymru ar ôl malu ei hysgwydd. Mae Leah yn hurt o brysur, a choblyn o job ydi gwasgu hanner awr i weld Cadi a Caio. Os nad ydyn nhw yn yr ysgol, mae Meg yn chwarae pêl-rwyd neu'n cael gwers biano (mae gobaith i Dad eto . . . a haleliwia, mae ganddi lais canu hefyd!), a Robin yn helpu'i dad ac yn dangos addewid fel mecanic neu beiriannydd.

Dwi'n gneud fy ngorau i beidio â throi'n fodryb or-swslyd, gan mod i'n cofio sut o'n i'n teimlo pan fyddai Anti Gwen, chwaer ddibriod fy nain, yn dod i'n gweld ni. Roedd hi wastad isio sws, a ninnau'n gwingo. Ond yn groes i mi, byddai Anti Gwen wastad yn gwisgo lipstic. Roedd hi'n oes gwbl wahanol, pan fydden ni fel plant yn gorfod clirio'n llofftydd, brwsio'n gwalltiau a gwisgo'n ddel ar gyfer ymweliad Y Fodryb. Gan nad ydw i'n brwsio ngwallt na gwisgo'n ddel ar gyfer mynd i'w gweld nhw ('sdim pwynt a finnau gan amla yn mynd â nhw am 'antur' i fyny coed neu ar hyd afon), siawns nad ydi'r gwingo mlaen llaw cweit yr un fath.

Ges i alwad ffôn gan Llinos yr ha' dwytha, ar ôl i mi fynd â Daniel a'i ffrind Daniel (enw poblogaidd yn y Bala) i lawr afon Wnion mewn gwisgoedd gwlyb. Neidio i mewn i'r dŵr o'r creigiau fuon ni (wedi i mi neud yn siŵr fod y pwll yn ddigon dwfn), llithro i lawr rhaeadrau bychain, a neidio a dringo o graig i graig. Doedd fy mhen-glin i ddim yn caniatáu i mi neidio cweit fel yn y dyddiau a fu, ac ro'n i'n chwys boetsh yn trio dal i fyny efo Daniel [ni], sy'n dal ac athletaidd, efo'r sbring rhyfedda yn ei goesau. Ond do'n i ddim yn mynd i gwyno. Beth bynnag, byrdwn neges Llinos oedd fod Dan wedi mwynhau ei hun yn aruthrol, a bod 'Anti Bethan reit cŵl'.

Ond i fynd yn ôl at Anti Gwen; dim ond ar ôl iddi farw y sylweddolais ei bod hithau'n ddynes 'reit cŵl'. Hi oedd y ferch gafodd addysg tra oedd raid i Nain, ei chwaer fach, adael yr ysgol yn bedair ar ddeg i ddechrau gweithio. Penderfynodd Gwen ddilyn gyrfa fel nyrs, gan hyfforddi ym Manceinion ac yna ennill parch mawr fel metron yn Wigan. Bu'n gweithio dramor yn y Dwyrain Canol hefyd yn ystod y rhyfel. Ond pan ddois i i'r byd roedd hi wedi ymddeol ac yn byw yn Llangollen, sydd ddim yn dref enwog am ei Chymreictod, a dwi'n cymryd mai hynny, yn ogystal â'i haddysg yn Dr Williams, oedd yn gyfrifol am Seisnigrwydd ei sgwrs. Ro'n i wastad yn gweld hynny'n beth od; roedd ei sgwrs (oedd yn gymysgedd o hanner Saesneg, hanner Cymraeg), y lipstic a'r arogl persawr, y dillad crand a'r menig a'r jingl-jangls – a'r ffaith ei bod yn mynnu gwrando ar araith y Frenhines bob Dolig – yn anathema i domboi iaith y pridd fel fi.

Ond pan es i i fyw dramor yn Ffrainc a'r Affrig, hi oedd un o'r rhai fyddai'n sgwennu ata i'n gyson, a llythyrau difyr, llawn gwybodaeth a chyngor, a chywir iawn eu Cymraeg oedden nhw hefyd. Dwi'n cicio fy hun am beidio'u cadw. Dwi hefyd yn cicio fy hun am beidio â mynd i'w gweld yn Llangollen. Roedd 'na dipyn mwy i Anti Gwen na'i lipstic. Fuon ni rioed yn ei thŷ pan oedden ni'n blant, am fod gan Mam ofn i ni falu'r ornaments – roedd ganddi domen ohonyn nhw. Mi gafodd drawiad ar ei chalon wrth fynd adre yn y car efo Nain a Taid o Gapel Salem, Dolgellau, yn 1988, a hithau'n 85 oed.

Mae Nain yn cofio, pan oedd hi'n blentyn, gweld Gwen yn crio ar ôl derbyn llythyr gan ei chariad. Roedden nhw wedi dod yn 'ffrindiau' pan oedd o yn y fyddin, ond llythyr yn dod â'r berthynas i ben oedd hwn: roedd o wedi penderfynu priodi (neu wedi cael ei orfodi i briodi) rhywun oedd o'r un 'social standing' â fo. Sbiodd hi byth ar neb arall wedyn, mae'n debyg, a flynyddoedd lawer yn ddiweddarach mi welodd erthygl yn y *Daily Post* yn cyhoeddi ei fod o – Major rhywun – wedi marw. Y sioc fwya gafodd hi oedd ei fod o wedi bod yn byw ers blynyddoedd nid nepell oddi wrthi yng ngogledd Cymru. Anti Gwen druan.

186

Er hynny, mi gafodd fywyd amrywiol a diddorol, ac mae'n debyg ei bod wedi dewis byw yn Llangollen er mwyn bod hanner ffordd rhwng ei theulu yn Nolgellau a'i ffrindiau yn ninasoedd Lloegr. Mae ffrindiau'n hollbwysig pan dach chi'n sengl. A dyna i chi un agwedd negyddol o [rai] cyplau – maen nhw'n gallu bod yn uned rhy glòs weithiau, ac yn gneud fawr ddim efo'u ffrindiau ar ôl priodi. Wedyn, pan fydd un ohonyn nhw'n marw neu'n gadael am ryw reswm, mae'r un sydd ar ôl ar goll yn llwyr.

Dwi'n cofio gwirioni efo *The Prophet*, Khalil Gibran, yn yr wythdegau. Llinellau fel y rhain am fywyd priodasol:

> But let there be spaces in your togetherness,
> And let the winds of the heavens dance between you . . .
> And stand together, yet not too near together.
> For the pillars of the temple stand apart,
> And the oak tree and the cypress
> grow not in each other's shadow.

A hyn am farwolaeth:

> For what is it to die but to stand naked in the wind and
> to melt into the sun? . . .
> Only when you drink from the river of silence shall you
> indeed sing.
> And when you have reached the mountain top, then
> you shall begin to climb,
> And when the earth shall claim your limbs, then shall
> you truly dance.

Mi fydd 'na rai fydd yn galw hynna'n rwtsh, dwi'n gwybod, ond bu'r geiriau yna o help mawr i mi – ac eraill –

187

ar sawl achlysur. A dwi'n dal i feddwl eu bod nhw'n brydferth. Dwi'n hoffi hwn, hefyd, am gyfeillgarwch:

> For what is your friend that you should seek him
> with hours to kill?
> Seek him always with hours to live.

Yn hollol. Mae gen i griwiau da iawn o hen ffrindiau, fel Luned, Llinos ac Olga, y criw ysgol. Mi fydda i'n mynd i gerdded ac ati efo'r rheiny, a Luned ydi'r un sydd wastad yn barod i fynd allan ar nos Sadwrn efo fi – a mynd i saethu colomennod clai, a gwersylla ar ben mynyddoedd, a dringo, a rhoi ei barn ar bethau dwi wedi'u sgwennu. Rydan ni wedi cega a ffraeo cryn dipyn dros y blynyddoedd, ond rydan ni'n fêts o hyd, a dyna fo.

Dwi'n mynd i aros efo Claire yn Llundain yn weddol aml. Claire Billingham ydi hi bellach, yn briod efo'r awdur Mark Billingham sydd â thŷ ha' yn Sarasota, Fflorida, lle ces i wythnos efo Claire ac Emily, gwraig George Pelecanos (awdur llwyddiannus arall), a deud 'helô' wrth Stephen King un bore ar y traeth. Ia, Stephen King! Ond doedd gen i mo'r wyneb i ddeud fawr mwy na 'helô' wrtho fo.

Dwi'n dal i neud tipyn efo'r criw coleg (roedd yr aduniad 50 yn un i'w gofio), ac yn gweld Eleri Smith Jones (y dois i'n ffrindiau efo hi yn y BBC) yn aml. Mae ganddi hi a'i chymar, Gareth, gi mawr, annwyl o'r enw Joe, sy'n dipyn o fêts efo Del. Mae gen i feddwl y byd hefyd o Siw Hughes a'i chŵn, ac o'i merch, Gwenno, ac yn ceisio galw i'w gweld pan fydda i'n gorfod mynd i Gaerdydd. Ie, gorfod – mae gyrru i fyny ac i lawr yr A470 yn fwrn, yn tydi, a dwi ddim yn hogan y Ddinas. Mae'n iawn am noson neu ddwy, ond allwn i byth fyw yno rŵan.

Wedyn mae gen i'r ffrindiau mwy diweddar, fel y criw gwallgo sydd i gyd yn perthyn i'w gilydd: Bethan Anwyl, Elen Wyn, Ann Charles, Caren Povey a Iona Croesor. Dwi'n perthyn dim iddyn nhw fy hun, ond maen nhw wedi fy mabwysiadu i, am ryw reswm, ac mi fyddwn yn mynd i giniawa'n rheolaidd ac am benwythnosau dramor i ddinasoedd fel Prâg, Barcelona, Madrid, Belffast a Rhufain, heb anghofio penwythnos cwennod hyfryd Caren yn y Dingle yn Iwerddon. Rydan ni'n cael hwyl, bobol bach. Cymysgedd o ferched priod a sengl ydan ni, ac mae'r ciniawa mewn criw yn gneud iawn am y ffaith fod gen i ffrindiau eraill sy'n gyplau, ac sydd byth yn fy ngwadd i swpera efo nhw – er mod i'n ffrindiau efo'r gwŷr a'r gwragedd. Mi fydd pobl sengl eraill yn gyfarwydd â hyn. Unwaith dach chi wedi ysgaru neu golli'ch partner, rydach chi'n drysu'r rhifau taclus, yn tydach? Ac ydi, mae o'n brifo. Ro'n i jest isio deud hynna ar ran yr holl bobl sengl eraill sy'n cael eu hesgymuno.

Mae gen i griw *poker* hefyd, sy'n cyfarfod yn rheolaidd i geisio blingo'n gilydd. Ar wahân i Bethan Anwyl, roedd y lleill i gyd yn y coleg yn Aber efo fi: Emlyn Gomer, yr actor; Arwel 'Pod' Roberts a'i wraig Lleucu, yr awdures; Medwyn Williams sy'n athro Mathemateg, ac Aled Davies sy'n rhywbeth pwysig efo Cyngor Gwynedd. Mae'r nosweithiau hyn wastad yn bleser pur, hyd yn oed pan fydda i'n colli'n rhacs – sy'n digwydd yn aml. Does gen i ddim wyneb *poker* da iawn, a dwi fymryn yn fyrbwyll. Ond yr hwyl a'r gwmnïaeth sy'n bwysig.

Mae Emlyn (Em Gom) wedi bod yn ffrind da i mi ers blynyddoedd, ac mae'n perthynas agos yn profi ei bod hi'n berffaith bosib i ddyn a dynes fod yn ffrindiau platonig. Mi fuon ni ar wyliau hyfryd efo'n gilydd yn Sri Lanka un tro (a finnau'n mynd â'r laptop efo fi i weithio ar *Hi yw fy Ffrind*), ac yn Barbados pan o'n i'n ddeugain. Am y criced roedd o'n mynd, a finnau i ddysgu plymio sgwba – dyna oedd fy anrheg i mi fy hun i leddfu'r boen o gyrraedd y fath oedran brawychus. Roedd y gwyliau yna'n un o'r goreuon. Mi fachodd Em Wyddeles ac mi fachais innau dan y dŵr. Do, wir i chi. Ac i'r sawl sy'n cofio rhyw stori ddyfrllyd yn y gyfrol *Tinboeth*, dyna chi'n gwybod rŵan pwy sgwennodd honno.

Dydan ni'm wedi bod ar wyliau efo'n gilydd ers i Emlyn briodi, ond mae gen i feddwl y byd o Manon, ei wraig o, hefyd – er, dwi'm yn meddwl yr awn ni am wyliau fel triawd. Ond rydan ni a'u merch Cadi (a'n cŵn) wedi bod am dro hapus sawl tro – ac ydyn, maen nhw *yn* fy ngwadd i i swper! Mi ges i ddiwrnod hyfryd efo Manon a'i mam a'r tri ci ryw dro, hefyd: cinio mewn gwesty oedd yn derbyn cŵn, yna mynd am dro hir ar lan y môr cyn cau'r cŵn yn y ceir a mynd i bictiwrs Llandudno i grio'n ffordd trwy *Marley & Me* (ffilm am gi). Perffaith. Ydi, mae'n gynyddol haws bod yn ffrindiau efo pobl sy'n caru cŵn.

Yn sgil teithio 'nôl i Nigeria i ffilmio *Gwanas i Gbara*, un o brofiadau mwyaf ysgytwol fy mywyd i (y cwbl wedi'i ddeud yn y llyfr gyhoeddwyd wedyn, *Yn Ôl i Gbara*), mi ddois i'n ffrindiau da efo Cheryl Jones, yr hogan sain o Lanbed. Mi wnes i gymryd ati hi (ac at Mei oedd yn gyfrifol am y cyfarwyddo a'r camera – BAFTA arall!) yn syth bìn. Roedd Cheryl wedi hen arfer teithio'r byd a'i 'ryffio' hi, a phan syrthiodd i lawr draen ddofn a phiso chwerthin (fel gwnes innau), roedden ni'n amlwg o'r un anian. Felly dwi wedi aros efo hi a'i dyweddi, Rhun, yng Nghaerdydd droeon.

Ac mae hi'n digwydd bod yn ffrind i rywun arall y dois i i'w nabod yn sgil rhaglen deledu: Shân Cothi.

Roedd Shân a fi'n rhyw lun o nabod ein gilydd eisoes, ond mi ddois i'w nabod yn llawer gwell trwy brofiad bythgofiadwy *Y Saith Magnifico*, pan fuon ni'n dysgu bod yn gowbois yn Arizona. Roedd Shân yn gyfforddus iawn ar gefn ceffyl, wrth gwrs, a finnau prin wedi bod yn merlota ers dyddiau'r Pony Club a'r deuddydd yng nghwmni'r *gauchos* efo Geraint fy mrawd. Ro'n i hefyd yn poeni sut byddai mhen-glin ond mae dull y cowbois gymaint mwy cyfforddus, ac mi ges fy siomi o'r ochr orau. Roedden ni'n cael ein gweithio'n galed ond yn mwynhau ac yn chwerthin cryn dipyn hefyd, a Shân hyd yn oed yn llwyddo i nghael i i ganu efo pawb arall rownd y tân gyda'r nosau. A bod yn onest, roedd y cwmni'n gneud i mi chwerthin cymaint (yn enwedig Iwan John a'i frawd, Rhys), ro'n i'n ymylu ar gael hysterics yn aml. Roedd y cyfuniad ohonyn nhw ac Alex Jones, Megan Taff, Steffan Rhodri, Hywel Davies a Matthew Rhys, y cowbois a'r criw cynhyrchu i gyd yn wefreiddiol, a dwi mor hynod ddiolchgar mod i wedi cael bod yn rhan o'r profiad.

Ond roedd Shân yn dal i gofio am y canu, yn doedd, a myn diawl, mi ges wahoddiad i gael gwersi ganddi ar gyfer *Carolau Gobaith*, y sioe deledu welodd Tudur Owen, Nigel Owens, Siw Hughes, Huw Rees, Leni Hatcher a finnau'n gorfod canu o flaen y genedl. Gwrthod wnes i – ddwywaith – gan egluro, 'Yli, dwi'n casáu canu a dwi'n casáu carolau.' Ond roedd Carys Beynon ar ben arall y ffôn yn fy nabod ers dyddiau coleg: 'Ti'n gwybod yr holl bethau anturus 'ma ti wedi'u gneud? Wel, doedd gyda ti ddim ofn rheiny, nagoedd, felly doedden nhw ddim wir yn sialens, oedden nhw? Ond fe fyddai hyn wir yn sialens . . .' Damia hi. Roedd hi'n iawn, ac roedd Llinos fy chwaer yn cytuno hefyd. Ond ddywedais i'r un gair am y peth wrth fy nhad.

Yn anffodus, do'n i, na neb arall, wedi llawn sylweddoli bod y busnes canu 'ma wedi troi fwy neu lai'n ffobia gen i dros y blynyddoedd. Ro'n i wedi bod yn rêl boi ar y diwrnod cynta o ffilmio, yn neidio i mewn i afon a dringo rhaffau fel mwnci. Doedd hynny'n ail natur i mi? Ond ar y ffordd 'nôl i'r gwesty yn y bws mini, dyma sylweddoli y byddai'n rhaid i mi ganu o flaen pawb ar ôl brecwast drannoeth. Dechreuodd y dagrau lifo – ond Tudur oedd yn ista'r drws nesa i mi, ac ro'n i'n gwybod mai tynnu arna i fyddai hwnnw, felly mi drois fy mhen at y ffenest ac esgus mod i'n cysgu.

Chysgais i fawr ddim y noson honno; ro'n i'n deffro mewn dagrau o hyd. Welais i Siw ar y landing, a beichio crio o'i blaen hi. Aeth â fi am dro a cheisio fy helpu i ganu 'Gŵyl y Baban' wrth gerdded 'nôl a blaen ar hyd y ffordd gefn. Roedd hi'n wych, ac oni bai amdani hi, mi fyddwn wedi neidio i mewn i'r car a gyrru am adre. Ro'n i'n teimlo'n well erbyn y bore, ac es am frecwast. Ond weles i Rhys Meirion wrth drio gneud tost, a chwalu eto. Roedd Tudur yn meddwl mai actio o'n i! Ond pan sylweddolodd y criw mod i wir mewn coblyn o stad, gyrrwyd ymchwilydd i nôl Kalms . . . Bach Flower Remedies . . . unrhyw beth fyddai'n gneud i mi ymlacio. A rywsut, mi lwyddais i ryw lun o ganu'r cytgan. Dyna ni, roedd y gwaetha drosodd. Rhaid cyfadde i mi fwynhau'r ymarferion efo Shân a John Quirk, sydd ill dau'n angylion llawn amynedd a chefnogaeth, ond pan gyrhaeddodd noson y cyngerdd yng Nghaerdydd o flaen fflyd o gamerâu a chynulleidfa, ro'n i'n swp sâl eto.

Jest cyn mynd ar y llwyfan, dyma ofyn mewn panig llwyr: 'Shân! Be sy'n dod ar ôl ryp-y-py-pym?!'

'Ryp-y-py-pym, Bethan.'

Es i drwyddi, rywsut, ond yn sicr dyna brofiad mwya erchyll, mwya nerfus, mwya 'beam me up, Scotty' fy mywyd. Byth eto! A sori, Caryl, ond pan fydda i'n clywed nodau cynta 'Gŵyl y Baban' ar y radio, dwi'n ei diffodd.

Beth bynnag, mae Shân Cothi'n ferch a hanner, ac yn gwmni gwych heb air cas i'w ddeud am neb, byth. Ges i benwythnos gwych efo hi, Cheryl a Catherine Ayers yn beicio mynydd yng Nghoed y Brenin fis Chwefror eleni. Roedden ni'n pedair yn cynrychioli degawdau gwahanol: Cath ddim yn dri deg tan ddechrau Mawrth, Cheryl yn ei thridegau, Shân yn ei phedwardegau, a finnau'n hanner cant ers mis. Roedd eu cwmni'n gneud i mi deimlo'n hanner fy oed, a'r ffaith mod i'n gallu 'bunny-hopio' a 'gwasgu fy ffyrch' yn falm i'r enaid!

Adwaenir dyn wrth ei gyfeillion, medden nhw. Wel, os felly, dwi'n teimlo'n berson ffodus iawn.


## Cyrraedd yr hanner cant

> Success is getting what you want; happiness is wanting what you get.
> INGRID BERGMAN

Roedd Dad mewn cymaint o sioc â fi: 'Be, ti rioed yn deud wrtha i bod gen i ferch sy'n hanner cant?!'

Dwi'n cael trafferth i'w dderbyn, rhaid cyfadde. Dwi'n sicr ddim yn teimlo'n hanner cant – wel, ar wahân i'r cricmala yn fy mhen-glin a nghluniau – canlyniad blynyddoedd o roi fy nghorff trwy uffern. Yn feddyliol dwi'n dal yn blentyn, a dyna pam mae'n hi'n well gen i sgwennu ar gyfer yr arddegau, mae'n siŵr. 'You're only young once, but you can be immature for ever,' fel y dywedodd Germaine Greer.

Roedd cyrraedd y tridegau a'r pedwardegau'n ddigon poenus, ond mae hyn . . . wel, mae'n erchyll. Dwi hyd yn oed wedi dechrau cael stwff gwyliau Saga trwy'r post. O leia mae'r holl 'ddathliadau' hanner cant eleni wedi lliniaru rhywfaint ar fy ngwewyr. A dwi'n dal i chwerthin wrth gofio sylw un o fy ffrindiau sydd tua'r un oed â fi: 'Ers talwm, chwilio am *blackheads* fyddwn i yn y drych, rŵan chwilio am flew fydda i.'

Na, does 'na'm llawer o urddas mewn heneiddio.

Mae'n debyg mod i wedi cyrraedd y cyfnod lle dwi i fod i sbio ar fy mywyd a meddwl sut sioe dwi wedi'i neud ohoni. Ydw i wedi gneud y dewisiadau cywir, wedi caru'r bobl iawn, wedi gneud be o'n i wedi bwriadu'i neud? Do a naddo. Dwi wedi gneud camgymeriadau lu – ac yn dal i'w gneud nhw. Ro'n i wedi bwriadu byw bywyd i'r eitha, ac mae'n debyg mod i wedi gneud hynny – ond mae 'na gymaint mwy ro'n i wedi dymuno gallu'i neud, pethau sy'n anoddach yn ganol oed. Ond dwi'n dechrau derbyn y ffaith nad oes modd gneud pob dim.

Dwi'n dal yn hurt o brysur. Yn ogystal â sgwennu bob dydd (llyfrau, dramâu, colofn yr *Herald* ac yn y blaen), dwi'n olygydd creadigol efo Gwasg Gwynedd, sy'n golygu dod o hyd i awduron newydd a'u meithrin, meddwl am syniadau am lyfrau ddylai werthu'n dda, comisiynu gwaith, cynnal lansiadau ac ati. Fel mae'n digwydd, ro'n i'n golygu hunangofiant Siân James tra o'n i wrthi'n sgwennu hwn, ac yn cael modd i fyw. Gan ein bod ni tua'r un oed, a'n dwy o gefndir amaethyddol, mi fyddech wedi disgwyl mwy o debygrwydd rhwng y ddau hunangofiant, ond mae Siân yn amlwg yn berson llawer iawn cleniach na fi! Ond rydan ni'n dod ymlaen yn arbennig o dda efo'n gilydd, ac allwn i ddim peidio â meddwl, taswn i wedi dewis mynd i Goleg Bangor yn hytrach nag Aber, mae'n siŵr mai efo criw Siân y byswn i wedi bod yn ffrindiau. Tybed pa mor wahanol fyddai fy mywyd i wedi bod?

Dwi hefyd yn dal i ffilmio *Byw yn yr Ardd*, yn gneud cryn dipyn o waith efo ysgolion, ac yn mynd i siarad gyda gwahanol gymdeithasau ac ati. Ges i hwyl garw yn gweithio efo Tudur Owen a'r criw ar gyfresi *Byw yn ôl y Llyfr* (yr un efo'r staes . . .) a *Byw yn ôl y Papur Newydd* (yr un efo'r wìg), a fyswn i'm yn gwrthod gneud un arall ond does 'na neb wedi gofyn! Ydw i'n rhy hen bellach, tybed? Ond wedyn, ches i mo'r swyddi yma oherwydd y ffordd dwi'n edrych. Ro'n i'n 41 pan wnes i'r gyfres gynta o *Ar y Lein*. Ac erbyn cofio, ges i nisgrifio fel 'ffrwmpen dew' gan rywun ar wefan Maes-e.

A dyna i chi rywbeth nad ydw i wedi ymdrin â fo hyd yma: y busnes colli pwysau 'ma. Dwi'n enghraifft glasurol o'r hyn a elwir yn *yo-yo dieter*, sef rhywun sy'n teneuo a phesgi am yn ail. Un munud dwi fel hocsied; munud nesa, 'diawch, mae gynni hi *cheek-bones*'! Pam? Wel, dwi'n hoff iawn o mwyd. Ond fel y gŵyr pawb sydd dros eu pwysau, nid trachwant sy'n ein gneud yn dew. Does 'na neb isio bod yn dew, boed oherwydd iechyd neu'r ffordd mae pobl eraill yn ein trin ni. Na, mae 'na reswm arall fel arfer. A nes bod rhywun yn taclo'r rheswm hwnnw, ymladd y pwysau fyddwn ni am byth.

Dwi'm wedi llwyddo i daclo'r rheswm eto, ond mae 'na ryw elfen o'n sbeitio fy hun yn hyn. 'Dwi'm angen y darn caws yma, dwi'm wir ei isio fo; dwi'n llawn yn barod, a dwi'n

195

gwybod y bydda i'n difaru'i fwyta fo.' Ond ei fwyta fo wna i, 'run fath. Wedyn, pan fydd y jîns yn rhy dynn dwi'n penderfynu bod yn rhaid callio, ac yn mynd ar ddeiet ac i ngwely'n gynt (i osgoi bwyta o flaen y teledu tan ddau y bore), a dwi'n teimlo'n dda ac yn iach a hapus fy myd, ac yn colli'r pwysau'n hawdd. Ond fisoedd yn ddiweddarach, mae rhywbeth yn gneud i mi ddechrau niblan eto. Mae 'na filoedd ohonoch chi 'run fath â fi, yn does?

Pan o'n i'n gweithio efo *Helo Bobol*, es i ar ddeiet strict iawn a mynd i nofio ac am wersi aerobics yn gyson – a nefi, mi gollais i bwysau. Dwi'm yn meddwl i mi fod mor denau rioed. Ond ro'n i'n methu dygymod efo teimlo mor wan, a buan y daeth y bloneg yn ei ôl. A phan o'n i'n chwarae rygbi yn Abertawe, ro'n i hefyd yn mynd i glwb colli pwysau Jenny Craig, ac i *gym* John Burns bob amser cinio. Ond datblygu'r cyhyrau rhyfedda wnes i yn fanno; roedd gen i ysgwyddau fel Robin McBryde. Ac wedyn mi falais fy mhen-glin, a phesgi eto.

Oni bai am y pen-glin, mi fyddai fy nghorff yn teimlo'n ifanc hefyd. Ond gan fod gen i, yn ôl yr arbenigwyr, 'severe arthritis, significant osteophyte formation in all three compartments of the knee & grade 4 chondromalacia' [be bynnag ydi hwnnw], dwi angen pen-glin newydd – ond dwi'n rhy ifanc i gael un ar hyn o bryd. Rhy ifanc! Mae hynny'n codi nghalon i. Mae gen i gricmala yn y ddwy glun rŵan hefyd, a dwi wedi gorfod newid fy niddordebau o'r herwydd. Bu'n rhaid i mi roi'r gorau i bethau fel sboncen a badminton flynyddoedd yn ôl, ac mae aerobics yn fy ngadael yn gloff. Dwi'n dal i fedru sgio efo anferth o declyn am fy nghoes, ond dwi'n llawer iawn arafach nag o'n i ac mae'r pen-glin yn chwyddo'n hyll iawn ar ôl dwy neu dair *run*, felly dwi'm yn gwastraffu mhres ar fynd ar wyliau sgio efo fy ffrindiau, bellach, ac mae hynny'n brifo – ro'n i wrth fy modd yn y powdr gwyn. (Ydw i'n swnio fel y Dyn Sâl fan hyn?!)

Mae cerdded i fyny ac i lawr mynyddoedd yn bosib, ond yn ara a phoenus, felly dim ond yn achlysurol fydda i'n mentro i fyny'r copaon rŵan. Ond diolch byth, mae beicio'n gwbl ddi-boen, felly dyna fydda i'n ei neud yn ddyddiol. Gofynnwch i bawb sy'n gyrru rhwng Bala a Dolgellau yn y boreau – maen nhw wedi hen arfer fy ngweld i yn fy nghôt felen lachar, a Del yn carlamu'n ufudd ar y gwair wrth fy ochr. Dim ond ddwywaith yr es i drosti cyn iddi ddysgu cadw'n ddigon pell o'r olwynion.

Dydi nofio ddim yn rhy ddrwg chwaith, ond mae o'n hen ffaff gyrru'r holl ffordd i'r Bala, a gorfod cael cawod a newid a rhyw lol. Ac mae hi'n gamp ddiflas, jest mynd i fyny ac i lawr y pwll. Mae nofio dan ddŵr efo gêr sgwba'n fater cwbl wahanol, a dwi am neud mwy o hynny o hyn allan, os bydd y sefyllfa ariannol yn caniatáu. Braf fyddai gallu dysgu 'parapentio' hefyd, sef hedfan efo math o barasiwt bychan; rois i gynnig ar hynny yn yr Alpau unwaith, a gwirioni.

Dwi am ddal ati i deithio dramor (heb gamerâu teledu) hynny fedra i, i ddysgu sgiliau newydd fel siarad Sbaeneg yn iawn. Dwi wedi bod ar gyrsiau dwys yn Donostia (San Sebastian) a Havana, Ciwba, lle rhois i gynnig ar wersi salsa hefyd, oedd yn goblyn o hwyl ond yn lladdfa. A phan gaiff y llyfr hwn ei gyhoeddi, mi fydda i newydd fod yn beicio yn Indochina. Mae bywyd yn fyr, felly dwi'n trio gwasgu hynny fedra i i mewn iddo fo.

Felly, yn hanner cant, dwi'n eitha ffit, ddim yn ofnadwy o dew, ac yn gymharol iach. Mae gen i fywyd cymdeithasol prysur – a rywsut (am mod i'n dal i fethu deud na!) dwi hefyd wedi cael fy landio efo cryn dipyn o waith gwirfoddol. Dwi'n un o ysgrifenyddion Sioe Rhydymain, ar bwyllgor y Neuadd, ar bwyllgor be bynnag sydd ar ôl o'r Sesiwn Fawr, yn un o lywodraethwyr Ysgol Gynradd y Brithdir, a phan fydd gen i'r amser a'r awydd, mi fydda i'n cynhyrchu dramâu byrion yn Rhydymain. Yn anffodus, dydi'r amser ddim wedi bod gen i ers sbel i neud mwy o hynna, ond ddechrau'r flwyddyn mi ges i fodd i fyw yn helpu criw CFfI Bryncrug efo'u pantomeim. Do, cymaint o hwyl, dwi jest â chynnig helpu mwy ar griwiau fel'na. Gawn ni weld.

Roedd symud yn ôl i fro fy mebyd yn benderfyniad da. Mae hi mor brydferth yma (rhywbeth nad o'n i'n ei werthfawrogi yn fy ieuenctid), a dwi wastad yn rhyfeddu at y golygfeydd pan fydda i'n mynd am dro neu'n beicio. Mae gen i ardd sy'n rhoi pleser (a lot o waith) i mi, ac er nad ydw i'n cael llawer o lwyddiant efo llysiau, dwi wedi gwirioni efo fy ngwenyn. Mae 'na nofel am y rheiny, yn sicr!

Mae'n braf bod yn rhan o gymdeithas Gymreig, wledig, llawn pobl sy'n fy nabod i a'r teulu ers cenedlaethau. Mae gen i ffrindiau da ar stepen y drws, ac mae fy nheulu jest i fyny'r ffordd (yn cynnwys Nain, sy'n dal yn rêl boi yn 97 oed). A hyd yma, dwi'n cael mwy na digon o waith.

A chredwch neu beidio, mi fydda i hefyd yn mwynhau helpu i lanhau toiledau maes carafannau'r teulu. Mi synnech faint o hwyl ydi gwasgu'r sbwriel i lawr yn y biniau mawrion efo Dad yn ein welingtyns. Mam sydd wedi bod yn rhedeg y sioe yn fanno, ond roedd hithau'n 70 eleni ac mae'n deud ei bod eisiau ymddeol. 'Wrach mai gofalu am y maes carafannau bydda i o'r flwyddyn nesa mlaen. Ac mae 'na ddeunydd llyfr yn yr holl helyntion, yn sicr – neu ddrama –

diaw, sioe gerdd, hyd yn oed! Mi sgwennodd hogia Côr Godre'r Aran ddigon o faledi am y tro hwnnw y collodd Dad ei limpyn efo snichyn o wersyllwr. Aeth hi'n ffisticyffs, cofiwch: aeth dwrn rhywun drwy'r bwrdd smwddio, a bu'n rhaid i Geraint wahanu'r ddau cyn iddyn nhw ladd ei gilydd. Do wir. A Dad yn ei chwedegau . . .

Gan mod i wedi prynu campafán ers 2008, dwi wedi cael digon o brofiad o feysydd carafannau amrywiol, a than yn ddiweddar, byddai Luned, Llinos Rowlands a finnau'n cysgu yn ein pebyll ar ben mynyddoedd, hefyd. Dim ond sach blastig fawr oren oedd gen i'r troeon cynta, nes i mi ddeffro un bore a mhen i mewn pwll o ddŵr. Dwi'n siŵr o sgwennu nofel am wersylla ryw dro. Mae gen i gymaint o syniadau am lyfrau o bob math, ond anodd ydi dod o hyd i'r amser i'w sgwennu gan fod y tâl yn symol o hyd, a dim ond un cyflog sy'n dod i'r tŷ 'ma.

O ran cynnwys fy nofelau, mae llawer o bobl yn meddwl mai sgwennu amdana i ac am fy mywyd i ydw i. Wel, mae hynny'n wir am y colofnau i'r *Herald*, wrth gwrs, ac mae'n anorfod bod rhai o'r pethau dwi wedi'u profi'n dod trwadd yn fy ffuglen hefyd – ambell olygfa, ambell deimlad – ond mae'r rhan helaetha o bob nofel yn ddychymyg pur. Mae pobl fel tasen nhw'n cael trafferth i dderbyn hynna. Wedi deud hynny, mae'n bosib bod 'na fwy ohona i yn y nofelau nag ydw i'n sylweddoli.

Wedi imi orffen sgwennu'r hunangofiant 'ma, mi fydd yn ddifyr gweld pa mor debyg oedd fy mhlentyndod i i brofiadau Nia a Non yn *Hi yw fy Ffrind*. Mae synnwyr cyffredin yn deud y bydd 'na debygrwydd oherwydd magwraeth cefn gwlad y ddwy yn y chwedegau a'r saithdegau, ond pa un o'r ddau gymeriad ydw i? Elfennau o'r ddwy, mae'n siŵr, fel mae 'na rywfaint ohona i yn y rhan fwya o'r merched yn *Amdani!*

Dwi'n cofio cymryd rhan mewn gweithdy sgwennu creadigol ym Mhortmeirion ryw dro. Roedden ni i gyd wedi bod yn sgwennu mewn parau, un llinell yr un, un ar ôl y llall. Dyma'r arweinydd (Sais o'r enw Paul Mathews) yn gofyn i ni ddewis y cymal neu'r ddelwedd o'n gwaith ein hunain oedd yn apelio fwya aton ni. 'Iawn,' meddai. 'Rŵan, rhowch "I am" o flaen y geiriau hynny.' Roedd Nia Royles yn garreg yn disgleirio yn yr haul, dwi'n cofio – a dyna i chi ddynes sydd wir yn sgleinio mewn unrhyw gwmni.

A be o'n i?

'I am a clown's face, only half smiling.'